厚德·精技
应用型本科课程思政教学设计 50 例

上海应用技术大学课程思政建设办公室　主编

上海大学出版社
·上海·

图书在版编目(CIP)数据

厚德·精技：应用型本科课程思政教学设计50例／上海应用技术大学课程思政建设办公室主编. —上海：上海大学出版社，2021.12
　ISBN 978 - 7 - 5671 - 4329 - 6

Ⅰ.①厚… Ⅱ.①上… Ⅲ.①思想政治教育-教学设计-高等学校　Ⅳ.①G641

中国版本图书馆CIP数据核字(2022)第000376号

责任编辑　石伟丽
封面设计　柯国富
技术编辑　金　鑫　钱宇坤

厚德·精技

应用型本科课程思政教学设计50例
上海应用技术大学课程思政建设办公室　主编
上海大学出版社出版发行
(上海市上大路99号　邮政编码200444)
(http://www.shupress.cn　发行热线 021 - 66135112)
出版人　戴骏豪
*
南京展望文化发展有限公司排版
江阴市机关印刷服务有限公司印刷　各地新华书店经销
开本 710mm×1000mm　1/16　印张 21.75　字数 367千字
2021年12月第1版　2021年12月第1次印刷
ISBN 978 - 7 - 5671 - 4329 - 6/G·3426　定价　68.00元

版权所有　侵权必究
如发现本书有印装质量问题请与印刷厂质量科联系
联系电话：0510 - 86688678

前 言

"要用好课堂教学这个主渠道,思想政治理论课要坚持在改进中加强,提升思想政治教育亲和力和针对性,满足学生成长发展需求和期待,其他各门课都要守好一段渠、种好责任田,使各类课程与思想政治理论课同向同行,形成协同效应。"习近平总书记在全国高校思想政治工作会议上的重要讲话,科学地回答了高校培养什么样的人、如何培养人以及为谁培养人这一根本性问题,为新形势下发展高等教育事业指明了行动方向。

《高校思想政治工作质量提升工程实施纲要》《教育部关于深化本科教育教学改革全面提高人才培养质量的意见》以及《高等学校课程思政建设指导纲要》等系列文件先后制定并颁布,是深入贯彻习近平总书记关于教育的重要论述和全国教育大会精神、落实立德树人根本任务的战略举措,明确提出坚持把立德树人成效作为检验高校一切工作的根本标准,要求高校要深化教育教学改革,充分挖掘各类课程思想政治教育资源,发挥好每门课程的育人作用,全面提高人才培养质量。2020年9月17日,上海市召开高校课程思政教育教学改革工作推进会,出台《关于深入推进上海高校课程思政建设的实施意见》,全面修订人才培养方案,推动上海课程思政改革2.0升级版再出发。

近年来,上海应用技术大学在上海市委、市政府的领导下,在上海市教卫工作党委、市教委的指导下,深入学习贯彻习近平新时代中国特色社会主义思想,认真贯彻落实全国和上海高校思想政治工作会议精神,坚持社会主义办学方向,以立德树人为根本,坚持把思想政治工作贯穿于教育教学全过程,着力构建"同向同行、协同育人"新机制,扎实推动"课程思政"教育教学改革试点工作,取得了积极成效,2017年成为上海市课程思政教育教学改革试点高校,2019年成为10

所"上海高校课程思政整体改革领航高校"之一。

学校党政班子纵览全局,以顶层设计保障课程思政实施有效推进,通过机制体制探索,聚焦引领协同作用,校、院两级思政工作和教学工作条线紧密配合,校内校外专家联手,校企深度融合,逐步将思政教师、专业课教师、思政工作教师及社会资源聚合形成"育人共同体",使教育教学有机统一,为课程思政工作的推进提供学术和技术支撑,注入内生动力。

在全校范围对教师进行育德能力和育德意识培养,让专业课与思政课同向同行,使每一位教师都结合学科专业积极挖掘专业课隐性育人元素,把价值引领要素及思维方式的培养巧妙地融合在原有的课堂教学中,融入各学科教育教学中,针对不同的专业,找到契合点,把价值塑造所要传递的正确价值观、育人元素融入内涵丰富的专业课程,完善不同专业背景下的"课程思政"教学设计,着力提高学生价值判断能力、价值选择能力和价值塑造能力,在各门专业课程授课过程中,实现专业知识与立德树人授课目标的融通,在育人目标上实现扩容和升级。

在开展课程思政教育教学改革的过程中,上海应用技术大学的教师们探索推出"4S教学法",达到了既教书又育人的效果。4S即师、时、史、势,在专业课教学中,以本学科的学术大师作为榜样引导学生向师长楷模学习,以社会时事热点直面社会和回应疑问,以学科发展史料为涵养,以学科发展趋势确立人生志向,把价值引领要素及思维方式的培养巧妙融入各学科教育教学中,教师的每一次教学行为全过程都体现育德,课堂教学成为育德的主渠道、主阵地和主要路径,实现专业知识与立德树人授课目标的融通。

师、时、史、势好比食盐,可以激发专业课程"食材"的味道,使课堂"营养"更加全面。但"放盐"也要因课而异、因事而新,上海应用技术大学把课程思政建设与学校办学定位、各专业特点、各课程特质等紧密结合,科学"放盐"、艺术"放盐",着力构建"同向同行、协同育人"新机制。

本书一定程度上也是学校在开展课程思政教育教学改革过程中,聚焦课程思政内涵、价值意蕴、内在逻辑与脉络、顶层设计与实践方法等,实现的从理念到实践的转化。本书的编写者虽孜孜不懈,数易其稿,但一家之言,缺点和不足在所难免,欢迎方家提出宝贵意见和建议。

目 录

"无机建筑材料"课程思政教学案例 …………………………………… 1
"粉体工程学"课程思政教学案例 ……………………………………… 6
"材料成型加工工艺与设备"课程思政教学案例 ……………………… 15
"材料学概论"课程思政教学案例 ……………………………………… 20
"材料科学基础"课程思政教学案例 …………………………………… 27
"化工环保与安全"课程思政教学案例 ………………………………… 33
"环境生态学"课程思政教学案例 ……………………………………… 42
"无机化学"课程思政教学案例 ………………………………………… 48
"化工原理"课程思政教学案例 ………………………………………… 53
"基础有机化学"课程思政教学案例 …………………………………… 61
"土木工程概论"课程思政教学案例 …………………………………… 68
"建筑设计"课程思政教学案例 ………………………………………… 75
"安全法学"课程思政教学案例 ………………………………………… 81
"安全管理学"课程思政教学案例 ……………………………………… 88
"专业概论讲座"课程思政教学案例 …………………………………… 93
"数字电子技术"课程思政教学案例 …………………………………… 100
"自动控制原理"课程思政教学案例 …………………………………… 106
"数据结构"课程思政教学案例 ………………………………………… 112
"机械设计"课程思政教学案例 ………………………………………… 119
"现代制造装备"课程思政教学案例 …………………………………… 124
"Java 程序设计"课程思政教学案例 …………………………………… 129

"计算机导论"课程思政教学案例 …… 136
"创业理论与实践"课程思政教学案例 …… 141
"运筹学"课程思政教学案例 …… 149
"知识产权管理"课程思政教学案例 …… 159
"工程经济学"课程思政教学案例 …… 164
"人力资源管理"课程思政教学案例 …… 172
"'一带一路'文化贸易"课程思政教学案例 …… 177
"珠宝玉石鉴定"课程思政教学案例 …… 185
"社会保障国际比较"课程思政教学案例 …… 194
"海报设计"课程思政教学案例 …… 206
"会展设计"课程思政教学案例 …… 209
"风景园林规划与设计"课程思政教学案例 …… 216
"园林工程课程设计"课程思政教学案例 …… 223
"生态环境问题调查实践"课程思政教学案例 …… 232
"生物地球化学"课程思政教学案例 …… 239
"园林植物景观设计"课程思政教学案例 …… 245
"德语阅读2"课程思政教学案例 …… 251
"英文报刊阅读"课程思政教学案例 …… 257
"大学物理"课程思政教学案例 …… 265
"食品工艺学3——乳品工艺学"课程思政教学案例 …… 270
"食品安全与品质控制"课程思政教学案例 …… 278
"化妆品工艺学"课程思政教学案例 …… 285
"食用香精工艺学"课程思政教学案例 …… 291
"风味化学"课程思政教学案例 …… 299
"香料香精技术与工程专业导论"课程思政教学案例 …… 307
"酶工程"课程思政教学案例 …… 313
"工务实习"课程思政教学案例 …… 319
"机车车辆系统动力学与仿真"课程思政教学案例 …… 328
"大学体育——足球"课程思政教学案例 …… 334

"无机建筑材料"课程思政教学案例

一、课程概况

（一）基本信息

授课教师：金双玲（材料科学与工程学院）

课程名称：无机建筑材料

学　　分：2 学分

课程类别：专业教育课程

（二）课程简介

"无机建筑材料"课程是材料科学与技术和土木工程间的桥梁，涉及主要无机建筑材料的性质、用途和使用方法，检测和质量控制方法，以及建筑材料的制备、结构与性能的关系。通过该课程的学习，学生能针对不同工程与结构类型、工程服役环境，理解材料与土木工程设计、施工间的关系，合理选用材料，为成为社会需要的材料工程师奠定基础。

二、课程蕴含的思政元素分析

本课程以校企合作模式为特色（邀请企业专家授课、学生进企业参观等形式），结合教学内容，重点挖掘了"培养学生国情观念，扩展学生的国际视野，提升学生对人文知识的积淀和审美情趣，提高学生的职业素养、工匠精神和科学精神，感受企业文化和体会社会主义绿色发展观"等课程思政元素。这些核心素养培养目标与授课内容知识点的融入对应情况如图 1 所示。

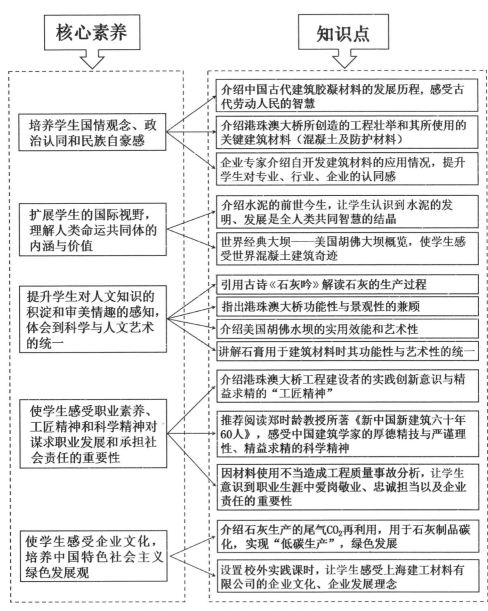

图1 核心素养培养目标与授课知识点的对应关系图

三、一节代表性课程的教学设计——混凝土的应用(以港珠澳大桥为例)

(一)教学目标

1. 知识传授

要求学生掌握影响混凝土耐久性和寿命的因素;掌握长寿命、高性能海工混凝土耐久性质量控制要素,包括海工混凝土配合比设计以及对海工混凝土原材料,如水泥、粗骨料、细骨料、矿物掺和料、外加剂、拌和水等的要求;了解混凝土结构附加防腐措施设计及附加防腐措施全寿命成本分析等。

2. 能力培养

通过混凝土的实际应用案例介绍,培养学生理论联系实际的能力。

3. 情感认知

使学生认识到中国桥梁的建设发展得益于国家综合国力的提升和科技水平的发展,激发学生的民族自信心和认同感,同时使学生感受港珠澳大桥工程建设者的实践创新意识与精益求精的"工匠精神",提高学生的职业素养。

(二)教学对象分析

"无机建筑材料"课程的授课对象为材料科学与工程专业(高分子材料、无机非金属材料方向)、复合材料科学与工程专业的大三学生,学生已掌握基本的化学、材料科学基础知识,懂得材料的组成、结构与其性能之间的内在基本关联,较易在材料科学技术与土木工程之间进行知识架构。学生在进行了两年半的专业基础知识内容学习后,对材料在社会发展中的作用、自身将来的就业方向都有较为清晰的基本认识,学生对在授课过程中的思政价值观引导易于产生情感共鸣,这有助于提升学生的职业素养和专业自信,并能有效激发学生的学习兴趣。

(三)教学内容与资源

1. 教学内容

(1)影响混凝土耐久性和寿命的因素。

(2)长寿命、高性能海工混凝土耐久性质量控制要素。

(3)混凝土结构附加防腐措施设计及附加防腐措施全寿命成本分析。

2. 教学资源

(1)授课用多媒体PPT课件。

(2) 教学视频：《辉煌中国》第一集"圆梦工程"中关于港珠澳大桥工程的介绍部分，"港珠澳大桥建设者"系列视频。

(3) 教学图片：港珠澳大桥所处地理环境图、港珠澳大桥总体景观图、三座通航孔桥及相应设计理念图等。

（四）教学过程与方法

1. 问题导入（10分钟）

以港珠澳大桥的混凝土应用作为切入点，向学生提出港珠澳大桥为什么被称为"世界新七大奇迹之一"的问题后，通过观看视频和图片方式介绍港珠澳大桥所创造的工程壮举以及其所处的自然环境。

观看《辉煌中国》第一集"圆梦工程"，让学生了解港珠澳大桥工程的重要地位：港珠澳大桥这个超级工程，"堪称世界桥梁建设史上的巅峰之作"，"是一次中国实力的集中展示"，"在它身上，凝结着过去数十年中国桥梁设计、施工、材料研发、工程装备等各项成果"，"数万名工程师与工人，将人类桥隧技术推向了新的高度"。

采用图片和视频介绍结合的方式，使学生感受港珠澳大桥功能性、景观性与人文情怀的统一。① 地标性建筑：结构设计和景观设计融为一体，桥岛—桥—隧错落有致，珠联璧合。② 非通航孔桥20千米：15千米110米跨钢箱连续梁＋5千米85米跨钢箱连续组合梁，大气，简洁，一气呵成，极具工业化和现代化观感。③ 三座斜拉航道桥：九州桥＋江海直达船桥＋青州桥。九州桥主跨268米，双塔斜拉，钢混双塔形如双帆，体现"乘风破浪，扬帆远航"的意境；江海桥主跨258米，三塔斜拉，三钢主塔形如凌空腾跃、结伴嬉戏的中华白海豚；青州桥主跨458米，双塔斜拉，H形混凝土框架桥塔横梁形似中国结造型，寓意"团圆回归、三地同心"。

2. 长寿命海工混凝土的质量控制内容讲解（30分钟）

由港珠澳大桥所处的自然环境提出对混凝土材料的要求，基于已学混凝土基本知识，利用提问互动方式，引导学生掌握长寿命海工混凝土设计的要素并了解混凝土的附加防腐措施。其中穿插介绍混凝土材料的选用与研发过程，观看"港珠澳大桥建设者"视频，使学生了解港珠澳大桥工程建设者的工作过程，揭示这座"超级工程"背后中国桥梁建设者们勇于攻克难关、不断挑战极限，用智慧和汗水在世界桥梁建设史上确立"中国标准"的感人故事和典型细节，特别是使学生感受在混凝土材料的研发与使用过程中，科技工作者一丝不苟、精益求精的工匠精神。

3. 课程内容总结与课后思考题(5分钟)

简要总结授课内容,并布置课后思考题:① 为什么港珠澳大桥被称为"世界新七大奇迹之一"？② 港珠澳大桥工程服役寿命120年,对混凝土的质量如何控制及附加防腐技术方案的设计思路是什么？让学生在回味课堂知识和内容时,无形之中产生的"民族自豪感""人文景观""工匠精神"等核心素养在脑海中回荡,达到润物无声的育人效果。

(五) 教学效果与反思

1. 教学效果

从课堂上学生的表现可以看出,学生对港珠澳大桥的工程创举感到由衷的自豪与赞叹,对大桥建设者的"工匠精神"有着强烈的共鸣与认同感；从问答交流过程可发现,学生对建筑材料的使用和发展给人类生活带来的便利有很大感触,提升了专业自信心。

2. 教学反思

应充分利用校企合作优势,请企业专家就企业在重大建筑工程施工过程中对混凝土关键组成材料的选取、研发、设计过程进行详细介绍,使学生对"职业素养""工匠精神"的重要性与必要性有更加深入的体会。

"粉体工程学"课程思政教学案例

一、课程概况

（一）基本信息

授课教师：江国健（材料科学与工程学院）

课程名称：粉体工程学

学　　分：3学分

课程类别：专业教育课程

（二）课程简介

"粉体工程学"是一门以工业生产中的颗粒物为研究对象，研究工业生产中粉体的性质与检测、运动规律、应用、合成和处理的综合性学科，也是一门以颗粒为核心来认识世界的课程。

通过本课程的学习，学生能基本掌握粉体的性质与表征、粉体机械制备、粉体的化学合成、粉体的分级分离技术、储存、混合、输送、供料给料、造粒及工艺设备等基础知识，为粉体科学进一步的理论研究和生产实践提供新的理论视角和应用指导。通过课后实验、综合实验，学生可以得到粉体制备、性能分析与检测技能的训练，并为后续课程的学习做好必要的准备。

二、课程蕴含的思政元素分析

本课程以校企合作模式为特色，结合教学内容，重点挖掘"培养学生国家意识和政治认同、提升学生人文精神和明德修养、提高学生的科学精神和实践创新、塑造学生的企业文化和职业素养"等课程思政元素，其与授课知识点的融入对应情况如表1所示。

表1 "粉体工程学"课程教学内容及价值塑造要点

知识单元	知识传授和能力培养要点	价值塑造要点
0. 绪论	课程内容、课程地位与作用	本知识单元重点培养学生的民族自信心和自豪感，激发学生的爱国主义情怀以及爱岗敬业和团队合作精神。通过介绍粉体的发展史中的中国贡献，引导学生吸取传统文化中创新思维的养分，增强学生的民族自信心和自豪感，激发爱国主义精神。通过对目前我国在粉体工程学发展上某些不足的分析，培养学生以国家利益为上，教育学生要牢记使命，不忘初心。通过介绍粉体工程学发展史，讲授各国科学家所做的贡献，让学生了解人类文明进程和世界科技发展动态。通过讲述粉体科学家事迹，讴歌他们砥砺前行、克服困难的意志品质，培养学生的爱岗敬业和团队合作精神。通过举例说明中国在粉体工程主要应用领域中的杰出成就，提升学生的政治认同感，培养学生的民族自豪感和文化自信
1. 颗粒物性	颗粒粒径和粒度分布 (1) 掌握单个颗粒的粒径定义、表达方法 (2) 掌握颗粒群的平均粒径、统计数学和定义函数求解法 (3) 掌握粒度分布概念、表示方法及优缺点	本知识单元重点培养学生严谨理性的科学精神和精益求精的工匠精神。通过对颗粒粒径和粒度分布的讲解，让学生了解颗粒和粉体粒径及粒度分布的分析与表征方法，培养学生严谨理性的科学思维方法和崇尚真知的品格。采用新闻图片介绍中国在雾霾和沙漠治理中取得的举世瞩目的成就，提高学生对中国发展道路和制度的自信
	颗粒形状 (1) 掌握颗粒形状术语 (2) 掌握颗粒的形状系数和形状指数的定义与计算	本知识单元重点培养学生崇尚实践、价值求技的技术思想。通过讲解颗粒形状从定性描述到定量计算的发展，阐述数字化时代已经来临，随着数字技术的发展，我们的生活也逐渐数字化，培养学生数字化时代的工程思维能力。通过介绍粉体工程术语的含义，培养学生在实际的工程问题解决过程中运用科学的思维方式认识事物、解决问题、指导行为等的能力
	颗粒的表面现象和表面能 (1) 理解颗粒的表面现象 (2) 了解固体的表面能和表面应力	本知识单元重点培养学生严谨理性和实证求真的科学精神。从东西放的时间长了会有灰尘附着这个问题入手，阐述颗粒的表面现象和表面能，分析其原因在于灰尘附着降低了物体的表面积，从而降低了物体的表面能，物质能量都有自动趋向降低、保持稳定的特点。通过生活中的粉体工程学案例的介绍，让学生从中体会科学无处不在，培养学生爱科学、学科学的精神

(续表)

知识单元	知识传授和能力培养要点	价值塑造要点
1. 颗粒物性	**颗粒间的作用力** (1) 掌握颗粒间的范德瓦尔斯力、静电力、毛细力的概念 (2) 了解颗粒间的作用力的关系	本知识单元重点培养学生的**国际视野、人文情怀和企业责任感**。讲解大气排放标准,进而讲述大气可吸入颗粒物和超细颗粒物的运动机理与脱除技术日益成为研究热点,而颗粒间作用力是影响颗粒运动、分布和凝并的重要因素,阐述粉体工程学在环境保护中的重要意义,**激发学生对环保的兴趣和热情,培养学生的环保意识、保护环境的责任感和从事科学研究的基本素质与能力**
	颗粒的团聚与分散 (1) 了解颗粒的团聚状态 (2) 理解颗粒在空气中发生团聚的主要原因及在空气中分散的主要途径 (3) 掌握颗粒在液体中的团聚与分散	本知识单元重点培养学生精益求精的科学精神和国际视野。讲解影响新材料性能差别的关键因素,其中超细粉体技术中超细粉体团聚和超细粉体分散是最关键的技术,介绍各国科学家在此领域作出的巨大贡献,培养学生**追求完美、精益求精、追求卓越的工匠精神**。利用团聚与分散来讲述东西方的文化差异,**引导学生尊重世界文化的多样性和差异性并积极参与跨文化交流**
2. 粉体物性	**粉体的堆积** (1) 掌握粉体堆积参数,包括容积密度、空隙率、填充率等概念 (2) 了解球形颗粒的堆积	本知识单元重点培养学生**实证求真的科学精神**。介绍生活中的粉体工程学案例,从颗粒本身的特性对粉体加工、输送、包装、存储等方面的影响,阐述研究粉体特性的重要意义,**让学生从中体会科学无处不在,培养学生的好奇心和想象力以及不畏困难、坚持不懈的探索精神**
	粉体的摩擦性 (1) 掌握休止角、库仑定律、内摩擦角、有效内摩擦角、壁摩擦角、滑动摩擦角等概念 (2) 了解休止角的测量方法	本知识单元重点培养学生**批判质疑的科学精神和技术运用的实践创新能力**。讲解粉体的摩擦性,从摩擦的两面性说明任何事物都具有两面性,**培养学生多角度、辩证地分析问题,做出最佳选择和决定的能力**。介绍粉体工程科学家将创意转化为技术的经典案例,**培养学生的工程思维能力**
	粉体的流动性 (1) 掌握开放屈服强度 (2) 掌握Jenike流动函数	本知识单元重点培养学生**严谨理性的科学精神**。介绍粉体的流动性和在工业上的应用,通过对经典案例的介绍,**培养学生在实际的工程问题解决过程中运用科学的思维方式认识事物、解决问题、指导行为等的能力**

(续表)

知识单元	知识传授和能力培养要点	价值塑造要点
3. 颗粒流体力学	**颗粒在流体中的沉降现象** (1) 掌握颗粒在静止流体内的沉降、阻力系数、沉降速度计算、非球形颗粒沉降速度、干扰沉降、等降颗粒 (2) 了解颗粒在旋转流体中的运动	本知识单元重点培养学生的价值信仰和自由平等观念。讲解颗粒在流体中的沉降现象和四种流动状态,从干扰沉降引申到体育运动中的公平竞争,**培养学生在学习、体育和职业中的公平竞争意识**
	透过流动现象 (1) 掌握层流状态下的透过流动现象 (2) 了解湍流状态下的透过流动现象	本知识单元重点培养学生的国际视野和企业责任感。讲解净水过程中的透过流动现象,介绍海绵城市的理念,**引导学生热爱并尊重自然,形成绿色发展理念并乐于付诸实践**
	流化床 (1) 掌握流态化过程 (2) 了解流态化类型和流态化中的不正常现象	本知识单元重点培养学生严谨理性的科学精神和崇尚实践的技术思想。讲解流化床的概念和应用,通过对流化床的创新和在工程方面的应用及粉体工程科学家将创意转化为技术的经典案例的介绍,**让学生理解和掌握基本的科学原理、方法,培养他们的工程思维能力**
4. 粉体的机械化学效应	**机械力化学** (1) 掌握机械力化学的概念、机械力学原理 (2) 掌握机械力化学效应与结晶构造、其他物理化学性质的变化	本知识单元重点培养学生严谨理性和实证求真的科学精神。讲解机械力化学概念和交叉学科研究的意义,讲述机械力化学目前存在的问题,**培养学生不畏困难、坚持不懈的探索精神**
	机械力化学应用 (1) 了解机械力化学效应在材料科学中的应用 (2) 了解机械力化学效应的检测和判断方法	本知识单元重点培养学生实证求真的科学精神。介绍利用机械力化学原理制备多种新材料的案例,**让学生认识到理解和掌握基本的科学原理和方法的重要性并培养他们崇尚真知的精神**
5. 粉尘爆炸	**粉尘爆炸** (1) 掌握燃烧与爆炸的区别 (2) 掌握粉尘爆炸要素分析 (3) 了解粉尘爆炸的预防和防护	本知识单元重点培养学生的企业责任感。介绍粉体企业经典粉尘爆炸案例,**让学生认识到企业责任意识的重要性**

(续表)

知识单元	知识传授和能力培养要点	价值塑造要点
6. 粉体的机械制备	**基本概念** (1) 掌握粉体机械制备的基本概念 (2) 掌握粉碎功耗理论	本知识单元重点培养学生的国际视野和批判质疑的科学精神。介绍粉体工程企业在粉碎方面的经典案例,引导学生形成绿色发展理念并乐于付诸实践。介绍粉体科学家创新并逐步提高设备功能和材料性能的故事,培养学生在科学研究中的批判质疑精神
	粉体的机械制备设备 (1) 掌握粉碎方法和粉碎设备分类 (2) 了解破碎设备、粉磨设备和超细粉碎机械原理、基本结构、特点和应用	本知识单元重点培养学生的政治认同、国家意识、职业素养和明德修养。以豆浆机的几代产品为例,说明人们永不满足,不断进取的精神,结合产业升级、中国制造,着力培养大学生的文化自信、国际视野和职业道德
7. 化学法制备粉体	**化学法制备粉体** (1) 掌握理想粉体的概念、机械制备和化学法制备的优缺点 (2) 了解液相法、气相法、固相法、喷雾法以及冻结干燥法的原理、特点和应用	本知识单元重点培养学生的审美情趣。介绍粉体工程学中的经典案例,引导学生感受科学之美,培养学生发现、感知、欣赏、评价美的意识和基本能力
8. 分级	**基本概念、粉体的分级设备** (1) 掌握分级效率、分级设备的切割粒径等基本概念 (2) 了解分级流程及计算 (3) 掌握筛分原理,了解筛分机械原理、基本结构、特点和应用 (4) 了解流体系统分级设备的原理、基本结构、特点和应用	本知识单元重点培养学生的政治认同、国家意识、科学精神、实践创新精神、企业文化意识和职业素养。 (1) 介绍生活中的粉体工程学在分级、分离、储存、混合、输送、供料给料、造粒等方面的经典案例,让学生从中体会科学无处不在,培养学生的专业认同感 (2) 讲解粉体工程学分级、分离、储存、混合、输送、供料给料、造粒等方面的原理和关联性,培养学生严谨理性的科学精神和综合分析问题的能力
9. 分离	**粉体的分离** (1) 掌握粉体分离的基本概念 (2) 了解离心式分离器、过滤式分离器、重力分离器、电收尘器和气—固—液系统的分离原理、基本结构、特点和应用	(3) 介绍粉体工程学的工艺和设备升级的经典案例,培养学生追求完美、精益求精、追求卓越的工匠精神 (4) 介绍粉体工程学科学家技术开发的故事,培养学生的创新实践精神和科学探索精神 (5) 介绍粉体工程制造企业的经典案例,培养学生的创业意识和创业能力、家国情怀和工匠精神

(续表)

知识单元	知识传授和能力培养要点	价值塑造要点
10. 储存	**粉体的储存** (1) 掌握物料储存的作用与分类、料仓内粉料流动、料仓的压力等基本概念 (2) 了解料仓及料斗的设计 (3) 了解料仓的故障及防止措施	(6) 介绍粉体工程企业家的经典案例,培养学生的**创业意识和创业能力** (7) 介绍粉体工程学的节能减排、降低能耗的经典案例,培养学生的**政治认同、国际视野和绿色环保理念** (8) 介绍粉体工程学从矿山到粉体材料的整个过程,培养学生的**全局观、大局观**
11. 混合	**粉体的混合** (1) 掌握混合的基本概念、影响混合的因素,了解混合质量评价和混合质量检验 (2) 了解机械均化设备、气力均化设备、连续混合、预均化堆场(库)等设备的原理、基本结构、特点和应用	
12. 输送	**粉体的输送** (1) 掌握粉体输送的基本概念 (2) 了解胶带输送机、螺旋输送机、斗式提升机、其他机械化式输送机、气力输送等设备的原理、基本结构、特点和应用	
13. 供料与给料	**粉体的供料与给料** (1) 掌握粉体供料与给料的基本概念 (2) 了解供料溜槽、供料闸门、给料机等设备的原理、基本结构、特点和应用 (3) 了解给料的控制与计算	

(续表)

知识单元	知识传授和能力培养要点	价值塑造要点
14. 造粒	**粉体的造粒** (1) 掌握粉体造粒的基本概念 (2) 了解玻璃配合料粒化工艺、陶瓷干坯体的造粒、医药片剂制造工艺和微囊化	

三、一节代表性课程的教学设计——绪论

（一）教学目标

1. 知识传授

讲述颗粒和粉体的基本概念、颗粒与粉体的关系，粉体在古陶瓷、火药、甲骨片、文房四宝、建筑胶凝材料等方面的应用，以及宋应星的《天工开物》中记录的最早的粉体冶金工艺。通过历史追溯、事例分析、视频展示、思考讨论等形式，介绍我国在粉体工程学方面的成就。

2. 能力培养

通过粉体的实际应用案例介绍，培养学生理论结合实践的能力。培养学生主动利用粉体工程学的基本概念，分析现实生活中一些现象的意识和能力；锻炼学生的综合应用能力，引导学生讨论粉体工程学知识在现实生活中的运用。

3. 价值塑造

讲述粉体实际应用案例，介绍中华民族的优秀文化成果，展现中华儿女在粉体工程中的贡献，体现中国特色社会主义发展道路的优越性，引导学生从内心建立起正确的人生观、工程意识和家国情怀，促进学生的全面发展。

（二）教学对象分析

"粉体工程学"课程的授课对象为材料科学与工程专业（无机非金属材料方向）的大三学生，学生已经学过"材料学概论""材料科学基础""无机化学""物理化学"等课程，具备基本的材料科学基础知识。学生在进行两年半专业基础知识

学习后,对材料在社会发展中的作用、自身将来的就业方向都有了较为清晰的认识,这个阶段接受思政价值观的引导,有助于进一步提升职业素养和专业自信,并能有效激发对自然与社会现象的好奇心、求知欲,增强学习兴趣,培养实事求是的态度、理性精神,提高独立思考能力、创新精神、团队精神与实践能力。在学习活动中对学生从这些方面加以培养,可以达到学习专业知识、提升专业技能和树立正确价值观的有机统一。

(三) 教学内容与资源

1. 教学内容

(1) 生活中的粉体;

(2) 颗粒和粉体的概念、颗粒与粉体的关系、纳米粉体技术;

(3) 宋应星的《天工开物》;

(4) 粉体工程学学科的发展历程;

(5) 粉体工程学的应用;

(6) 粉体工程学与中国"卡脖子"的问题。

2. 教学资源

(1) 授课用多媒体 PPT 课件;

(2) 教学图片:"无处不在"的粉体图、粉体应用图等;

(3) 企业案例。

(四) 教学过程与方法

1. 问题导入(10 分钟)

以生活中的粉体作为切入点,让学生举例说明日常生活中的粉体及其应用,并向学生提出以下问题:粉体工程学与解决中国"卡脖子"问题的关系是什么?为什么学习粉体工程学重要?重要程度如何?(以设问的方式引导学生思考,引出本次课的讲授内容)

2. 粉体工程学概述内容讲解(25 分钟)

由日常生活的粉体及其应用讲起,讲述生活上的粉体、工业用粉体,再讲解宋应星的《天工开物》、粉体工程学学科的发展、人类在粉体工程学上的贡献,阐述颗粒和粉体的概念、颗粒与粉体的关系、纳米粉体技术、传授粉体工程学的相关知识。通过粉体工程学相关知识的传授和问答,让学生进一步增强对专业的认知度和学习兴趣。

介绍粉体在古陶瓷、火药、甲骨片、文房四宝、建筑胶凝材料等方面的应用,培养学生在生活中综合运用粉体工程学知识分析问题、解决问题的能力。

讲述粉体工程学的发展历史，介绍其学科名称的由来。通过介绍目前对学科和研究现象的命名很不统一的情况，让学生认识到从不同角度出发对同一事物和现象进行观察和研究在认识上形成的差异。

介绍纳米粉体技术制备出来的粉体形貌照片及扫描隧道显微镜操纵原子拍摄的图像，让学生从中感知由科学带来的艺术之美，培养他们发现、感知、欣赏、评价美的意识和基本能力。

3. 粉体工程学与中国"卡脖子"问题讲解（5分钟）

介绍中国芯片产业现状，引导学生关注芯片产业面临的全球性挑战；结合新材料领域的"卡脖子"案例，引导学生了解国情，激发学生建设科技强国的爱国主义情操，激励学生的斗志；用国家对高新技术的需求引导学生树立正确的理想信念。

4. 课程内容总结与课后思考题（5分钟）

简要总结授课内容，并布置课后思考题：① 举例说明身边的粉体工程学。② 中国的"卡脖子"问题与粉体工程学的关系是什么？我们如何解决？让学生在回味课堂知识内容的同时，让"民族自豪感""科学人文""工匠精神"等思政核心素养价值观对学生起到"润物细无声"的育人效果。

（五）教学效果与反思

1. 教学效果

从学生在上课过程中的积极思考和踊跃发言来看，学生对粉体、粉体应用、粉体工程学产生了浓厚的兴趣，同时对中华儿女在粉体工程学上所做出的贡献产生了由衷的自豪感，并对中国的"卡脖子"问题与粉体工程学的关系产生共鸣，立志要刻苦学习，为中华民族的伟大复兴而奋发图强。

2. 教学反思

（1）充分利用校企合作优势，通过企业专家将企业实际案例引入课堂，加强对学生"职业素养"和"工匠精神"的培养。

（2）内容较多，案例较多，课时有限，需要提前合理设计好每部分内容的讲授要求。

（3）加强学生对授课内容的反馈，以进一步改善教学手段、提高教学水平。

"材料成型加工工艺与设备"
课程思政教学案例

一、课程概况

(一) 基本信息

授课教师：徐春（材料科学与工程学院）

课程名称：材料成型加工工艺与设备

学　　分：3学分

课程类别：专业教育课程

(二) 课程简介

"材料成型加工工艺与设备"课程是金属材料、压力加工、材料成型与控制、建筑材料等本科专业的一门重要的专业课。通过本课程的学习，学生能全面了解金属材料、高分子材料、无机非金属材料等，从液态成型到固态成型等常见材料的加工工艺及所需设备，并能根据材料特点选择恰当的加工工艺和机械设备以生产出合格的材料产品。

二、课程蕴含的思政元素分析

(一) 专业素养与国防建设

从材料成型工艺的发展历程及其对人类历史上重大兵器制造的影响和关系入手，介绍著名兵器，如越王剑、中国唐刀、三八式步枪与马克沁机枪、"约克城"航母等。从介绍古今武器和作战方式的改变来体现材料成型工艺对国家安全的重大影响，使学生意识到掌握专业知识对国家发展与国防建设的重要性，厚植爱国主义情怀、增强国防观念，激发学生的专业学习动力。

以越王剑、中国唐刀等古代兵器的案例为载体,向学生介绍我国优秀的古代文化、先进的科学技术以及人物故事,激发学生的爱国热情和民族自豪感,让他们树立为国家、社会发展做贡献的理想、信念和信心。通过介绍马克沁机枪在第一次世界大战中的影响,让学生认识到工业上落后就意味着要"挨打",从而强化学生的危机意识,提高专业学习的质量。

（二）科学思维,工程意识

以材料成型工艺的发展历程和影响人类历史进程的重大创新历史事件为切入点,介绍材料加工工艺与材料重大创新的关系,使学生了解到材料加工对人类社会由原始社会、奴隶社会、封建社会向资本主义社会和社会主义社会发展的重大影响,用专业本身的魅力吸引学生,增强学生的专业自豪感及学习动力。

以中国近代百年来铁路从万国铁轨、万国机车到自主研发高铁,成为中国制造的名片为例,引导学生思考和分析其原因,深刻理解专业知识学习对国家经济产业高速发展和民族独立的重要性,激发学生的民族自信和发自内心的学习动力。

（三）职业情怀,社会责任

通过讲解各成型工艺的特点及设备要求,使学生了解材料成型方法选择的原则与依据,清楚各成型工艺下材料的性能特点,以及制造能耗、碳排放等对环境的影响,使学生能够合理选择机械零件毛坯成型方法,逐步建立起科学思维以及环保意识,引导学生思考材料成型技术与社会、环境的相互关系和作用,了解可持续发展的含义。

（四）厚德精技

以"中华技能大奖"获得者王康健和全国五一劳动奖章获得者王俊生的事迹为例,使学生清楚社会及岗位对人才知识、能力和素质的基本要求,引导学生树立自我培养的意识,明确专业知识学习对个人未来与社会发展的重要意义,强化厚德精技的学习动力。

三、一节代表性课程的教学设计——型钢轧制工艺

（一）教学目标

1. 知识传授

介绍各种材料成型方法的原理、工艺过程、特点及应用,使学生具备合理选

择常用机械零件毛坯成型方法的能力。以型钢轧制成型技术为例，讲述型钢轧制成型技术的基本原理、型钢成型主要工艺参数、型钢品种以及型钢轧制工艺的主要缺陷。

2. 能力培养

通过对轧制钢轨型材的实际应用案例的介绍，培养学生理论结合实践的能力。

3. 情感认知

通过对攀钢钢轨引领中国高铁快速发展案例介绍，使学生认识到掌握专业知识并应用专业知识进行创新对提升国家综合国力、推动科技发展的重要性，激发学生继承精益求精的"工匠精神"，提高学生的职业素养。

（二）教学对象分析

"材料成型加工工艺与设备"课程的授课对象为是材料科学与工程专业（金属材料、压力加工、建筑材料方向）、复合材料科学与工程专业、材料成型与控制等专业的大三学生，学生已掌握机械制图、材料科学基础、工程力学和工程材料等方面的知识，懂得材料的组成、结构与其性能之间的内在基本关联，较易就材料性能、形状在三向应力状态下的应变和温度条件之间的关系进行知识建构。学生完成专业知识内容学习后，对材料在社会发展中的作用、自身将来的就业方向都有较为清晰的认识，对在授课过程中的思政价值观引导易于产生情感共鸣，有助于提升职业素养和专业自信，并能有效激发学习兴趣。

（三）教学内容与资源

1. 教学内容

（1）钢轨的质量要求。

（2）高铁钢轨孔型设计、轧制工艺参数对高铁钢轨质量的影响。

（3）高铁钢轨的成型设备。

2. 教学资源

（1）授课用多媒体 PPT 课件。

（2）教学视频：《高铁钢轨是这样造出来的》中关于高铁钢轨生产的介绍部分，《走遍中国》介绍攀钢人的突破和创新以及关于高铁钢轨技术要求的部分。

（3）教学图片：西藏高寒钢轨所处地理环境图、孔型设计图、轧制设备图。

（四）教学过程与方法

1. 问题导入(5分钟)

以高铁钢轨应用作为切入点，向学生提问高铁钢轨与普通钢轨的质量区别与性能要求差别。

观看《高铁钢轨是这样造出来的》视频，让学生了解高铁钢轨生产的基本流程、主要生产设备以及高铁钢轨与普通钢轨异同点，并重点了解高铁钢轨技术指标与制造难度。

2. 高铁钢轨的孔型设计讲解(5分钟)

采用图片和视频介绍相结合的方式，使学生了解高铁钢轨在轧制工艺参数设计方面的要求：

(1) 高铁钢轨孔型系统选择应考虑的问题。

(2) 高铁钢轨孔型系统特点与孔型图。

3. 高铁钢轨与生产工艺成型设备讲解(30分钟)

介绍下列内容：

(1) 轧制设备要求：尺寸精度公差控制与轧机刚性要求。

(2) 控制轧制与热处理要求：材料性能控制要求。

(3) 表面质量要求：钢轨耐磨性能。

介绍高铁的行驶速度、气候因素和环境等对高铁钢轨材料与性能的要求，采用启发式提问，引导学生了解百米钢轨提出的背景；通过观看视频《走遍中国》中攀钢人的突破和创新事迹，让学生了解高铁钢轨技术要求，并掌握其设计与生产的关键要素。通过中国独立生产高铁钢轨的感人故事和典型细节的介绍，使学生特别感受在轧制型钢的研发与使用过程中科技工作者一丝不苟、精益求精的工匠精神。

4. 课程内容总结与课后思考题(5分钟)

简要总结授课内容，并布置课后思考题：① 为什么中国高铁被称为"中国名片"？② 轧制型材技术方案的设计思路是什么？让学生在回味课堂知识内容时，对"民族自豪感""工匠精神"等有更深切的体会，使课程达到润物无声的育人效果。

（五）教学效果与反思

1. 教学效果

从学生的课堂表现可以看出学生对轧制成型工艺中的"工匠精神"与中国高

铁等先进科学技术的关系，以及学好专业知识对祖国建设的重要性的认同感；从回答问题的情况可发现，学生对材料成型技术的发展给人类生活带来的便利有很大感触，提升了专业自信心。

2. 教学反思

应进一步完善学生对授课内容的反馈与评价系统，如借助在线授课平台交流、调查问卷等方式及时关注学生对课程思政元素授课效果的反响与意见，以便更好地改善教学手段、提高教学水平。

"材料学概论"课程思政教学案例

一、课程概况

（一）基本信息

授课教师：徐家跃（材料科学与工程学院）

课程名称：材料学概论

学　　分：2学分

课程类别：专业教育课程

（二）课程简介

本课程主要介绍材料的定义、分类、工艺、应用领域、材料产业初步的经营管理及其在社会发展过程中的重要地位和作用。

通过本课程的学习，学生可以了解中国古代材料成就，培养民族自豪感、文化自信和爱国热情，树立良好的专业思想，培养良好的科技创新意识、求知欲和兴趣，为后续专业课程的学习打下良好的基础。

二、课程蕴含的思政元素分析

在"材料学概论"授课过程中，不仅传授知识、培养学生的能力，同时以润物细无声的形式将课程思政元素融入课堂教学中。本课程教学知识点及价值塑造要点见表1。

表 1 "材料学概论"课程教学内容及价值塑造要点

知识单元	知识传授和能力培养要点	价值塑造要点
1. 材料与文明的关系和传承	**材料基本概念** (1) 熟悉材料的概念和内涵 (2) 了解材料在国民经济中特别是制造业中的重要地位 (3) 熟悉材料与文明的发展历史	向学生讲授材料是人类文明的基石,每一个时代的进步都有赖于材料的发展和巨大创新,以此激发学生对材料的**专业认同**和行业价值,激发学生的专业自豪感及学习动力。此外,通过分析中国在材料方面遇到的"卡脖子"问题,激励学生树立远大理想,**报效祖国**
	材料与文明的关系 (1) 了解材料与文明的关系 (2) 熟悉青铜器的发展及承载的文明特点 (3) 熟悉钢铁及冶金技术	介绍人类文明以材料作为划分依据,分为石器时代、青铜器时代、陶器时代、铁器时代、硅时代、高分子时代、信息材料时代,以及中国科学家师昌绪、严东生等人的材料创新案例,让学生认识到**材料进步就是时代进步**,"吾辈当自强"
2. 中国古代材料成就	(1) 了解中国古代材料成就背后的文化因素 (2) 发掘传统文化中的创新资源	以中国古代材料成就为例,引入创新思维的不同文化模式,阐释西方的分析思维和中国的综合思维都是潜在的创新模式,都为科学技术的发展奠定了良好基础,由此培养学生的**创新思维**,拓宽学生的文化视野,提高学生的综合素质
3. 材料与环境	(1) 熟悉材料的生产工艺和应用领域,判断材料生产对资源、能源的利用效率 (2) 了解材料生产过程对人类和环境造成损害的隐患,清楚复合材料应用对社会发展带来的影响	介绍材料从原料、制备、使用、废弃到再利用全过程,帮助学生树立终身材料理念,养成节能环保意识。把树立**环境意识**、培养**社会责任**融于专业知识教学中

三、一节代表性课程的教学设计——材料与文明的关系和传承

(一)教学目标

1. 知识传授

(1) 从李广射石延伸到中国古代冶金技术(青铜器、铁器)的发达,汉代盐铁专卖制度,有 54 个铁官(国有钢铁厂)。

(2) 冶金技术——含碳铁(质量)、风箱(高温)。

2. 能力培养

通过学习中国古代金属材料的冶炼技术，学生对材料专业形成全新的认识，对所学专业的热爱程度进一步加深，能够分析材料科学中的具体问题并运用所学知识解决问题。学生的综合能力和综合素质得到大幅度提升。

3. 价值塑造

让学生认识到中国古代材料取得的成就及现代材料的发展创新，得益于国家综合国力的提升和科技水平的发展，激发学生的民族自信心和认同感，同时使学生感受材料学科的博大精深，提高学生的职业素养。

（二）教学对象分析

"材料学概论"课程的授课对象为材料科学与工程学院大一学生，该课程为材料类专业的平台课。该课程介绍材料学科的发展历史及前沿，并融入最新材料科技发展成果，信息量大。通过对比我国材料学科发展与国际先进材料科技之间的差距，激发学生的爱国热情和钻研科研的决心。

（三）教学内容与资源

1. 教学内容

（1）我国材料创新历史演变过程。

（2）我国青铜器的发展历史及其特点。

（3）我国古代钢铁制品及钢铁冶炼技术。

2. 教学资源

（1）授课用多媒体PPT课件。

（2）教学视频：《利用失蜡法铸造一只铜制头像》，《国家宝藏》之"越王勾践剑"。

（3）教学图片：古代铜器图、铁器制品图等。

（四）教学过程与方法

1. 课前预习

提前一周在超星教学平台上传预习课件及相关视频等学习资料，通过课程教学微信群安排课前预习。学生在线预先学习，通过微信群反馈看不懂的知识或提出需要讨论的问题。

2. 课堂教学过程与方法

（1）问题导入（3—4分钟）。

前面大家学习了无机非金属材料、金属材料、高分子材料和复合材料四大材料的有关知识，对材料及材料学有了较为全面和深刻的认识，大家知道材料学科的发展经历了漫长的过程，我国古代就有了天然材料及合成加工材料，那么材料学的发展为人类文明做出了哪些贡献？材料学的发展是如何传承人类科学与技术的？（以设问的方式引导学生思考，进入状态，引出本次课的讲授内容）

（2）讲授内容、提问互动等（40分钟）。

第一部分：材料文明概述（10分钟）。

其一，大材料概念：

从文明历史来看，从来就没有金属、无机、高分子材料，有的都是自然的材料，从自然中学习材料。石头、木头是建材，丝绸、麻布是纺织材料，陶瓷、家具是日用材料……天然材料多为复合材料；单一材料是现代化产物。

互动：对材料文明史有哪些了解？如何理解材料的发展史就是人类文明的进步史？怎样理解材料与文明之间的关系？

其二，中国古代材料成就：

内容：按时间轴展开，追溯到商周时代；多种材料齐头并进，包括青铜、钢铁、陶瓷、建材等。按材质轴展开，"花开两朵，各表一枝"，按照种类（应用类型）分别介绍。

互动：同学们课后可以阅读英国科技史专家李约瑟教授的《中国科学技术史》和中国国家博物馆孙机研究馆员的《中国古代物质文化》这两本书，我们下节课交流读书心得。

第二部分：青铜器的发展（8分钟）。

其一，青铜器的发展阶段：

内容：中国青铜器发展的三大阶段——形成期、鼎盛期和转变期。

① 形成期：龙山时代，距今4 500—4 000年。

② 鼎盛期：夏、商、西周、春秋及战国早期，延续时间1 600余年，是中国传统体系的青铜器文化时代。

③ 转变期：战国末期至秦汉时期，逐步被铁器取代，不仅数量上大减，而且由原来使用在礼仪祭祀、战争活动等重要场合的器物变成日常用具，其相应的器具种类、构造特征、装饰艺术也发生了转折性的变化。

互动：古代铸剑技术的先进性体现在哪里？为什么可以几千年不被腐蚀？古代冶炼技术可以为现代冶炼技术提供哪些有益的参考？

其二,青铜的成分及冶铸技术:

内容:青铜是人类历史上的一项伟大发明,它是红铜和锡、铅的合金,也是金属冶铸史上最早的合金。

中国古代冶铸技术:甘肃马家窑文化遗址出土的铜刀,距今约4 800年,由锡青铜铸成,早期用石范和陶范铸造简陋工具和武器。商代早期的铜爵,所用铸型由多块陶范和泥芯组成,有的壁厚仅2毫米,铸造技术已达一定水平。商代中期已使用锡青铜和铅青铜两种合金,能铸造重80千克的大鼎。

第三部分:钢铁冶金技术(20分钟)。

其一,钢铁的基本概念:

内容:铁分生铁和熟铁两种,包括"钢"在内,都是以铁(Fe)和碳(C)两种元素为主的合金。含碳量在0.05%以下者叫熟铁,0.05%—2.0%者叫钢,2.0%—6.67%者叫生铁。

互动:列举日常生活中常见的钢铁制品。

其二,中国冶金技术:

内容:汉代中国冶铁业实行官营,冶炼技术和炼铁点的分布,都有了很大进展。据《汉书·地理志》记载,汉武帝时(公元前119年)已在全国设立了48个铁官,下设炼铁场,足见当年冶铁工业的盛况。汉武帝驱赶匈奴,并非凭空实现,实有强大工业支撑。

互动:中国古代在冶炼时为什么要用鼓风机?

第四部分:结束语(2分钟)。

提问:回顾本节课主要内容,谈谈你对材料与文明的理解。

总结:通过课程学习,学生既学到了与材料有关的知识,又感受到材料学科的博大精深,有利于学生树立刻苦钻研、努力学习的信念。

(3)课后作业(1—2分钟)。

第一,在超星平台完成章节讨论题。

第二,作业:

① 对比现代钢铁冶炼技术,谈谈古代钢铁冶炼技术对现代技术的借鉴作用。

② 上网查阅资料,收集有关越王勾践剑的信息,谈谈越王勾践剑的独特之处。

(五)教学效果与反思

1. 以材料文明史为抓手,引领学生产生专业兴趣并进行历史传承

材料学是最近几十年发展起来的新兴交叉学科,传统的教学都是从西方近

代科学框架开始的,从元素、化合物到材料成型、加工、应用。这种教学思路虽然系统性强,但割裂历史,容易让学生产生错觉。要知道,材料并不是今天才受到重视的,材料和人类文明一样古老,而且人类文明通常以材料的进步为划分标志,比如石器时代、青铜器时代、陶器时代、铁器时代、硅时代、高分子时代、信息材料时代。但是,这样讲材料学,往往会产生隔阂感。不论东方、西方,古代都没有化学、物理学等现代科学,古代材料是如何发展起来的?这一问题可以引起学生的深入思考。通过古代青铜器、陶瓷等材料的发明和发展,展示前科学时代人类的聪明才智,由此布置作业,建议学生把材料历史延伸到文明早期,去收集素材,形成材料五千年源流图,使学生在不知不觉中对专业产生了兴趣。

2. 设立"中国古代材料成就"专门章节,激发学生民族自豪感和文化自信

中国有五千年的文明,同样在材料方面有很多举世瞩目、长期领先的成就。商周时期的青铜器,无论是冶金规模还是青铜器品种都成就斐然;中国陶瓷工艺发展分多个阶段,每一阶段都有独特的技术创新;中国的冶金技术特别是炼铁工艺长期领先于西方;中国的丝绸及纺织品成为西方贸易的主要产品,促成了丝绸之路的产生;还有玉器及玉文化、建筑材料的发明等。集中讲授这些材料,对学生具有一定的冲击力,说明中国古代材料成就并非偶然成功,背后有强大的文化背景。这就是中国思维、中国文化,是我们进一步创新的源泉。我把它提炼出来,叫"科学本土化"理论,1995 年发表在《科学学与科学技术管理》上;整整 20 年后,2015 年屠呦呦因发现青蒿素获得诺贝尔奖。这种结合历史并提升到一定理论高度的教学,对学生系统认识中国古代材料成就有很强大的震撼,多次收获学生的掌声。以理服人,现身说法,使学生对材料历史有一种代入感,无形中激发了学生的民族自豪感和文化自信。

3. 教学思考与持续改进

对于专业课程的思政教育,要抓住课程的核心教学内容,在传授知识的过程中潜移默化,引导学生树立正确的专业观、知识观、人生观。思政元素要自然融入,少不了精心设计。我们在推进过程中也会遇到种种困难和问题,最突出的矛盾主要有二:

一是思政元素的多和少:每一门课都有自己的特点和教学规律,一般来说思政元素不宜太多,最好是一至两个思政元素,不多于三个。这些思政元素的提炼可以集中体现在某些教学内容上,也可以贯穿课程全部内容。太多有喧宾夺主之嫌,太散则有矫揉造作之弊。"材料学概论"作为专业入门课程,对科学史、

创新模式、环保意识特别加以强调，这三个元素足矣。如何把案例完全融入知识点，还需要进一步整合思政资源，把握好度，形成自己的特色或风格。

二是思政内容的教与评：传统知识教育相对来说容易考核，加入思政元素，通过案例教学有时候会让授课更生动，更容易吸引学生的注意力。但考试时如何体现思政内容，这是一个棘手的问题。很多老师通过平时成绩来体现，虽然可行，但不够精准。在后面的持续改进中，我们计划在平时作业中增加课程思政练习或小论文，在期末考试中增加反映思政元素的论述题，做到教、学、考都能体现思政内涵。

"材料科学基础"课程思政教学案例

一、课程概况

（一）基本信息

授课教师：王占勇、刘敏（材料科学与工程学院）

课程名称：材料科学基础

学　　分：3学分

课程类别：专业教育课程

（二）课程简介

"材料科学基础"作为材料科学与工程学院各专业必修的一门专业基础课程，它的主要任务是使学生掌握材料的成分、原子结构、晶体结构、组织结构、制备工艺及材料性能与应用之间的相互关系，将材料的微观特性和宏观规律建立在理论基础之上，侧重基本概念和基础理论，强调科学性、先进性和实用性。

二、课程蕴含的思政元素分析

材料作为大国重器的脊梁和工业发展的基础，在传承古代文明和绵延历史文化中发挥着重要的作用，在交通运输、能源保障、航空航天、日常生活等各个领域均有重要的应用。本课程作为材料类各专业的第一门专业基础课程，拥有丰富的思政元素。开展课程思政建设，将材料行业中蕴含的职业伦理和职业精神融入专业教育中，对于实现高校思政教育价值目标、树立学生的专业精神以及培养学生的专业兴趣，具有重要意义。

本课程以材料的基本概念和基础理论为重点，以材料的工程应用为面向，重点挖掘了以"家国情怀"和"责任担当"为核心的课程思政元素，深入剖析了本课程的思政元素、应用案例与课程创新和知识点的内在联系,并进行了课程思政教学的案例资源建设和教学方案设计(见图1)。

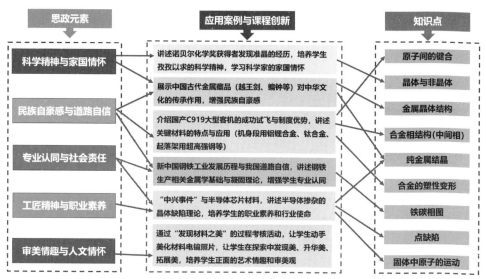

图1 "材料科学基础"课程思政元素、应用案例与课程创新及知识点的对应关系

(一)科学精神与家国情怀

从固态结构基本类型——晶体与非晶体出发,让学生了解原子排列对固态材料组织和性能起的决定性作用。引入2011年诺贝尔化学奖得主发现特殊固态结构状态(准晶)的重要贡献,培养学生孜孜以求、追求真理的科学精神;并通过分享诺贝尔奖原作背后的署名故事,引导学生理解"科学没有国界,但科学家有祖国"所蕴含的科学家的家国情怀。

(二)民族自豪感与道路自信

从中国古代金属藏品(越王剑、古代编钟等)出发,让学生了解材料在传承中华文明中发挥的重要作用,激发学生的民族认同感和自豪感;从高铁、飞机、航母等国之重器应用的材料出发,让学生深刻体会中国特色社会主义制度的优越性;结合新中国成立以来我国钢铁工业快速发展,产能结构优化升级的案例,增强学生对中国特色社会主义道路的自信。

(三)专业认同与社会责任

从C919国产大飞机应用的关键材料出发,引导学生建立专业认同,明晰专业价值,激发学生学习专业、服务国家的奋斗热情;结合我国芯片材料领域存在的"卡脖子"技术难题,培养学生的担当精神和社会责任感,勉励学生提高创新实践能力,将专业学习、自身发展和祖国需要紧密结合起来,增强专业报国的使命感和紧迫感,勇挑时代赋予的重任,努力在"高精尖"领域发挥自己的专业价值。

（四）工匠精神与职业素养

以大飞机关键材料和芯片核心材料为例,引导学生发扬专注执着、精益求精、追求卓越的"工匠精神",培养学生爱岗敬业、甘于奉献、服务社会的职业素养。

（五）审美情趣与人文情怀

以"发现材料之美"为主题开展过程考核,要求学生围绕材料的微观结构进行深度解析,并对显微照片进行涂鸦美化,发现、升华、拓展材料之美,培养学生的审美情趣和人文情怀。

三、一节代表性课程的教学设计——晶体与非晶体

（一）教学目标

1. 知识传授

要求学生掌握固体结构的类型；掌握晶体、准晶和非晶体的原子排列特点；掌握常见的晶体和非晶体材料；理解晶体和非晶体的性能特点,包括有无固定熔点、性能的方向性；了解晶体与非晶体之间的转化等。

2. 能力培养

通过介绍诺尔贝化学奖获得者发现介于晶体与非晶体之间的特殊固体结构状态(准晶)的经历,引导学生从原子排列的角度理解晶体与非晶体的结构特点和性能特点,培养学生科学严谨的思维能力。

3. 价值塑造

使学生认识到科学家的科学精神和家国情怀,提高学生的辩证思维能力。

（二）教学对象分析

"材料科学基础"课程的授课对象为材料科学与工程学院所有专业的大二学生,是学生学习的第一门专业核心课。学生已掌握大学物理、高等数学、材料学概论等基础课程,了解常用的数理方法和材料的主要类型及其性能特点,较易在数理的基础上认识材料的结构特点,理解材料成分—结构—性能之间的构效关系。学生在学习较为枯燥的材料基本概念和基础理论的过程中,认清材料在国防、工业和日常生活中的重要地位和关键作用,在学习理论的过程中以材料应用

为导向,形成专业认同,培养职业素养,树立价值追求,提高学习动力和学习兴趣。

(三)教学内容与资源

1. 教学内容

(1)固体结构的分类。

(2)晶体、准晶和非晶体的结构特点与性能特点。

(3)晶体与非晶体之间的相互转化。

2. 教学资源

(1)授课用多媒体PPT课件。

(2)教学视频:诺贝尔化学奖获得者Shechtman(谢赫特曼)教授发现准晶的经过。

(3)教学图片:第一篇报道准晶的论文首页截图、准晶的衍射花样和结构图。

(四)教学过程与方法

1. 课程导入(10分钟)

以2011年诺贝尔化学奖获得者对发现准晶的贡献作为切入点,首先向学生提出"准晶是什么?""为什么能获得诺奖级别的科学荣誉?"等问题,然后通过观看视频和图片方式介绍准晶的发现和原子排列特点,让学生了解科学家从发现准晶到获得同行认可的曲折历程,引导学生树立追求真理、严谨细致的科学精神。

采用原文再现的方式,展示发现准晶的首篇论文的图片,结合论文署名的故事所反映出的科学家的家国情怀,引导学生树立"科学没有国界,但科学家有祖国"的信念。

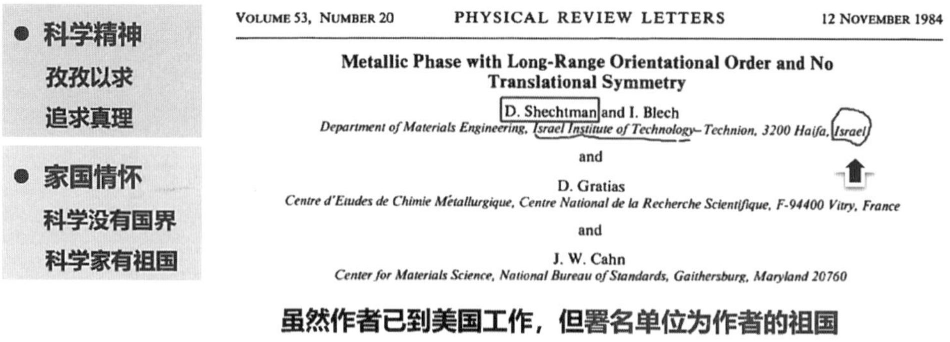

图2 通过展示论文的署名融入家国情怀教育

通过图片展示准晶特殊的结构特点,从准晶的特殊原子排列规则出发,讲解晶体与非晶体的原子排列特点,让学生理解准晶与晶体在原子长程有序方面的同一性、准晶与非晶体在平移对称方面的一致性以及准晶与晶体和非晶体在旋转对称方面的特殊性,建立准晶与晶体和非晶体的联系与区别及其辩证关系。

2. 晶体与非晶体的结构特点和性能特点以及晶体与非晶体之间的转化内容讲解(30分钟)

(1) 结构特点:晶体的原子排列是长程有序的,具有平移对称性和1次、2次、3次、4次、6次旋转对称,非晶体不具有平移对称性和旋转对称性,准晶具有平移对称性和5次或10次旋转对称,因此准晶是一种介于晶体和非晶体之间的临界固体结构状态。

(2) 性能特点:晶体某一方向的原子排列相同,达到一定温度会同时断裂,因此具有固定的熔点;非晶体沿任一方向的原子排列均不相同,因此无固定熔点。单晶体沿不同晶向或晶面的原子排列不同,因此具有各向异性;多晶体中每个晶粒的各向异性被多晶体的随机取向所抵消,表现为各向同性(也叫伪各向同性);准晶各个方向的原子均是随机排列,表现为各向同性。

(3) 晶体与非晶体之间的转化:晶体转化为非晶体叫玻璃化,非晶体到晶体叫退玻璃化或晶化。

一种材料可以是晶体,可以是非晶体,还可以是晶体和非晶体的混合结构。

3. 课程内容总结与课后思考题(5分钟)

简要总结授课内容,并布置课后思考题:① 准晶是什么?原子排列有何特点?② 晶体和非晶体的结构及性能特点分别是什么?③ 材料类型和固体结构类型有什么联系?

(五) 教学效果与反思

1. 教学效果

从上课过程中学生的表现可以看出学生对诺贝尔化学奖得主发现准晶的历程很感兴趣,这一内容开阔了学生的国际视野,培养了他们孜孜以求的科学精神,提高了他们探索材料未知世界的兴趣和热情,对科学家的家国情怀深表赞同,提升了他们的专业认同感。

2. 教学反思

(1) 在课堂上充分展示诺贝尔奖得主发现准晶的实验记录结果,以更加直观的方式引导学生树立刻苦钻研、追求真理的科学精神,使学生对探索材料未知领域、发现材料新世界有更高的兴趣和热情。

（2）进一步完善学生对授课内容的反馈与评价系统，优化教学顺序和思政导入的切入点，如借助在线授课平台交流、调查问卷等方式及时关注学生对课程思政元素导入的时机、方式和深度以及课程思政授课效果的反响与意见，以便更好地改善教学手段、提高教学水平。

"化工环保与安全"课程思政教学案例

一、课程概况

（一）基本信息

授课教师：毛海舫（化学与环境工程学院）

课程名称：化工环保与安全

学　　分：2学分

课程类别：专业教育课程

（二）课程简介

本课程介绍了化工生产过程中的环境保护和安全生产技术的基本概念、基础理论和基本方法，教学内容主要包括化工废水、废气、废渣处理技术，化工清洁生产概要，化工防火防爆技术，工业毒物的危害及防护技术，压力容器和化工检修的安全技术等。通过本课程的学习，学生应树立起牢固的环境保护意识和安全生产第一的思想观念。

二、课程蕴含的思政元素分析

结合工程教育专业认证要求，在明确课程目标、教学大纲与教学内容的基础上鉴别与确定本课程所蕴含的思政元素，通过案例教学将思政元素有效融入教学环节，实现价值引领、知识传授、能力培养与人格养成四位一体的教学目标（见表1）。

（一）厚德精技、崇尚实践、技术运用、价值求技

化学工业是涉及衣、食、住、行等国计民生的重要行业，但由于其行业的特殊性，也被认为是重污染、高风险的传统工业。随着化学工业的发展，化工环保与

表 1 "化工环保与安全"课程目标与思政要素结合点

课程目标	支撑毕业要求指标点		思政要素
1. 设计/开发解决方案：能够针对复杂化学工程问题，在设计/开发具有创新理念的化工单元（部件）、系统及工艺流程时，根据掌握的化工环保与安全知识使设计/开发任务满足社会、健康、安全、法律、文化以及环境等方面的要求	3.4	在设计中能够考虑安全、健康、法律、文化及环境等制约因素	厚德精技 崇尚实践 技术运用 价值求技
2. 工程与社会：了解我国与化工相关的环境保护、安全生产政策和法规，掌握化工环境治理方法及化工安全生产的预防措施，根据工程项目的实施背景，针对复杂化工工程问题解决方案和工程实践，合理分析与评价其对社会、健康、安全、法律以及文化的影响，并理解应承担的责任	6.2	能够分析和评价复杂化工工程问题解决方案和工程实践对社会、健康、安全、法律以及文化的影响，并理解应承担的责任	政治认同 家国情怀 法治意识 国家利益
3. 职业规范：具有良好的人文社会科学素养，树立和践行社会主义核心价值观，能够在化工工程实践中理解并自觉遵守工程职业道德和规范，履行社会责任，使学生具备化工一线工程师应具备的化工环保与安全的职业素养和意识	8.3	理解工程师在公众安全、健康和福祉以及环境保护方面应负的社会责任，能够在工程实践中自觉履行责任	规则意识 爱岗敬业 忠诚担当 遵从伦理

化工安全已经发展成为相对独立且有系统理论支撑的学科分支。通过系统讲授化工"三废"治理技术、化工防火防爆技术、化工职业防护技术、安全风险分析等安全技术知识，让学生坚信只要系统掌握规范的化工环保与安全专业知识，在面对复杂化学工程问题，进行设计/开发具有创新理念的化工单元（部件）、系统及工艺流程时，就能使设计/开发任务满足社会、健康、安全、法律、文化以及环境等要求。遵从化工项目研发、设计与生产的科学规律，既可以实现化工行业的清洁与安全生产，又可以让化工带给人类更美好的生活。

以教师近些年来主持的香兰素生产过程涉及的重氮化反应、硝化反应、氧化反应、萃取与反萃取等生产与分离过程的连续化与自动化改造工程案例为载体，向学生介绍用最简单的化学工程技术原理解决复杂化学工程难题的思维方法，并让学生树立起"从源头上防止污染产生优于事后处理"的绿色化学化工理念。例如：通过分析医药臭氧化中间生产过程中溶剂与臭氧混合气体的闪点来准确预测臭氧氧化反应安全运行的温度区间案例，来说明准确理解与灵活运用闪点的基本概念来完成企业急需解决的技术难题的思路与方法。通过多个鲜活的实用性科研案例,让学生认识到:在大学期间学习的基本理论与知识正是解决实际技术难题的基础与根本,合理利用化工技术既提高了产品收率与企业经济效益,又显著减少了三废排放、明显降低了生产安全风险等,有效提高了社会宏观经济效益,从而树立化工人以掌握的系统化工专业知识为基础,通过严谨的实验与大胆的创新为企业发展、国家建设做出贡献的意识。

(二)法治意识、国家利益、家国情怀、政治认同

在教学过程中,除了让学生学习相关化工三废治理与安全技术内容,还在相关章节内容中讲解我国化工生产行业涉及的环境保护、安全生产相关的政策和法规,掌握化工环境治理方法及化工安全生产的预防措施,并能根据工程项目的实施背景,针对复杂化工工程问题设计解决方案,合理分析与评价其对社会、健康、安全、法律以及文化的影响,理解应承担的责任。

在讲授循环经济时,以习近平总书记强调的"我们既要绿水青山,也要金山银山。宁要绿水青山,不要金山银山,而且绿水青山就是金山银山"这一重要发展理念为引领,让学生根据化工循环经济的概念并结合实际进行《"绿水青山就是金山银山"之我见》的 PPT 主题演讲,让学生深刻理解循环经济 3R 原则。在讲述废气治理章节相关知识时,以社会快速发展在全球范围引发的大气环境污染重大事件为线索,客观介绍化工行业在经济发展过程中导致环境污染这一国际性问题,并指出西方发达国家大气严重污染的周期基本都在几十年以上,而我国在不到五年的时间内实现大气污染从恶化到明显好转,充分体现了我国集中精力办大事、做实事的政治制度优势。在讲授化工安全生产重要性内容时,引用典型案例,强调化工从业者的职业能力和管理水平不仅与自己的职业发展有关,还与企业的前途、社会的稳定以及国家的发展息息相关。通过这些典型案例引导学生在学习、生活与工作中树立牢固的法治意识与家国情怀。

(三)规则意识、爱岗敬业、忠诚担当、遵从伦理

在教学过程中,通过对环境质量评价、化工安全设计与安全管理、化工防火防爆技术、工业毒物的危害及防护技术、压力容器和化工检修的安全技术、化工系统安全分析与评价等知识的讲授,培养学生良好的人文社会科学素养,树立和践行社会主义核心价值观,能够在化工工程实践中理解并自觉遵守工程职业道德和规范,履行社会责任,使学生具备化工一线工程师应具备的化工环保与安全的职业素养与意识,让学生认识到在化工设计与生产运行过程中遵守相关职业规范与规则的重要性,形成爱岗敬业、忠诚担当、遵从伦理的好习惯与职业意识。

在化工生产中经常有采用氧气作为氧化剂的反应过程,反应溶剂为可燃性溶剂时有发生爆炸的风险。如在甲醇溶剂中对 4-甲基愈创木酚进行催化氧化可以制备生物质香兰素,但有的企业在生产过程中因为发生安全事故而损失惨重。通过讲解爆炸极限的基本概念,使学生真正理解可燃性气体在空气中的浓度处于爆炸极限范围之内且存在点火源的条件下才会产生爆炸风险,发生爆炸。再将爆炸极限的概念延伸到可燃气体与氧气形成的混合气体,我们可以通过测定可燃气体在氧气中的爆炸临界点来确定可燃气体在氧气中的爆炸极限,而且在实际操作中只要避开爆炸极限就可以有效达到化工生产的防爆要求。通过对典型案例的分析,让学生掌握化工环境保护和安全生产的本质,认识到:只要在符合化工运行客观规律的前提下进行规范操作,就能保证化工生产的本质安全;需要灵活运用自己所掌握的环保与化工安全知识,使化工研发与生产更绿色、高效与安全;化工使生活更美好,而化工人是美好生活的践行者!

三、一节代表性课程的教学设计——化工工程师责任与担当

(一)教学目标

1. 知识传授

通过教学让学生学习与掌握燃烧概念、燃烧要素与防火原理、闪点及其相关研究成果,爆炸概念、爆炸极限及相关研究成果等知识;正确掌握在日常生活、实验室研发及工厂生产环境下的防火防爆技术措施,理解防火、防爆在化工行业中的重要性。

2. 能力培养

通过分析家庭油锅着火、实验室叔丁醇燃烧等灭火方法,让学生在掌握燃烧基本要素的条件下,能熟练选择合适的灭火器材进行高效灭火;通过测定异丙醇、二氯甲烷及两者混合溶剂在臭氧环境中的闪点来确定在低沸点有机溶剂中进行臭氧氧化反应的安全性控制方法,以及测定甲醇在纯氧中的爆炸极限获得甲醇溶剂中进行催化氧化反应的本质安全技术两个案例分析,让学生在掌握燃烧、闪点、爆炸与爆炸极限等基本知识的同时,具备与知识点相关的确保化工安全的课题研究及获得创新性科研成果的能力。

3. 价值塑造

通过多个案例分享,让学生正确认识化工生产过程中的安全风险,同时充分

意识到只要掌握并具备灵活运用相关专业知识的能力就能让日常生活、科学研究与化工生产一直处于本质安全状态。培养学生在学习与工作中保护国家与企业生命财产安全的意识(家国情怀);学好相关专业知识并加以灵活运用的能力(爱岗敬业);时刻要求自己将所做的事做到精益求精,确保化工生产的本质安全(厚德精技)。让学生理解保护人民的生命和财产安全是化工人的基本职责,培养他们正确的人生态度和道德意识,树立正确的化工职业价值观。

(二)教学对象分析

教学对象为已系统学习过化学工程与工艺专业专业基础课相关知识,并学习了部分专业课知识,具备了学习化工环保与安全相关的综合性课程能力的大三学生。通过教学,让学生在系统掌握化工环保与安全相关知识基础上,具备在化工环保与安全受限条件下解决复杂化学工程技术难题的能力。同时,通过教学让学生在化工设计与生产运行过程中依据相关职业规范与规则的重要性,形成爱岗敬业、忠诚担当、遵从伦理的好习惯与职业意识;在学习、生活与工作过程中,时刻具备法治意识与家国情怀;培养树立化工人需要系统掌握的化工专业知识,通过严谨的实验与大胆的创新,为企业与国家发展做出自己贡献的意识。

(三)教学内容与资源

1. 教学内容

(1)燃烧:讲解燃烧的基本概念与灭火的基本原理,分析家庭、实验室与企业燃烧的案例,提升科学灭火能力。

(2)闪点:讲解闪点的基本原理与测试方法,通过异丙醇、二氯甲烷及其混合溶剂在臭氧中的闪点分析臭氧氧化反应安全性案例,提升学生开展燃烧与爆炸相关领域科研工作的能力。

(3)爆炸:讲解爆炸的概念与危害,培养学生在学习、科研与生产环节时刻注意防范爆炸风险的意识。

(4)爆炸极限:讲解基本概念与测定方法,通过讲授甲醇溶液中用氧气催化氧化 4-甲基愈创木酚制备香兰素的典型案例,引出获得催化氧化反应本质安全的方法,让学生学以致用,提高学生在化工安全受限条件下解决复杂化学工程技术难题的能力。

2. 教学资源

(1)化工环保与安全 MOOC 平台、授课用多媒体 PPT 课件。

(2)工程案例视频:油锅着火与灭火小视频。实验室镁粉处理化工废水引起爆炸的虚拟仿真视频。

（3）工程案例图片：灭火毯、灭火器等灭火器具图片，爆炸事故现场图片，催化氧化4-甲基愈创木酚制备香兰素安全分析爆炸极限与安全操作区域图片，异丙醇、二氯甲烷及混合溶剂在臭氧环境中的闪点的测定结果图等。

（四）教学过程与方法

1. 课前预习

让学生提前在中国大学MOOC平台校内专属课程（SPOC课程）上预习相关知识点，完成相关作业，反馈问题。

2. 课堂教学过程与方法

（1）问题导入（5分钟）。

检查学生线上学习情况，简要介绍本次课程授课目标等。

（2）讲授内容、介绍工程案例、提问互动、布置作业等（40分钟）。

第一部分：燃烧（14分钟）。

内容：讲授燃烧的概念、燃烧的特征、燃烧三要素及灭火原理。

提问：化工生产中除了空气还有什么物质可以成为助燃物？引导学生从燃烧的定义、现象、特征等方面来加深对燃烧概念的理解。

案例：播放油锅着火与灭火小视频，教授灭火原理。

提问与互动：结合实验室制备叔丁醇钾因使用不当而发生起火事件的案例，引出如何灭火。通过提问采用什么方式可以有效扑灭叔丁醇钾着火以及讨论、分析叔丁醇钾着火时的可燃物特征等，要求学生给出合适的灭火方法，并引申出化工火灾的救火原则与救火器材。

教学目的：让学生掌握燃烧概念、灭火原理，通过分析家庭、实验室与企业燃烧的案例让学生熟悉灭火器具并提升科学灭火能力，引导学生培养忠诚担当、遵从伦理的习惯与职业意识。

第二部分：闪点（8分钟）。

内容：讲授闪点的概念、检测方法。

案例与互动：结合自身与某药企合作的科研成果安排小组讨论，根据头孢类药物的母核需要在异丙醇与二氯甲烷混合溶剂中通入臭氧进行氧化反应，讨论如何实现反应的本质安全。

教学目的：让学生掌握闪点概念、以通过测定异丙醇与二氯甲烷混合溶剂在臭氧中的闪点来确定异丙醇与二氯甲烷混合溶剂在臭氧环境中可能引起燃烧与爆炸的温度极限、灭火原理，熟悉灭火器具并提升科学灭火能力。**通过用专业知识为企业解决实际问题，提升企业产品竞争力的典型案例提升学生的专业自信心，培养学生爱岗敬业的意识。**

第三部分：爆炸（8分钟）。

内容：讲授爆炸的概念和种类。

案例：利用某化工爆炸安全事故、某高校实验室粉尘爆炸事故现场3D仿真软件，讲述粉尘爆炸的危害。

教学目的：让学生熟悉爆炸的种类与爆炸可能带来的危险，学习并掌握化工安全相关知识，提升保护国家与企业生命和财产安全的能力。

第四部分：爆炸极限（7分钟）。

内容：讲授爆炸极限的概念、测试方法及应用。

案例：4-甲基愈创木酚本质安全生产方法研究。

互动：遇到化工火灾与爆炸安全事故该如何处置？

教学目的：让学生在掌握爆炸极限概念与测试方法的基础上，具备能利用爆炸极限开展相关化工安全项目的研究能力，努力实现化工生产的本质安全，为实现化工行业的绿色健康发展贡献力量。**培养学生遵从伦理的意识与厚德精技的家国情怀。**

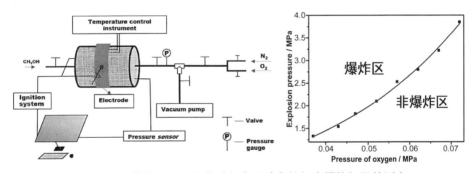

图1　4-甲基愈创木酚氧化过程中甲醇在纯氧中爆炸极限的测定

第五部分：总结并布置作业（2分钟）。

总结课程内容，讲解重点与难点，布置作业。

课后作业：完成MOOC平台本章的测试题。

第六部分：结束语（1分钟）。

化工生产安全事关我们自己、企业的生命与财产安全，重大事故还会影响社会与国家的稳定,需要十分重视。只有真正掌握了化工生产相关的客观规律以及运行与管理规范,才能实现化工生产的本质安全。我们化工人需要通过掌握化工安全知识与相关技能,使化工研发与生产实现安全运行。让化工人为"化工让生活更美好"贡献一份力量,共筑我们的绿色化工梦、中国梦!

图 2　课堂讨论情况

(五)教学效果与反思

1. 教学效果

本节课在让学生在 MOOC 预习相关知识点的前提下,使燃烧、闪点、爆炸与爆炸极限等知识点教学内容从空气为助燃剂外延到纯氧与臭氧范围,这样可以使学生学习的知识更全面。同时通过介绍教师的科研与实际应用案例的研发过程,帮助学生熟悉与理解如何利用燃烧与爆炸等基本知识开展化工安全相关的科研任务,提升学生在化工安全限制条件下解决化工复杂技术问题的能力。在案例教学过程中提醒学生不但要熟练掌握相关专业知识,而且要不断积累化工操作与运行实践经验,只有个人的综合素养得到提升后,在解决工程实践技术难题时才会有合适且高效的解决思路与方法(厚德精技、忠诚担当)。引导学生认识到在遵循国家相关法律法规前提下,科学解决化工安全问题,保护个人、集体、国家生命与财产安全是化工人的基本职责(法治意识与家国情怀)。通过案例教学让学生清楚所学习的基本知识在解决实际技术难题中的重要性,建立起实现化工本质安全的专业自信心(爱岗敬业、遵从伦理与职业意识)。

2. 教学反思

讲课中工程案例选取要准确,反面案例讲解要把握好"度",通过原因分析和讲解引导,让学生自然想到自己应该做什么人即可。课程思政是课程教学的有益补充，但不需要为了课程思政而思政，只要点到即可，要实现无痕化思政教学。在讲解每个案例前，可以通过提问的形式引导学生关注相关化工生产存在的安全问题，引导学生发现问题，再通过分析问题解决问题，启发学生得出结论，有意识地展现不同的"关注点"，重在引导学生理解"明德""明学"才能"明事"的道理。

要在教学过程充分重视与尊重学生，让学生充分体会到教师是在尽自己最大努力讲好每堂课，这样学生才会更好地接受与主动学习。所以教师需要提前合理设计好每节课的讲解内容与讲授方法，以提高教学效率与效果；教师也要自觉做学生的表率，以深厚的理论功底赢得学生的尊重，做让学生喜爱的人。只有得到学生认可，学生学习知识的兴趣才会更浓厚，也才更容易让学生接受课程思政教学的理念。

"环境生态学"课程思政教学案例

一、课程概况

（一）基本信息

授课教师：叶璟（化学与环境工程学院）

课程名称：环境生态学

学　　分：2学分

课程类别：专业教育课程

（二）课程简介

"环境生态学"是以生态学的基本原理为理论基础，结合系统科学、物理学、化学、仪器分析、环境科学等学科的研究成果，研究生物与受人干预的环境相互之间的关系及其规律性的一门科学。环境生态学研究人为干扰下生态系统内在的变化机理、规律和对人类的反效应，寻求受损生态系统恢复、重建和保护对策，运用生态学理论，阐明人与环境间的相互作用及解决环境问题的生态途径。

二、课程蕴含的思政元素分析

结合环境生态学的授课内容，在传授知识、培养学生能力的同时，有机融入课程思政元素，本课程教学知识点及价值塑造要点见表1。

表 1 "环境生态学"课程教学内容及价值塑造要点

知识单元	知识传授和能力培养要点	价值塑造要点
1. 环境生态学的研究内容	**环境生态学的研究内容** (1) 了解环境生态学的概念、研究内容和分支学科、发展简史 (2) 熟悉环境生态学的社会意义 (3) 掌握环境生态学的学科基础和研究方法	**科学理论、实证求真** 培养学生运用科学理论保护环境,并在实践中实现节约资源的目标,产生使命感和紧迫感
2. 生态系统基础理论	**生态学基础理论** (1) 掌握生态系统的组成与结构 (2) 掌握生态系统的基本功能,能量流动、物质循环、生态因子及其作用 (3) 掌握生态系统平衡及其意义	**砥砺知行、厚德精技、精益求精** 利用相关学科基础知识,使学生学以致用、砥砺知行、厚德精技,并利用扎实的学科知识,学会知识迁移
3. 城市人口增长模式	**人口规模理论模式** (1) 了解城市化与城市人口概念、基本特征 (2) 掌握人口动态、人口规模、人口增长、人口迁移	**严谨理性、人文情怀** 以各国人口增长数据为基础,分析增长模型,树立科学思维观,培养以人为本的意识,培养人文情怀
4. 环境系统	**环境问题的产生** (1) 了解各类污染产生的原因 (2) 熟悉各类污染的现状 **认识环境问题的本质** (1) 掌握大气环境,理解气候环境,掌握水环境、噪声环境、土壤环境 (2) 了解城市植被、城市动物 (3) 熟悉城市环境与居民健康及经济损益分析 **用辩证唯物主义的科学观点分析问题和解决问题** (1) 掌握解决环境问题的技术手段 (2) 学会独立思考、独立判断,能多角度、辩证地分析问题 (3) 掌握用生态学的理论解决当前的环境问题	**技术运用、家国情怀、国际视野、实证求真** 激发学生热爱所学专业,运用环境污染治理技术,肩负起推动科学进步和增进人类健康的神圣使命和社会责任。培养国际视野,具有全球意识和开放的心态,了解人类文明进程和世界发展动态;关注人类面临的全球性挑战,理解人类命运共同体的内涵与价值等。认识环境问题的本质,培养勇于维护真理的能力

(续表)

知识单元	知识传授和能力培养要点	价值塑造要点
5. 环境灾害及其防治	**环境灾害相关内容** (1) 理解城市地质灾害、火灾与防治、洪涝灾害及其防治 (2) 了解其他灾害	**可持续发展理念** 了解环境灾害与人类活动是存在一定的相关性的,人类任何一次对大自然的征服,大自然都报复了人类。培养尊重自然之心,树立可持续发展价值观念
6. 景观生态	**景观生态** (1) 理解景观的概念,掌握景观要素的基本类型 (2) 了解景观多样性与城市景观异质性 (3) 了解城市景观的演变、城市景观规划	**审美情趣、国情观念** 让学生了解治理环境问题、进行生态修复是国家战略。学习十九大报告的精神:"建设生态文明是中华民族永续发展的千年大计","必须树立和践行绿水青山就是金山银山的理念,坚持节约资源和保护环境的基本国策","建设美丽中国"
7. 环境问题综合分析	**八大公害事件** (1) 掌握环境问题综合分析的方法 (2) 树立环境保护理念	**感恩大爱** 让学生在掌握环保知识和技能的同时,满怀对环境、对人类、对社会的大爱和责任感、使命感

三、一节代表性课程的教学设计——环境问题综合分析

（一）教学目标

1. 知识传授

分析环境问题的本质。人类起源于自然,生存于自然,发展于自然。生物是在与环境的对立统一中存在的。而存在决定意识,这是马克思主义哲学的基本观点。环境问题是不合理的资源利用方式和经济增长模式的产物,从根本上反映了人与自然的矛盾冲突,究其本质是经济结构、生产方式和消费模式问题。

2. 能力培养

通过对马斯河谷烟雾事件、多诺拉烟雾事件、洛杉矶光化学烟雾事件、伦敦烟雾事件、四日市哮喘事件、水俣病事件、骨痛病事件、米糠油事件等八大公害事件的分析,培养学生学会综合性地分析问题,让学生认识到环境问题的产生是基于经济发展的需求,但不考虑环境的经济发展是不可持续的,最终会影响到人类的福祉。

通过本章节的学习,着重培养学生的案例分析能力和全局性的思维能力。

3. 价值塑造

引导学生关切人的生存、发展和幸福;关注人类面临的全球性挑战;理解人类命运共同体的内涵与价值。

(二)教学对象分析

教学对象为环境工程专业本科大三学生,已具备基础环境保护知识,对环境污染问题能进行分析和判断。本课在此基础上,对学生全面的思辨能力、社会责任感和使命感、大国担当意识进行全方位的提升,培养具有家国情怀、厚德精技的上应大学子。

(三)教学内容与资源

1. 教学内容

(1)理解并体会环境污染问题的本质。

(2)了解环境问题产生的历史、世界各国环境问题及环境治理的发展历程。

(3)我国的环境保护制度及政策。

2. 能力要点

(1)在对环境问题的本质的理解上,需要结合经济、政治、文化等各因素分析现实问题;

(2)理解世界环境保护历史对我国环境保护的借鉴意义以及我国环境保护的特点;

(3)掌握"绿水青山就是金山银山"的含义。

3. 教学资源

(1)我国相关环保政策,例如《土壤污染防治行动计划》《中华人民共和国水污染防治法》《中华人民共和国大气污染防治法》等。

(2)课外可进一步学习的相关资料及优秀环保纪录片,例如《寂静的春天》《增长的极限》《只有一个地球》等环保类书籍,《塑料王国》《第十一个小时》《垃圾围城》等环保题材的优秀纪录片,每年世界环境日的主题。

(3)《环境学导论》,周北海等编著,化学工业出版社 2017 年版。

(4)《环境生态学》,卢升高主编,浙江大学出版社 2010 年版。

(四)教学过程与方法

1. 课前预习

通过对教材上相关内容的预习,让学生了解世界上最严重的环境污染事件。

2. 课堂教学过程与方法(40 分钟)

(1) 问题导入(5 分钟)。

通过分析马克思主义哲学的基本观点,让学生了解环境问题的本质。引导学生了解环境问题是不合理的资源利用方式和经济增长模式的产物,其从根本上反映了人与自然的矛盾冲突,究其本质是经济结构、生产方式和消费模式问题。

(2) 案例分析:世界八大公害事件(25 分钟)。

将经济发展与污染相联系,并结合图片、视频等进行案例分析、互动讨论。通过介绍马斯河谷烟雾事件、多诺拉烟雾事件、洛杉矶光化学烟雾事件、伦敦烟雾事件、四日市哮喘事件、水俣病事件、骨痛病事件、米糠油事件,揭示经济发展与环境污染的相关性以及人与环境和谐共处的重大意义。

(3) 人类环境保护意识的觉醒(5 分钟)。

通过一系列人类的活动来说明环境保护意识的出现,以《寂静的春天》为起点阐释"不解决环境问题,人类将生活在幸福的坟墓之中"。介绍多次世界性环境保护会议的召开,标志着人类一步步觉醒。介绍历史上不同科学家保护环境的案例,让学生了解环境保护初始的做法。以几个国家的环境保护历史为案例,让学生了解世界性环境保护与发展的历史事件。

(4) 我国的环境问题以及环保成效(5 分钟)。

从我国制定的相关环境保护法律法规切入,让学生了解到生态文明建设的顶层设计和路线图已明晰,法治保障加快推进。以水污染、空气污染以及土壤污染为例,引导学生学习环保成效,树立环保的法治意识和法治观念。

3. 课后作业(5 分钟)

(1) 除了历史上最著名的世界八大公害,请课外查阅资料,列举其他环境影响恶劣的公害事件。

(2) 环境污染对人类的启示是什么?

(五) 教学效果与反思

1. 教学效果

通过本堂课知识的讲授,拓宽了学生的思维面,让学生从根源上了解了环境问题产生的原因和本质,培养了综合分析问题的能力,加深了对世界八大公害的记忆和印象,了解了环境保护的意义以及人文关怀的必要性。学生对环境保护的历史有了明确的认识和理解,产生了认同感,认识到自然物构成人类生存的自然条件,人类在同自然的互动中生产、生活、发展,人类善待自然,自然也会善待人类。

2. 教学反思

(1) 理学、工学类专业课程要注重科学思维方法的训练和科技伦理的教育,培养学生探索未知、追求真理、勇攀科学高峰的责任感和使命感,培养学生精益求精的大国工匠精神。

(2) 结合校训"明德 明学 明事",将"培养什么人、怎样培养人、为谁培养人"这一教育根本问题贯彻落实到课程中,培养能担当民族复兴大任的时代新人。

(3) 结合国家发展战略和国际环境,引导学生树立正确的三观,厚植爱国主义情怀。

(4) 将中华优秀传统文化教育有机融入课程内容。

"无机化学"课程思政教学案例

一、课程概况

（一）基本信息

授课教师：周义锋（化学与环境工程学院）

课程名称：无机化学

学　　分：2学分

课程类别：专业教育课程

（二）课程简介

"无机化学"是上海应用技术大学化工、材料、香料等学院相关专业学生的第一门学科专业基础课。该课程于2010年入选上海应用技术学院重点课程，2017年入选上海市教委重点建设课程。课程主要内容包括化学热力学、化学动力学、化学平衡、酸碱反应和沉淀反应、氧化还原反应与电化学、原子结构、分子结构、晶体结构、配位化学、元素化学等。本课程的学习，对学生初步了解基础化学课程体系内容，养成严谨理性、崇尚实践的科学精神具有重要意义。

二、课程蕴含的思政元素分析

1. 严谨理性、辩证思维

在绪论课的讲授过程中，结合中外科学家不懈努力推动化学学科发展的生动故事，将辩证思维、否定之否定规律、一分为二认识规律等自然地融入课程内容中。在化学热力学讲授过程中，将热力学三大定律融入无机化学基本理论的课堂教学中，引导学生理解化学反应的系统性和能量守恒与转化的普遍规律及基本原理。

2. 崇尚实践、实证求真

在讲授化学平衡及平衡移动的过程中,结合外界条件改变引起平衡体系的破坏直至新的平衡建立的过程,引导学生认识化学平衡移动的一般规律。在讲授酸碱平衡、沉淀溶解平衡、氧化还原平衡、配位平衡等过程中,通过标准平衡常数这一核心要素,将四大平衡体系进行类比,引导学生善于抓住事物变化的本质。在讲授酸碱理论的定义及相关知识的过程中,通过酸碱理论(电离理论、质子理论、电子理论)中对酸、碱的定义,使对立统一、认识的局限性等思想潜移默化地影响学生对理论发展要素的认识和探索。

3. 砥砺前行、精益求精

在讲授原子结构理论时,引入徐光宪等科学家矢志报国的故事,介绍他们始终将科研工作与国家发展需要紧密结合,在量子化学、化学键理论、配位化学、萃取化学、核燃料化学和稀土化学等领域取得一系列重要科研成果,创造性地提出了轨道能量的 $(n+0.7l)$ 近似规律,以此激发学生的爱国热情与文化自信。在讲授原子结构的周期性变化时,引导学生掌握科学的逻辑思维方法,探索原子性质变化的一般规律和特殊性,引导学生理解规律和理论的总结要遵循客观实验结果。

三、一节代表性课程的教学设计——近代原子结构理论的发展

(一)教学目标

1. 知识传授

从宏观反应到微观结构,进一步引导学生对元素周期律的思考,使学生了解国内外原子结构理论;了解电子发现的过程,进一步了解通过实验的方法确定原子结构的基本组成,掌握氢原子核外电子运动的方式,了解原子结构和核外电子运动方式确定的过程。

2. 能力培养

提高学生理解原子结构理论发展和不断探索未知世界的能力,培养学生崇尚实践、精益求精、勇攀高峰的科学精神。

3. 价值塑造

使学生通过具体案例的思考和感悟,产生对科学精神和科学道德的敬畏感,严谨理性地认识客观规律,培养学生的家国情怀、责任担当。

(二)教学对象分析

教学对象为大一新生,尚处于对专业的初步认识阶段,渴望了解专业的课程体系、相互关系、专业内涵和发展历程等。本课程的学习有助于学生系统了解并掌握基础化学课程的体系及其对后续专业课程学习的重要性。

(三)教学内容与资源

1. 教学内容

(1) 近现代原子结构理论的早期探索。

(2) 玻尔理论及其优缺点。

(3) 微观粒子的特性。

2. 教学资源

(1) 课程预习用 PPT 课件、授课用多媒体 PPT 课件。

(2) 最新科研成果图片、氢原子光谱与玻尔模型图片、衍射现象图片等。

(3) 中国大学 MOOC 平台"无机化学"课程资源。

(四)教学过程与方法

1. 课前预习

提前三天通过微信或课程平台上传预习课件,让学生预习并反馈不理解的内容。

2. 课堂教学过程与方法

(1) 导入(1—2 分钟)。

导入语:在系统学习了化学反应的基本原理、溶液化学和电化学相关知识之后,同学们掌握了化学反应自发性的判据、化学反应速率、化学平衡、酸碱平衡、沉淀溶解平衡、氧化还原平衡的内容。在反应或反应过程表现的外在性质都是由物质内在的结构所决定的。下面来一起学习原子结构和原子结构理论的近现代发展过程。

(2) 讲授内容、工程案例、提问互动等(40 分钟)。

① 元素周期表。从元素周期表上我们可以得到很多信息。比如,元素周期表分为七个周期(三个短周期、三个长周期、一个不完全周期)、七个主族、七个副族、一个 0 族、一个第Ⅷ族,每一个周期都是从碱金属元素开始到惰性气体元素结束。同一周期从左到右原子半径逐渐减小,同一主族从上到下原子半径逐渐增大。这些都是之前已经了解的知识,引导学生由现象到本质进行深入思考。

② 原子的组成。近代化学发展到今天,我们已经清楚地知道原子是由原子

核和核外电子组成,原子核由带正电的质子和不带电的中子组成,核电荷数＝核内质子数＝核外电子数。(依次向学生展示中国科学家单个硅原子所写的"中国"二字、用铁原子排列出的"原子"二字以及 NaCl 晶体结构图片,用直观的方式使学生了解现代原子结构研究成果,激发学生投身科学研究的热情)

③ 早期原子结构探索——古代原子思想。从中国古代"五行"学说,到《庄子·天下篇》"一尺之棰,日取其半,万世不竭"所体现的有限和无限的统一,到古希腊德谟克利特首次提出"原子"的概念,古人对原子结构的探索从未停止。(在思想史的学习中,引导学生养成正确的历史观)

④ 近现代原子论探索——道尔顿原子论。元素的最终组分称为简单原子,它们是不可分割的微粒,在一切化学变化中均保持其独特性质;同一元素的各个原子,其形状、重量等各种性质各不相同;不同元素的原子以简单数目的比例相结合,发生化合作用。化合物的原子称为复杂原子。

⑤ 近现代原子论探索——汤姆逊发现电子。1897 年,汤姆逊发现电子,证明阴极射线是带负电的粒子。1903 年,汤姆逊提出了原子结构的"葡萄干布丁"模型。

⑥ 近现代原子论探索——粒子散射实验和卢瑟福行星模型。1909 年,盖革和马斯登发现 α 粒子在铝箔和金箔的散射,α 粒子约有 1/8 000 被反射。1911 年,卢瑟福由 α 粒子反射提出原子的行星模型,即原子是由带正电的质量很集中的很小的原子核和在它周围运动着的带负电的电子组成的。

⑦ 近现代原子论探索——玻尔模型。氢原子中的电子在原子核周围有确定半径和能量的圆形轨道中运动。电子在这些轨道上运动不吸收能量或放出能量;正常状态下,原子中的电子尽可能在离核最近、能量最低的轨道上运动(基态);处于激发态的电子不稳定,要跃迁到能量较低的轨道,以光的形式放出能量(即光谱谱线对应的能量)。

⑧ 近现代原子论探索——玻尔模型的局限性。玻尔模型成功地解释了氢原子和类氢原子的光谱现象,推动了原子结构的发展;但也有严重的局限性,只能解释单电子原子(或离子)光谱的一般现象,不能解释多电子原子光谱,不能解释氢原子光谱的精细结构。

⑨ 电子的波粒二象性。粒子性——电子有确定的体积(d 约为 10^{-15} m)和质量($9.109\ 1\times10^{-31}$ kg)。1927 年,戴维森和杰默应用 Ni 晶体进行电子衍射实验,证实电子具有波动性。

⑩ 海森堡测不准原理。微观粒子,不能同时准确测量其位置和动量。对于不能同时确定其位置与时间的事物,并非无法对它的运动方式进行描述,而是需要换一种描述方式,即用"概率"来描述;薛定谔波动方程是描述微观粒子运动状态的基本方程。对薛定谔方程求解,可以得到一系列波函数 Ψ_{1s}、Ψ_{2s}、Ψ_{2p}……Ψ_i,相应的能量值为 E_{1s}、E_{2s}、E_{2p}……E_i。方程的每一个解代表电子的一种可能运动状态,在量子力学中,用波函数和与其相对应的能量来描述电子的运动状态。电子云,$|\Psi|^2$ 的空间图像。用小黑点的疏密表示电子出现概率密度的相对大小。小黑点较密的地方,概率密度较大,单位体积内电子出现的机会多。

通过介绍中外科学家对原子结构理论的不断探索,培养学生崇尚实践、实证求真、勇攀高峰的科学精神。

(3) 布置作业(3—4 分钟)。

① 氢原子光谱为什么是线状光谱?谱线的波长与能级间的能量差有什么关系?

② 如何理解电子的波动性?

③ 概述原子中电子的运动特点。

(五)教学效果与反思

本节是原子结构和分子结构的先导课,对原子结构、分子结构理论的学习具有重要意义,可以适当增加离子键、共价键的相关知识,这样会更加直观,也可以进一步引导学生对原子外层电子排布方式进行思考。对波粒二象性内容适当展开,使学生了解 19 世纪末物理学三大发现对经典牛顿力学的冲击和影响。

"化工原理"课程思政教学案例

一、课程概况

（一）基本信息

授课教师：陈桂娥、靳苗苗（化学与环境工程学院）

课程名称：化工原理

学　　分：4学分

课程类别：专业教育课程

（二）课程简介

本课程将数学、物理和化学等基本理论知识综合运用到工程实践中去，分析和解决化工生产中各种物理过程或单元操作问题。通过本课程的学习，学生能够熟悉各种化工单元操作过程，掌握其基本原理、数学描述及典型设备；具有单元操作和设备选择的能力。在教学过程中注重培养学生的工程思维以及安全生产、环保经济的意识。

二、课程蕴含的思政元素分析

将化工原理课程的知识目标、能力目标与课程思政育人目标相融合，做到全方位育人。在课程思政前提下，"化工原理"课程的知识单元、知识传授和能力培养要点以及价值塑造要点如表1所示。

表1 "化工原理"知识单元、知识传授和能力培养要点以及价值塑造要点对应表

知识单元	知识传授和能力培养要点	价值塑造要点
1. 绪论	(1) 化工过程与单元操作 (2) 课程性质与任务 (3) 单元操作常用基本概念	通过分享知名爱国化工企业家如侯德榜、吴蕴初等的感人事迹，让学生深入了解专业，激发学生的学习兴趣和学习动力，提升学生的专业认同感，同时融入**家国情怀**、**理想信念**等思政内容
2. 单元操作基本原理	(1) 流体流动、传热、精馏过程基本原理 (2) 流体流动、传热、精馏过程工艺计算 (3) 流体流动、传热、精馏设备设计与选型	(1) 在运用量纲分析法、数学模型法、分解与综合法等科学研究方法分析解决问题的过程中，培养学生的综合分析能力和**逻辑思维能力** (2) 通过对各种单元操作原理、数学模型、设备操作的讲解，融入**工程思维**、**创新意识**、**工匠精神**等思政内容
3. 单元操作工程管理原理与经济决策方法	(1) 流体流动、传热、精馏单元操作调优 (2) 具备典型单元设备的选择、设计、操作过程的工程管理与经济决策能力	培养学生具有安全生产、经济环保的意识。通过介绍设备操作要点，分析工程事故原因，让学生树立起安全生产的意识；通过对比不同单元操作的能耗，让学生树立经济意识；通过分析化工污染来源与处理方法，让学生树立环境保护意识，树立"**绿水青山就是金山银山**"的观念

三、一节代表性课程的教学设计——流体流动

（一）教学目标

1. 知识传授

通过教学过程，使学生了解流体的定义；能够正确区分可压缩流体与不可压缩流体，掌握流体压力表示方法，掌握绝对压力、表压和真空度之间的换算关系，掌握流体的密度以及流体静力学基本方程，了解流体流动在实际生活中的应用。

2. 能力培养

本节内容是"流体流动"这一章的第一次授课，通过本次课程，学生学习流体

的基本概念、流体输送基本原理、数学描述等。教师首先引入"西气东输""南水北调"两大工程,指出21世纪中国四大工程中有两大工程都与流体输送有关。通过分析案例、播放视频,讲解流体流动基本原理和流体输送过程,引入可压缩流体和不可压缩流体的概念。然后引入与专业相关的化工案例以及贴合实际生活的案例:乙醛氧化工段中流体流动的应用和城市供水。最后引出液体输送机械与气体输送机械的区别与联系,分析液体、气体输送流速的经济最优条件。通过上述教学内容,培养学生分析解决工程实际问题的能力以及逻辑思辨能力。

3. 价值塑造

通过"西气东输""南水北调"两个世纪大工程,分析其中关于流体的知识点,如流动摩擦阻力、流体输送机械等,引入"流体流动"的学习内容,让学生认识到"化工原理"这门课程在实际生活中的重要作用。通过讲解乙醛氧化工段中流体流动相关知识,让学生了解本课程在化工生产中的重要作用。通过城市供水案例分析,拉近学生与"化工原理"这一课程的距离,让抽象的数学描述有了具象的表达与应用。通过工程案例与生活实际案例的分享,激发学生的学习兴趣,增强学生的专业认同感。同时通过分析液体、气体最佳流速,培养学生的工程思维。

(二)教学对象分析

教学对象为大三学生,已经对学校、专业、大学生活有了一定的体会和认识,渴望深入了解专业内涵、行业发展、就业去向等问题,教师的正确引导有助于学生建立正确的人生观和价值观。

(三)教学内容与资源

1. 教学内容

(1)基本原理:流体的定义、可压缩流体和不可压缩流体、流体压力表示方法;流体静力学基本方程式及流体静力学的应用。

(2)工程案例、实际案例分析:分析"西气东输"工程(讲述管道、增压泵、输送速度、流量等内容)、乙醛氧化工段中流体在管内流动以及流体输送机械、日常生活中的输水泵(城市供水)等,让学生了解流体流动在工程与实际生活中的应用,启发学生思考。

2. 教学资源

(1)课程预习用PPT课件和视频动画演示、授课用多媒体PPT课件及视频动画。

(2) 案例视频："西气东输""南水北调"工程,如《辉煌中国：圆梦工程》第42分59秒至第45分03秒；小区供水视频。

(四) 教学过程与方法

1. 课前预习

课前布置任务,让学生预先学习一下"西气东输"和"南水北调"的相关知识,了解工程中与流体相关的知识点。

2. 课堂教学过程与方法

(1) 问题导入(2分钟)。

通过介绍"西气东输""南水北调"工程引发学生思考与讨论：流体有哪些特性？流体在工程上以及日常生活中有哪些应用？(以设问的方式引导学生思考,让学生进入状态,引出本次课的讲授内容)

(2) 讲授内容、工程案例、生活案例、提问互动、布置作业等(43分钟)。

第一部分：流体的特性(25分钟)。

① 可压缩流体和不可压缩流体(5分钟)。

内容：流体输送在工程上的应用,"西气东输""南水北调",气体输送及液体输送,可压缩流体和不可压缩流体。

案例："西气东输""南水北调"等案例。播放"西气东输""南水北调"视频。

互动：学生讨论——可压缩流体和不可压缩流体的特点及区别有哪些？

图1 学生现场分组讨论及教师指导视频截图

② 流体特性——压力(10分钟)。

内容：流体压力表示方法,绝压、表压、真空度,类比绝对零度、摄氏零度。

练习：课堂随堂练习。

互动：让学生对表压、绝压、真空度进行类比举例。

例：在兰州操作的苯乙烯真空蒸馏塔顶的真空表读数为 80×10^3 Pa。在天津操作时，若要求塔内维持相同的绝对压力，真空表的读数应为多少？兰州地区的平均大气压力为 85.3×10^3 Pa，天津地区的平均大气压力为 101.33×10^3 Pa。
兰州：绝压 = 大气压 − 真空度 = 85.3 − 80 = 5.3 kPa
天津：真空度 = 大气压 − 绝压 = 101.33 − 5.3 = 96.03 kPa

图 2　压力计算练习

引导学生思考，用温度计类比，让学生更易理解。

③ 流体特性——密度及混合物密度的计算（10 分钟）。

内容：流体密度表示方法，气体混合物密度，液体混合物密度计算公式。

例 1：烟道气的组成含 CO_2 13％，H_2O 11％，N_2 76％，温度 400℃，压强 740 mmHg，试求：若以上百分数为体积百分率，该混合气体密度是多少？
解：已知 $M_{CO_2} = 44$，$M_{H_2O} = 18$，$M_{N_2} = 28$
$1\ m^3$ 为例，$M_m = 0.13 \times 44 + 0.11 \times 18 + 0.76 \times 28 = 29.0$
式（1-5）$\rho_m = M_m/22.4 \times 740/760 \times 273/(400+273) = 0.511\ kg/m^3$
例 2：某混合物由汽油、轻油、柴油组成，已知汽油、轻油、柴油密度分别为：$700\ kg/m^3$、$760\ kg/m^3$、$900\ kg/m^3$，以上三种油的质量分率分别为 20％、30％、50％，试求该混合物的密度。
解：式（1-7）$1/\rho_m = 0.2/700 + 0.3/760 + 0.5/900$
$\rho_m = 809\ kg/m^3$

图 3　气体混合物密度及液体混合物密度计算练习

第二部分：流体静力学基本方程及应用（15 分钟）。

① 飞机飞行原理分析（5 分钟）。

内容：飞机飞行原理，其中运用到流体流动相关知识；总结。

案例：飞机飞行原理——伯努利方程的应用

第一节　流体静力学

伯努利方程是丹尼尔·伯努利在1726年研究理想液体做稳态流动时提出的。

飞机机翼一般都是上表面弯曲，下表面平坦。在飞机飞行过程中，机翼将迎面的风切割成了上下两部分，在相同的时间里流过机翼上下表面空气流走过相同位移但经过不同的路程，也就造成了机翼上表面空气流过的路程长，因此流速快，而下表面空气流过的路程短，因而流速慢。根据伯努利原理，流速快的地方静压小，流速慢的地方静压大，这就使得机翼上下表面产生向上的压力差，所以飞机可以克服重力起飞并飞行。

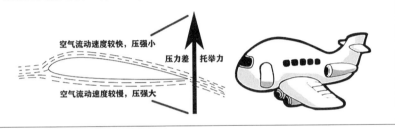

图4　飞机飞行原理

② 流体静力学方程的推导（10分钟）。

内容：应用条件，应用要点。

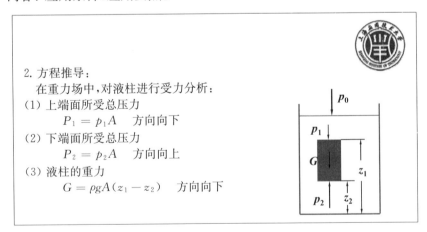

图5　流体静力学方程的推导

第三部分：结束语（2分钟）。

提问：同学们能否举出生活中与流体流动有关的例子？

总结：流体流动不仅在化工生产中，而且在日常生活中都有应用，学好"流体流动"有助于培养我们分析问题、解决问题的能力。

第四部分：课后作业(1分钟)。

① 寻找自己身边关于流体流动的案例，分析其中的工程智慧并加以总结，后期进行课堂展示。

② 上网查阅资料，寻找一些流体流动相关应用，详细了解并分析其原理。

图6　小组课堂展示及教师点评

(五) 教学效果与反思

1. 教学效果

课堂讲授较好地实施了前期设计思路，教师讲课思路清晰，时刻关注学生的反应，多数学生能够积极参与课堂互动，学习氛围浓厚；采用了大量工程案例及生活实际案例，视频动画展示感染力强，吸引了大部分学生深度参与课堂，从学生的眼神和表情中可看出课堂学习真正触动了他们的内心，感情被自然带入，有体验感，自然进行思考并接受观点。从回答问题的情况可看出学生理解了流体流动相关内容，并能与自身学习发展相关联。

"流体流动"是"化工原理"课程除"绪论"外的第一次正式授课，通过"西气东输""南水北调"案例的引入，在课堂上启发学生思考，通过布置课后作业，让学生查阅资料，了解其中的流体流动知识，极大地激发了学生的学习兴趣，让学生认识到"化工原理"这门课程的重要性。同时有效降低了本门课程的学习难度，学生在学习本章知识的时候会自动带入贴近生活的实例，枯燥的课堂教学、公式推导通过与生活实例、工程实例的有机结合变得形象生动,更易理解。而"西气东输"案例中,教师引入国产压缩机组从无到有的案例,也激发了学生的爱国情怀,让学生树立了学好化工,为祖国建设做贡献的职业理想。

2. 教学反思

"化工原理"课程面向应用化学、制药工程、精细化工等专业,在针对不同专业学生的授课过程中,工程案例及生活案例的选取要尽量贴近专业自身实际,这对授课教师提出了更高的要求。教学团队应定期开展教学研讨会,并邀请化工大类相关专业教师分享专业案例。

"化工原理"教学过程中,基本概念和模型公式的内容较多,内容有些枯燥,却是必不可少的内容。讲解可深可浅,课时有限,课堂上比较考验教师的时间掌控能力,需要提前设计好每部分内容的讲授要求。

"基础有机化学"课程思政教学案例

一、课程概况

（一）基本信息

授课教师：孙小玲（化学与环境工程学院）

课程名称：基础有机化学

学　　分：2学分

课程类别：专业教育课程

（二）课程简介

"基础有机化学"是为环境工程、生态学等专业的本科生开设的一门专业基础课。内容包括有机化学基础知识和基础理论，简单有机物的结构、性质、转化及应用。通过课程学习，学生应了解有机化学在化工、环境、材料、生命、医药、农业等学科中的根基地位，为学习环境科学、农业科学等专业课程打好坚实基础。

二、课程蕴含的思政元素分析

本课程通过分析有机化合物性质的规律，培养学生运用科学的思维方式认识事物的能力，增强辩证思维能力，不断接受马克思主义哲学智慧的滋养。教学过程中注意将有机化学知识传授与思想政治教育有机融合，发挥课堂主渠道功能，既重视具体科学知识教学，又体现育人目标，力争把培育和践行社会主义核心价值观融入教书育人全过程，把"培养具有宽阔的人文、社会知识和扎实的自然科学基本理论和化学专业知识；具有完整的科学研究基础技能和思维训练；能从事科学研究、教学或管理等领域工作；有科学道德和素养的创新型人才"作为人才培养的根本目标。

表1 "基础有机化学"知识单元、知识传授和能力培养要点以及价值塑造要点对应表

知识单元	知识传授和能力培养要点	价值塑造要点
第一章 绪论	有机化学学科发展的历史、有机化学学科发展史上的重大事件,特别是中国科学家对有机化学学科的贡献	让学生认识到有机化学学科的发展是在辩证唯物主义与唯心主义的斗争中实现的,正是由于摒弃了"生命力学说",才使得有机化学学科得以成立并得到迅速发展,帮助学生树立实事求是的科学精神,勇于维护真理,反对权威、独断、虚伪和谬误,不畏困难,有坚持不懈的探索精神
第二章 烷烃和环烷烃	(1) 同系物概念以及有机化合物性质的规律 (2) 烷烃的结构和性质 (3) 课后阅读材料《石油及燃料油》	运用辩证唯物主义中从量变到质变的理论解释同系物的概念,用内因和外因的辩证关系说明物质的性质不但取决于它的分子组成,而且取决于它的构造。培养学生树立问题意识,学会独立思考、独立判断,能多角度、辩证地分析问题。通过现代炼油技术的最新动态的介绍,使学生对保护环境、节约资源产生使命感和紧迫感
第三章 烯烃和炔烃	(1) 烯烃的结构 (2) 烯烃的化学性质:亲电加成反应、氧化反应以及烯烃聚合反应	在讲述烯烃聚合反应部分时,介绍有些烯烃聚合物在为人类带来便利的同时,也会因特殊稳定性而无法经由生物分解及光分解进入生物地质化学循环,而且由于其比重较低以至于漂浮于水面或随风飘移,对自然景观造成破坏。目的在于唤醒学生的环保意识
第四章 芳香烃	(1) 苯分子结构证明 (2) 苯的现代结构理论 (3) 苯的化学性质	通过介绍发现苯的结构的历史,让学生了解思维过程就是不断发现问题和解决问题的过程,帮助学生积极主动地提取头脑中的已有知识,结合提供的信息,作出合理判断,得出合理结论,从而培养学生具有创新精神、批判性思维能力与创造性解决问题的能力

(续表)

知识单元	知识传授和能力培养要点	价值塑造要点
第五章 卤代烃	(1) 卤代烃的结构 (2) 卤代烃的化学性质	在讲解不同结构类型的卤代烃具有明显的性质差异时,告诉学生物质的一切性质不但取决于它的分子组成,而且取决于它的构造,以及由于组成及构造的不同,导致各物质性质上的种种差异,目的在于提高学生的辩证思维能力,掌握科学的方法
第六章 醇酚醚	(1) 醇酚醚的结构 (2) 醇酚醚的化学性质	醇在不同条件下脱水分别得到醚或烯烃,醇之所以能发生这些反应,是因为其分子中含有羟基,这是脱水反应产生的内因,内因是变化的根据。而脱水反应的具体产物取决于温度等外界条件,即外因通过内因而起作用。对这部分知识的讲解可以提高学生的哲学素养,增强他们的思辨能力
第七章 醛和酮	(1) 醛和酮的结构 (2) 醛和酮的化学性质	在讲授醛酮反应时,列举当代中国科学家黄鸣龙对有机化学的贡献,介绍他通过实验研究发现了一个重要的化学反应——沃尔夫-基斯内尔-黄鸣龙还原反应,它是长时间以来唯一一个以中国人名字命名的化学反应,以激发学生的爱国热情和崇尚科学的精神,培养献身科学的情怀

三、一节代表性课程的教学设计——芳香烃

(一)教学目标

1. 知识传授

着重讲解芳香烃的结构以及由它的结构特点带来的化学特性,以便学生更深入地了解共轭体系及其性质,掌握结构与性质的关系。

2. 能力培养

要求学生掌握苯的结构特征及大Π键的形成过程,能够用价键理论进行解释。

3. 价值塑造

培养学生的问题意识；能独立思考、独立判断；思维缜密，能多角度、辩证地分析问题，作出科学选择和决定等。

(二) 教学对象分析

"基础有机化学"课程的授课对象为环境工程、给排水科学工程以及生态学等专业的大二学生，学生已掌握基本的无机化学基础知识，并且在本课程的前几章已经初步了解了有机化学的基本原理和基本概念，懂得有机化合物的组成、结构与其性能之间的内在基本关联，较易在有机化合物的价键类型与有机物性质之间进行相互关联。学生在前一章中学习了共轭二烯烃的结构和性质的关系，对共轭体系有初步的了解，在此基础上进一步学习苯的共轭结构及其对芳香烃化学性质的影响，内容导入由浅入深，激发学生跟随教师探索共轭体系的兴趣，掌握结构决定性质的哲学思想。根据学校提出的培养具有理想信念、家国情怀、过硬本领、责任担当的高素质应用创新型人才的要求，本节课试图将应用型人才的思想政治核心素养和未来工程师 ASciT（爱科技）关键能力进一步具体化，体现到课程教学之中，帮助学生积极主动地提取头脑中的已有知识，结合提供的信息，作出合理判断，得出合理结论，从而培养学生的创新精神、批判性思维能力与创造性解决问题的能力。

(三) 教学内容与资源

1. 教学内容

(1) 芳香性的概念。

(2) 苯的经典结构。

(3) 苯的现代结构。

2. 教学资源

(1) 授课用多媒体 PPT 课件。

(2) 教学视频：关于苯的结构的在线视频。

(3) 教学模型：用分子模型展示苯的结构，给学生以实际观感。

(4) 教学软件：用化学绘图软件画出苯的分子结构，并用 3D 软件展示苯分子的分子空间结构。

(四) 教学过程与方法

1. 问题导入（10 分钟）

总结回顾上节课主要内容：前一节课已经介绍了二烯烃的结构及性质等内

容,对于共轭体系有了初步的了解。今天我们着重讲解芳香烃的结构以及由它的结构特点带来的化学性质上的特性,以便更深入地了解共轭体系及其性质,掌握结构与性质的关系。

观看教学视频:播放介绍苯的结构的在线视频,让学生了解在发现苯的结构的过程中遇到的困难和取得的突破。

介绍苯的特性:苯的分子式为C_6H_6,碳氢数目比为1∶1,应具有高度不饱和性。事实则不然,在一般条件下,苯不能被高锰酸钾等氧化剂氧化,也不能与卤素、卤化氢等进行加成反应,但它容易发生取代反应。苯环表现出的对热较稳定,在化学反应中不易发生加成、氧化反应而易进行取代反应的特性,被称为芳香性。

【价值塑造】培养学生具有问题意识:从这些奇怪的现象开始,采用视频、图片和模型以及电脑上动画展示相结合的方式,引起学生对苯的奇特的分子结构和独特的化学性质之间关系的好奇,迫切希望了解芳烃的结构到底有什么特殊之处,视频中提到的苯的结构的发现过程为何这么激动人心,从而激发学生听课的浓厚兴趣。

2. 苯的经典结构和现代结构(30分钟)

介绍苯的经典结构:苯具有的特殊性质——芳香性,必然是由它存在一个特殊的结构所决定的。结合视频内容,重温凯库勒的杰出贡献。1865年,凯库勒提出了苯的环状对称结构式为六边形,苯分子的组成及原子相互连接次序,并表明碳原子是四价的,六个氢原子的位置等同,碳环是由三个C═C和三个C—C交替排列而成的,此式称为苯的凯库勒式,又称为苯的经典结构。

苯的凯库勒结构说明可以解释苯的一元取代产物只有一种的实验事实。

【价值塑造】通过介绍著名化学家凯库勒对有机化学结构理论的突出贡献,激发学生热爱科学、献身科学事业的激情;培养学生独立思考、独立判断以及解决问题的能力。

问题的进一步思考:虽然凯库勒结构能够解释上述问题,但是凯库勒式不能解释为何苯环在一般条件下不能发生类似烯烃的加成、氧化反应;也不能解释为何苯的邻位二元取代产物只有一种的实验事实。按凯库勒式推测苯的邻位二元取代产物,应有两种,但事实上苯的邻位二元取代产物只有一种。显然,凯库勒式不能表明苯的真实结构。

引入苯的现代结构(共轭体系):近代物理方法测定证明,苯分子中的六个碳原子和六个氢原子都在同一平面上,碳-碳键长均相等(0.139 6 nm),六个碳原子组成一个正六边形,所有键角均为120°。

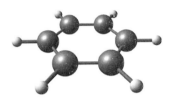

现代价键理论认为,苯分子中的碳原子均为 sp^2 杂化,三个 sp^2 杂化轨道都处在同一平面内,所以苯分子中的所有碳原子和氢原子必然都在同一平面内,六个碳原子形成一个正六边形,所有键角均为120°。另外,每个碳原子上还有一个未参加杂化的 p 轨道,这些 p 轨道的对称轴互相平行,且垂直于苯环所在的平面。p 轨道之间彼此重叠形成一个闭合共轭大 π 键,闭合共轭大 π 键电子云呈轮胎状,对称分布在苯环平面的上方和下方。

3. **课程内容总结与课后思考题(5分钟)**

简要总结授课内容:由于芳香烃结构中含有大 π 键,造成了芳香烃具有较稳定的化学性质,即使发生反应,也是取代反应而不是加成反应,其主要原因就是竭力保持体系的大 π 键体系。这就是结构决定性质。有关芳香烃的化学性质将在下一节课为大家介绍。

布置课后思考题:① 为什么当时苯的结构发现的进展这么缓慢?② 凯库勒发现苯的经典结构有何重要意义?

（五）教学效果与反思

1. 教学效果

本节课内容涉及从凯库勒的设想到现代技术手段的验证，通过学习学生对苯的结构有了正确认识。从上课过程中学生的表现可以看出，学生对苯的独特结构和它的发现过程充满了好奇，提高了对后续芳香烃化学性质部分的学习兴趣。

这样的教学可以让学生了解思维过程就是不断发现问题和解决问题的过程。帮助学生积极主动地提取头脑中的已有知识，结合提供的信息，作出合理判断，得出合理结论，从而培养学生运用科学的思维方式认识事物的能力，有助于使学生思维缜密，能多角度、辩证地分析问题，作出合理选择和决定等。

2. 教学反思

（1）通过演示实验和探究实验的过程，让学生更好地掌握了本节课的知识内容。

（2）让学生学会了认识物质物理性质的一般方法和科学探究的基本方法。

（3）培养了学生的观察能力、逻辑推理能力及发现问题、解决问题的能力。

（4）让学生认识到结构决定性质、性质反映结构的辩证关系。

（5）培养了学生勇于创新的科学精神和实事求是的科学态度。

（6）应该增加讲解苯在工业生产中的生产、转化和安全风险等内容，使学生对"职业素养""工匠精神"的重要性与必要性有更深入的体会。

（7）应进一步完善学生对授课内容的反馈与评价，如借助在线授课平台交流、调查问卷等方式及时关注学生对课程思政授课效果的反响与意见，以便更好地改善教学手段、提高教学水平。

"土木工程概论"课程思政教学案例

一、课程概况

（一）基本信息

授课教师：彭亚萍（城市建设与安全工程学院）

课程名称：土木工程概论

学　　分：1学分

课程类别：专业教育课程

（二）课程简介

"土木工程概论"是土木工程专业的入门课程，是建立大土木工程基本概念和知识的基础课。通过本课程的学习学生可以全面了解土木工程及其所涉及领域的内容、方法、成就和发展情况，构建专业基础，同时熟悉土木工程的职业、责任和专业教育，有助于初步建立专业思想和方法。

二、课程蕴含的思政元素分析

"土木工程概论"课程教学内容中蕴含的思政教育及育德元素分析详见表1。

表1　"土木工程概念"知识单元、知识传授和能力培养要点及价值塑造要点对应表

知识单元	知识传授和能力培养要点	价值塑造要点
1. 土木工程行业	**土木工程的概念、地位和发展** （1）熟悉土木工程的概念和内涵 （2）了解土木工程在国民经济中的重要地位 （3）熟悉土木工程的发展	**专业兴趣、大国自信** 从土木工程的发展历程和典型工程入手，让学生了解其源远流长和博大精深，用工程本身的魅力吸引学生，激发学生的专业自豪感及学习动力，增强专业兴趣和大国自信 典型工程：都江堰、上海中心等超高层建筑、港珠澳跨海大桥等

(续表)

知识单元	知识传授和能力培养要点	价值塑造要点
2. 土木工程设施及建设	**土木工程设施** (1) 掌握建筑工程中房屋建筑的构造，结构受力特点 (2) 掌握桥梁工程中桥梁的组成、形式与传力体系 (3) 掌握道路工程中道路的基本结构与设计要点 (4) 掌握轨道工程中地上铁路的基本构成及设计程序，地铁的建造技术要求 (5) 掌握岩土工程中隧道工程的施工流程等岩土基本知识	**家国情怀、创新意识** 以工程案例特别是国家重点工程为载体，向学生介绍我国优秀的建筑文化、先进的科学技术以及人物故事，激发学生的爱国热情和民族自豪感，树立为国家、社会发展做贡献的理想、信念和信心，增强家国情怀和创新意识 (1) 工程案例：上海中心、环球金融中心、港珠澳跨海大桥、川藏公路、高铁等 (2) 典型人物：詹天佑、茅以升、林鸣、龚建等
	土木工程建造 (1) 了解工程生命周期中各类技术活动 (2) 掌握工程勘测、设计、施工建造、维护加固的基本流程和常用技术 (3) 了解土木工程的可持续发展	**科学思维、工程意识** 以工程本身的安全经济、受力合理等设计原则以及设计者的巧妙构思为载体，从工程项目的生命周期角度逐步让学生建立起科学思维和工程意识 工程案例：烂尾工程，支架失稳工程事故，房屋、桥梁意外坍塌案例等
3. 土木工程职业与责任	**土木工程教育** (1) 熟悉土木工程专业的知识结构和课程体系 (2) 理解大学教育对毕业生的知识、素质与能力的培养途径	**厚德精技** 以茅以升、林同炎、林鸣、龚建等著名结构专家、行业大师和身边土木人的故事为例，让学生明白社会及岗位对人才的知识、能力和素质的基本要求，引导学生建立自我培养的意识，明确个人努力与奋斗的意义，激发学习动力，促进个人的自我完善，重视厚德精技，将个人发展融入国家建设事业

(续表)

知识单元	知识传授和能力培养要点	价值塑造要点
3. 土木工程职业与责任	**土木工程职业** (1) 熟悉各类注册土木工程师的执业制度 (2) 掌握入职要求以及职业生涯的发展对个人知识能力素养的要求 **土木工程责任** (1) 了解工程建设的灾害挑战与工程事故的惨痛教训 (2) 引导新生树立责任意识	**职业情怀、社会责任、敬业奉献、规则意识** (1) 从注册工程师的权利、义务与责任的角度来阐释职业情怀,社会责任与工程质量的关系,以及土木工程师的职业道德规范的价值观内涵。在此基础上,引导学生从"建设者"身上学习敬业奉献的大国工匠精神,让学生坚定"以实际行动践行爱岗敬业核心价值观"的决心 (2) 用自然灾害和人为事故正反两类案例分析责任心和职业道德的重要程度,引导学生思考工程事故后果的严重性,从内心深处树立职业敬畏感。了解行业法规和规范的具体要求,引导学生建立规则意识

三、一节代表性课程的教学设计——土木工程师的责任

(一) 教学目标

1. 知识传授

学习自然灾害和人为灾害的范围、类型、危害及其工程防治技术措施,正确理解各类灾害相关基本概念,掌握土木工程应对各类灾害的基本方法;了解建设法律法规及工程建设规范的约束作用,理解大工程观的含义。

2. 能力培养

提高学生理解土木工程学科防灾减灾技术思想的能力,将保护人民的生命和财产安全作为土木工程人的基本职责,培养他们正确的人生态度和道德意识,帮助他们树立正确的职业价值观。

3. 价值塑造

让学生通过思考和感悟切实从内心深处产生对职业的敬畏感,建立起社会责任意识,培养职业道德感。

(二) 教学对象分析

教学对象为大一新生,他们处于对学校、专业、大学生活的初步认识阶段,渴望了解专业内涵、行业发展、就业去向等问题。对他们的正确引导有助于他们形

成正确的人生态度和价值观。

(三)教学内容与资源

1. 教学内容

(1)自然灾害:讲解地震、风、地质等自然灾害及其对土木工程的危害和防治。

(2)责任事故:分析典型人为责任事故案例,了解其严重后果,引导学生思考。

(3)法规与规范:介绍建设法规和规范体系及其对从业者的约束作用。

2. 教学资源

(1)课程预习用PPT课件、授课用多媒体PPT课件。

(2)工程案例视频:塔克马大桥风灾视频、韩国三丰百货大楼倒塌事故视频。

(3)工程案例动画:汶川地震建筑破裂过程模拟动画、印尼海啸模拟动画、基础隔震效果模拟等。

(4)工程案例图片:唐山地震灾害图、汶川地震灾害图、亚马孙森林大火图、甘肃舟曲特大泥石流灾害图、德国高速铁路事故图等。

(四)教学过程与方法

1. 课前预习

提前3—5天将预习课件上传到"雨课堂"平台,让学生在线预习,反馈看不懂的内容或问题。

2. 课堂教学过程与方法

(1)问题导入(2分钟)。

导入语:上节课学习了土木工程职业,大家了解了注册工程师的权利、义务和责任,"责任"具体应该体现在哪方面呢?重要程度如何?(以设问的方式引导学生思考,进入状态,引出本次课的讲授内容)

(2)讲授内容、工程案例、提问互动等(40分钟)。

第一部分:自然灾害(20分钟)。

① 地震灾害(7—8分钟)。

内容:什么是地震?地震的震级和烈度的概念、等级,抗震的三水准设防思想,减震技术。

案例:汶川地震、唐山地震、印尼海啸等。

互动：对地震有什么了解？有没有相关经历？怎么看待地震中由于房屋倒塌而导致失去生命这件事？

② 风灾（4分钟）。

内容：引发风灾的原因，风灾的危害，风工程研究与抗风设计。

案例：塔克马大桥风毁事故，上海中心、台北101抗风阻尼器等。

互动：怎样理解土木工程抗风与抗震之间的关系？

③ 火灾（3分钟）。

内容：火灾产生的主要原因，自然火灾、建筑火灾介绍；建筑火灾的防范方法。

案例：亚马孙森林大火等火灾事故。

互动：提醒学生在日常生活中慎用电器、防范火灾。

④ 地质灾害（4分钟）。

内容：滑坡、泥石流等地质灾害及其防治方法。

案例：2010年甘肃舟曲特大泥石流灾害，山体滑坡事故。

互动：建议学生关注崩塌、地面沉降、砂土液化等其他地质灾害。

⑤ 总结（1—2分钟）。

通过展示土木工程应对各类灾害的关系图（见图1），让学生理解人类文明及土木工程学科就是在不断与各类灾害抗争的过程中发展起来的，我们有责任推动科学技术进步，更好地抵御灾害，保障人民生命和财产的安全。

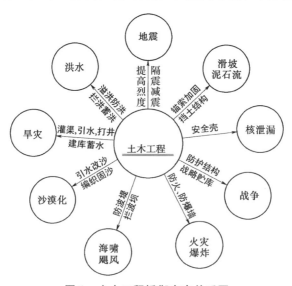

图1　土木工程抵御灾害关系图

第二部分：责任事故(10 分钟)。

内容：介绍土木工程事故频发的现状及《建筑法》关于质量终身责任制的规定；典型人为责任事故案例介绍；总结及警言。

案例：工程质量责任牌；韩国三丰百货大楼倒塌事故、德国高速铁路事故等。

互动：面对这些人为责任事故，此刻，你想到了什么？（提问）

第三部分：土木工程的约束——法规与规范(5 分钟)。

内容：介绍我国建设法规体系的五个层次组成及关系，建设工程法律责任的三个方面、工程建设领域的犯罪类型，工程建设规范的四个层次及关系。

案例与互动："教学楼设计"应该依据什么规范？其工程建设活动应遵守什么法律？

第四部分：工程观(4 分钟)。

内容：阐释工程与社会的关系以及对工程技术人员的要求、工程责任与道德的具体体现和内涵。

案例与互动：某小镇需要建一座桥来方便人们过河，需要考虑哪些因素？

第五部分：结束语(1 分钟)。

提问：对校训"明德、明学、明事"如何理解？

（3）课后作业(3 分钟)。

① 基于"雨课堂"完成本章测试题；

② 作业：

其一，寻找自己身边工程的"永久标牌"，拍照并上传"雨课堂"。

其二，上网查阅资料，寻找一例典型工程责任事故，详细了解并分析工程事故发生的原因。

图 2　作业样例　　　图 3　查看工程质量牌

（五）教学效果与反思

1. 教学效果

本节课较好地实施了前期设计思路，教师讲课思路清晰，充满激情和自信，时刻关注学生的反应，多数学生积极参与课堂互动，学习氛围浓厚；采用了大量工程案例，灾害案例展示感染力强，听者感同身受，适时互动，吸引了大部分学生深度参与课堂，从学生的眼神和表情中可看出课堂学习真正触动了他们的内心，感情被自然带入，有体验感。从回答问题的情况可看出学生理解了土木工程师责任的重大，并能与自身学习发展相关联。

2. 教学反思

讲课中工程案例选取要准确，反面案例讲解要把握好"度"，通过原因分析和讲解引导，要让学生自然想到自己应该做什么人。每个案例展现不同的"关注点"，重在引导学生理解"明德""明学"才能"明事"的道理。

概论课的内容较多，讲解可深可浅，课时有限，课堂上比较考验教师的时间掌控能力，需要提前合理设计好每部分内容的讲授要求。课后作业量要适中。

"建筑设计"课程思政教学案例

一、课程概况

（一）基本信息

授课教师：陈飞、庄葳、程光、张欣宇（城市建设与安全工程学院）

课程名称：建筑设计

学　　分：6学分

课程类别：专业教育课程

（二）课程简介

"建筑设计"是一门实践性、应用性强的专业课程。课程注重从各类教材、设计成果中提取相应的设计原理，让学生通过对各类实例的具体分析与理论学习，兼收并蓄地了解和熟悉在建筑设计过程中发现问题、分析问题和解决问题的门道，并根据不同问题推理出合理独特的设计方案。

二、课程蕴含的思政元素分析

"建筑设计"课程教学的主要任务承上启下，加强综合设计能力训练，引导学生摸索和尝试，形成正确的专业工作、设计技术和思维方法，树立正确的价值观，通过建筑设计过程，对中国文化底蕴与发展历程形成清晰的认知，从而更好地树立文化自信，做好优秀历史文化尤其是中国优秀传统文化的传承。通过设计训练，应使学生初步具备中型建筑方案设计的综合设计能力，具有一定的创新能力及创新思维，能够自觉通过优秀文化的学习强化社会担当意识，更好地分析解决当代城市问题。本课程知识单元、知识传授和能力培养要点及价值塑造对应关系见表1。

表1 "建筑设计"知识单元、知识传授和能力培养要点及价值塑造要点对应表

知识单元	知识传授和能力培养要点	价值塑造要点
1. 建筑场地设计与环境关系	**城市建筑环境：分析问题能力** (1) 熟悉建筑场地设计要点 (2) 把握建筑场地的气候、水文、地形地貌及资源环境特征 (3) 准确把握城市人文、交通及周围建筑价值	**传统文化，城市大局** 培养学生理解掌握优秀传统建筑文化的继承与保护；理解建筑不是孤立存在的，而是受城市环境的影响，设计的过程是一个解决问题的过程，需要从城市层面整体系统性着手，建筑建造必须首先服从城市大格局
2. 建筑空间设计与功能关系	**建筑空间与功能：整合及创新思维能力** (1) 掌握建筑设计的基本方法，建筑空间表达及设计思维的逻辑进程 (2) 掌握建筑尺度、人的知觉对建筑空间的体验 (3) 掌握中西方建筑历史及理论演进过程，能够运用历史要素与当代建筑进行融合 (4) 熟悉建筑行为学及心理学的理论知识	**以人为本，环境意识** 通过空间与功能设计，逐渐让学生理解建筑空间的营造要尊重自然环境，不破坏自然环境，不损害生物多样性；功能因素的考虑需要以人为本，充分考虑人的使用需求及对美好生活的愿望；空间设计中要尊重人的精神，符合人的价值标准及心理需求
3. 建筑建构与技术措施	**建筑建构：实践、创新及动手能力** (1) 掌握公共建筑的基本建筑构造及材料知识 (2) 掌握小型公共建筑的结构原理及结构选型 (3) 掌握建筑构造与结构知识、建筑材料的基本逻辑 (4) 能够根据具体建筑及构造基本知识进行设计创新	**文化自信，工匠精神** 引导学生认识到中国传统建筑的构造方式博大精深，培养学生对优秀传统文化的发掘及传承意识，树立对中国传统文化的自信心；在继承传统建筑文化的基础上进行创新，解决当前问题
4. 建筑职业素养、社会责任、执业道德及价值观培育	**执业责任及职业道德** (1) 基本掌握建筑的基本设计体系（建筑交通、功能、空间及围护结构四大体系设计） (2) 了解建筑建造的投资造价 (3) 对历史遗产进行保护与传承 (4) 理解建筑师的执业责任以解决城市实际问题为出发点	**职业情怀，社会责任** 培养学生对建筑设计职业的热爱，同时理解建筑百年大计，建筑师不仅要有情怀，更要解决城市实际问题，承担起社会责任，培养高品质的职业价值趋向

三、一节代表性课程的教学设计——中小型建筑空间组织与功能关系分析

（一）教学目标

1. 知识传授

学习建筑场地设计的原则与技术要点；掌握建筑总平面设计的基本原则与影响因素分析方法；掌握建筑空间设计、功能关系特征及流线组织，使建筑平面功能分区合理；了解空间组织中建筑室内外环境之间的通透与开放，了解建筑材料、建筑构造及建筑结构对建筑空间的影响，譬如如何制约建筑空间的产生。

2. 能力培养

通过本节课的学习，提高学生对中小型公共建筑的设计思维及设计方法的理解；使学生熟悉建筑设计中功能分区、流线组织、平面布局及建筑建构系统性设计的关键及难点；提高学生进行建筑总平面设计、建筑场地设计的能力以及处理复杂建筑空间的能力；提高学生处理建筑立面、建筑材料与建筑构造之间关系的能力；培养学生自主学习、独立思考的能力。

3. 价值塑造

通过让学生进行思考与感悟培养学生的文化认同、职业素养、工匠精神及环境意识。城市发展及建筑设计的核心目标是满足人的美好生活需要，并与自然和谐统一；通过建筑设计创作过程的引导，培养学生设计实践与建筑创作中砥砺前行、精益求精的"工匠精神"，提高学生的建筑设计专业技术能力与职业素养。

（二）教学对象分析

教学对象主要为建筑学专业大三的学生，他们已经掌握了建筑学基本专业理论知识，以及小型建筑设计的设计方法与设计要点，而针对功能稍微复杂的中型建筑的创作能力有待提升。因此本课程的学习，主要教授学生如何处理建筑核心专业要素之间的关系，加强文化认同、职业素养及工匠精神意识的培养，使其成为学生创作的源泉，激发学生自主学习、创新研究的兴趣。

（三）教学内容与资源

1. 课程内容

（1）案例讲解：通过国内外相关案例分析，讲授本次设计的重点难点，包括建筑空间的组织、场地的总体布局、建筑的形体形成及功能分组安排等。

(2) 建筑选址：讲授建筑选址的要求、周围环境状况、树立尊重自然的意识，使学生了解城市及社会主要矛盾问题，锻炼学生独立思考的能力及职业素养。

(3) 设计构成：讲授建筑设计的功能构成与设计要求，由满足人的使用需求引申到人文关怀。

(4) 创新思维：解读本次设计的任务书，讲解功能组成、空间布局及建筑规模的设计要求，引导学生针对任务进行创造性思维活动。

2. 资源展示

(1) 授课用多媒体 PPT 课件。

(2) 案例视频：中小型公共建筑的建造过程纪录片。

(3) 工程案例图片：相关设计案例的设计图纸（平、立剖面图及效果模型展示）。

(4) 设计任务书：预习并设计建筑设计任务书。

(5) 设计构思过程展示：中小型建筑的形体构成及演变的过程展示。

（四）教学过程与方法

1. 课前预习

提前 3—5 天将本课题的建筑设计任务书通过网络发放给学生，要求学生先行了解本次的设计题目与设计任务，可搜集相关资料、独立自考、自主学习。

2. 课堂教学过程与方法

(1) 问题导入(5 分钟)。

以 2020 年春季课程中公共空间治理单元适应性建筑设计为例，以问题为导向强化学生对建筑设计的思考。问题如下：

① 面对这种突发性的公共卫生事件，我们的城市、社区应该如何应对？

② 如何借此推动健康城市及适应性建筑体系发展？

③ 面对未来城市新的情况及问题，建筑师如何体现自身的社会责任感？

④ 建筑设计的本质是什么？

(2) 讲授内容、分析案例、提问互动等(35 分钟)。

第一部分：任务书讲解。

内容：讲解设计任务书的设计要求、时间节点及中间过程，该设计要解决的主要问题；解释设计任务书中的具体面积、功能配比及阶段进展；布置本课题设计的成果要求与最终成果表达，并规定最终成果图纸数量与评图的方式。

案例：列举上海 15 分钟生活圈的案例，分析防疫隔离单元的建构形式，包括构造节点设计、建筑材料运用等。

互动:学生提问交流及分组讨论,谈谈对 15 分钟生活圈的理解以及防疫隔离单元的具体要求。

第二部分:基本治理单元核心理念。

内容:如何构建适应城市的基本单元治理;基本治理单元的核心理念及内涵。

案例:展示并分析微型居所、Micro Dwellings、生态胶囊住宅、板茂为阪神灾民搭建的临时帐篷。

互动:学生交流对城市基本治理单元的理解和建造模式。

第三部分:场地选址。

内容:场地与城市道路及交通设施有什么关系?场地规模形状与周围环境有什么关系?场地微气候环境分析有哪些因素?场地设计的人文精神如何体现?

案例:展示并分析选址在公园、城市广场或城市社区中的相关案例。

互动:由学生讲解、提问并讨论,重点分析场地承载的文化信息及周围建筑历史信息、场地中建筑功能分区对人使用需求的要求;场地空间设计中人的行为及心理需求分析、场地设计的当地历史文化元素的继承与创新应用。

第四部分:建筑总平面设计方法与常见问题及技术措施。

内容:场地设计及总平面布局的合理性如何体现?建筑交通组织如何更加合理?

案例:展示坡地情况下满足场地排水及坡地处理的建筑布局案例,以及复杂地形的矛盾回避及处理措施。

互动:学生交流如何更好地在场地总平面设计中体现使用者的具体需求,使场地设计与建筑设计要求相结合,提升处理场地总体设计与建筑、建筑功能与流线关系、建筑平面与建筑空间关系的能力。

(3) 回忆相关知识(5 分钟)。

让学生回想之前做过的建筑设计类型,以及在进行此类型建筑设计的过程中,是如何处理所遇到的相应问题的,让学生预想本课题设计中可能会遇到的难点。

建筑学专业核心关注的知识点在于建筑空间营造及建构方式的逻辑。需要把专业知识与传统文化传承相结合,在设计中体现时代精神,使专业学习与新时期城市发展面临的变革需求相挂钩。

(4) 布置课后作业(5分钟)。

安排学生分组进行调研分析,并仔细研读建筑设计任务书,小组内进行设计思路讨论。调研包括基地调研与案例解析两个部分。基地调研部分：了解所选基地周边现状、交通情况、环境情况等；案例解析部分：学生根据本次课程讲授以及自己对本课题设计的理解,在网络上、书籍上搜集相关案例,包括但不局限于独立建筑单元设计方案、建筑材料的利用方案、易于搭建构造的设计方案、灾后重建项目等。

将所获得的调研成果制作成PPT,在下堂课上分组进行讲解。

(五) 教学效果与反思

1. 利用翻转课堂提高教学效率,扩展知识领域

通过布置课前预习、课前图纸及阶段性成果汇报文件、图纸的制作,节约了课堂上讲授的时间。前置问题可以引导学生展开相关思考,促使学生在课堂上针对自己的疑问开展自主学习,这样便提高了课堂的教学效率。同时也可以有目的地为学生提供一定的关于国家意识、文化传承、专业技术等的实际工程案例或纪录片,以潜移默化、润物无声般地开展思政教育。

2. 独特的参与式教学形式,塑造优秀品格

建筑设计课程具有它的独特性,每堂课中每组学生都会将各自的设计成果、设计思路向指导老师和其他学生展示,在老师的点评中其他学生也会主动"对号入座",审视自己设计中的问题,因此在每次的图纸点评中,除指出建筑设计中存在的专业技术问题以外,更应让学生知晓建筑设计师应该具备的品格、职业操守,甚至人文关怀、感恩精神等,塑造学生的优秀品格。

3. 理论教学与实践教学互为补充,让学生了解行业规程

课程教授环节的设计要将建筑设计的理论学习与建筑设计实践相结合,不能让知识与实操脱节,在教学过程中邀请企业专家进行评图,介绍建筑设计院的工作流程与规则,让学生的建筑设计方案不与时代脱节、建筑设计方法不与实际工作流程相违背,让学生提前了解应该具有的职业素养。

4. 因材施教,关爱学生,助其成长

当教师在教学过程中发现学生所存在的问题时,要结合他们的实际情况、能力水平开展教学工作,力争让每名学生都能体会到老师的关爱,帮助学生逐渐形成正确的世界观、人生观、价值观,养成科学的思维方式与批判性思维能力、提高有效交流沟通的能力。

"安全法学"课程思政教学案例

一、课程概况

(一)基本信息

授课教师：高洁(城市建设与安全工程学院)
课程名称：安全法学
学　　分：2学分
课程类别：专业教育课程

(二)课程简介

"安全法学"是安全工程专业的学科专业基础课,是建立安全法律知识体系和塑造法治信仰的基础课。通过本课程的学习,学生可以了解我国安全生产法律体系,理解安全法的基本概念、原理,掌握重要的安全法律法规,能从法理上对事故进行分析,从而培养法治思维、塑造法治信仰。

二、课程蕴含的思政元素分析

法律是治国重器,法治是国家治理体系和治理能力的重要依托。习近平总书记强调,全面推进依法治国总目标是建设中国特色社会主义法治体系,建设社会主义法治国家。本课程以校企合作课程模式为特色,结合教学内容,重点挖掘"以人为本与法治精神、价值信仰、家国情怀与国情观念、职业情怀与法治意识、崇尚实践与团队合作"等课程思政元素,其与授课内容知识点的融入对应情况如表1所示。

表 1　知识、能力与价值融入情况

知识单元	知识传授和能力培养要点	价值塑造要点
《安全生产法》	(1) 了解立法背景 (2) 理解立法宗旨、方针、原则 (3) 理解安全生产法特点和基本框架 (4) 掌握重要法律条文 (5) 能依据法律条文作出正确的执法判断	**以人为本与法治精神** (1) 介绍 2014 年新修订的《安全生产法》主要内容时，着重阐述"以人为本"的内涵，具体事例以 2014 年修订的《安全生产法》第三十四条中的"人身安全"与修订前"生命安全"的细微差别所体现的"以人为本"的更高要求为例，使学生牢固树立"安全第一""坚守发展决不能以牺牲安全为代价这条不可逾越的红线"意识 (2) 良法是善治之前提。"立善法于天下，则天下治；立善法于一国，则一国治"。《安全生产法》的制定和修订体现了安全领域加快建设中国特色社会主义法治体系的法治精神
安全生产应急救援（本节内容由奉贤区消防救援支队专家结合自身经历讲授）	(1) 理解安全生产应急救援基本任务和特点（重要性） (2) 掌握安全生产应急救援体系和应急救援队伍建设 (3) 掌握安全生产应急救援规则 (4) 了解生产安全事故灾难应急预案 (5) 通过本节课程学习，能够具备基本应急救援知识，能够投入基本应急救援工作	**价值信仰** (1) 以一张刷爆朋友圈的最美逆行者照片引出本节内容，再通过相关视频为学生展示各类灾难面前中国军人（救援人员）不顾生死、挺身逆行的举动，引导学生正视和思考生命的价值和生命的意义。并用正反两方面案例（视频资料）讲授安全生产事故预防和救援的重要性、专业性，让学生认识到应加强自身修养、提高专业能力，能够在安全事故预防和救援时体现政府的公信力、政府的应急管理能力 (2) 结合安全生产事故预案，启发学生认识我国先贤大哲的"生于忧患，死于安乐""凡事预则立，不预则废"等安全思想，引导学生认识中华优秀传统文化、守正创新、引领时代精神
生产事故隐患与排查治理	(1) 了解《安全生产事故隐患排查治理暂行规定》等有关部门规章（补充介绍） (2) 理解事故隐患的定义及分类 (3) 熟悉事故隐患排查治理的职责分工、政府对事故隐患排查治理的监管、政府对事故隐患排查治理违法行为的处罚 (4) 能够正确分析事故隐患，提出一定的防范方法和措施	**家国情怀与国情观念** (1) 以问题为导向，从中国梦的实现路径：实现伟大梦想必须进行伟大斗争、建设伟大工程、推进伟大事业，提出安全生产为中国梦的实现保驾护航，从而激发学生的责任感和使命感 (2) 以数据做比较，了解我国安全水平与发达国家的差距，从而立足国情，放眼世界 (3) 以提问做总结，通过提问将所学与目前的安全生产形势联系起来，引导学生认识到安全生产任重道远，作为安全人责无旁贷

(续表)

知识单元	知识传授和能力培养要点	价值塑造要点
安全生产行政执法	(1) 学习习近平总书记关于安全生产中行政监管的重要论述 (2) 理解安全生产行政执法主体和职责 (3) 掌握安全生产行政执法方式和程序 (4) 掌握安全事故隐患查处程序 (5) 了解《安全生产监督执法手册》(补充介绍) (6) 能够模拟进行安全检查	**职业情怀与法治意识** (1) 以孟子"徒善不足以为政,徒法不能以自行"导入本节内容。 (2) "天下之事,不难于立法,而难于法之必行",讲授执法程序时以"忠诚卫士"的先进典型——李适"谋正业、办正事、走正道,恪守法律说了算"为实际案例,激励学生作为"安全人"要忠于职责,勇于担当 (3) 以2016年发布的《安全生产监督执法手册》内容丰富和更新教学内容,并适时介绍新时代我国法治建设的指导方针:科学立法、严格执法、公正司法、全民守法。同时提示学生依法行政、依法监管要注意法律法规的修订和完善的地方 (4) 法律的有效实施,是全面依法治国的重点和难点,也是依法治安的重点和难点。引导学生思考如何依法治安
《中共中央国务院关于推进安全生产领域改革发展的意见》(补充介绍)	(1) 了解重大意义 (2) 熟悉总体要求 (3) 熟悉整体框架和重要内容:健全落实安全生产责任制、改革安全监管监察体制、大力推进依法治理、建立安全预防控制体系、加强安全基础保障能力建设,共6部分30条 (4) 了解国家安全工作中长期发展规划和安全生产领域改革发展趋势	**国情观念** 《意见》是新中国成立以来第一个以党中央、国务院名义出台的安全生产工作纲领性文件,对推动我国安全生产工作具有里程碑式的重大意义。将此适时介绍给学生,引导学生了解安全生产方面的国家大政方针,把握行业动态
生产安全事故报告和调查处理(本节内容由奉贤区应急管理局专家结合工作经验讲授)	(1) 理解生产安全事故的概念、等级、分类(结合国务院493号令《生产安全事故报告和调查处理条例》) (2) 了解政府对生产安全事故的调查处理职责 (3) 掌握生产安全事故报告、调查、处理程序 (4) 具备事故调查的基本知识和能力	**职业情怀与敬业精神** 结合事故调查案例讲授安全生产事故报告、调查、处理过程中需要重点注意的问题,引导学生养成良好的职业道德、科学严谨的工作作风和无私奉献的敬业精神

(续表)

知识单元	知识传授和能力培养要点	价值塑造要点
实践模拟	第一次上课时布置大作业：学生8—10人一组，以校园或周边建筑物为对象，进行课下模拟安全检查实践，课上展示汇报和交流，企业专家点评、学生互相打分	**崇尚实践与团队合作** 为了确定检查中的安全问题或隐患，小组成员需要查阅资料，确定依据、讨论问题，作出选择和判断并作最后的展示汇报和交流。整个过程是学以致用的过程，是团队合作的过程，是交流表达的过程，可以锻炼学生自主学习的能力，发现问题、解决问题的能力、交流沟通的能力以及团队合作的能力

三、一节代表性课程的教学设计——生产事故隐患与排查治理

（一）教学目标

1. 知识传授

要求学生了解《安全生产事故隐患排查治理暂行规定》《工贸行业重大生产安全事故隐患判定标准》《化工和危险化学品生产经营单位重大生产安全事故隐患判定标准（试行）》等有关部门规章，理解事故隐患的定义及分类，掌握预防事故的主要措施，熟悉事故隐患排查治理的职责分工、政府对事故隐患排查治理的监管、政府对事故隐患排查治理违法行为的处罚。

2. 能力培养

通过学习，学生能够正确分析事故隐患，能够提出一定的防范方法和措施。

3. 价值塑造

以问题为导向，从中国梦的实现路径提出安全生产为中国梦的实现保驾护航，从而激发学生的责任感和使命感；以数据作比较，让学生了解我国安全水平与发达国家的差距，从而立足国情，放眼世界；以提问做总结，通过提问让学生将所学与目前的安全生产形势联系起来，引导学生认识到安全生产任重道远，作为安全人责无旁贷。

（二）教学对象分析

教学对象为安全工程专业大二学生，他们已学习过思想道德修养与法律基础等公共基础课，学习了安全科学原理、安全管理学等学科专业基础课，具备了基本的法律知识和专业理论，因而具备了学习安全专业法律法规的基础。

这一阶段的学生学习目的性较强,希望学以致用。贯彻依法治国理念,在安全生产领域就要依法治安。熟悉和掌握安全法律知识,培养法治思维,塑造法治信仰,正是依法治安的必然要求,因此教师在教学中利用课程特点激发学生的学习动力。

(三)教学内容与资源

1. 教学内容

(1)事故隐患概述。

(2)补充介绍有关部门规章。

(3)事故隐患排查治理的职责分工。

(4)政府对事故隐患排查治理违法行为的处罚。

(5)模拟检查展示交流。

2. 教学资源

(1)补充和预习资料(上传"雨课堂"平台)。

(2)授课用多媒体 PPT 课件。

(3)案例视频:《安全发展　成就辉煌》之第八集《任重道远的发展之路》。

(4)案例图片:GDP 与人均 GDP 增长图、人均 GDP 与安全生产关系理论曲线图、事故隐患图片。

(四)教学过程与方法

1. 课前预习

提前将补充和预习资料上传雨课堂平台,让学生在线预先了解和学习,以减少课堂介绍时间,从而相对增加课堂思考和讨论的时间。

2. 课堂教学过程与方法

(1)学生展示汇报(5 分钟)。

按照计划由一组学生进行模拟检查展示汇报、交流和教师点评(见图 1)。

(2)问题导入(2 分钟)。

导入语:"无端忽作太平梦,放眼昆仑绝顶来"——梁启超在 1902 年的《新中国未来记》中对新中国未来的憧憬,一百多年过去了,当今我们处于什么样的时代?我们国家的国力如何?以 GDP 增长为例,同学们有知道的吗?(以提问的方式引导学生思考,进入状态,引出问题)

提出问题一:人均 GDP 与安全生产有什么关系?给出理论曲线图。

提出问题二:安全生产目前形势如何?我国的安全生产水平与发达国家相

图 1　同学模拟检查展示汇报

比如何？以视频形式给出答案。

提出问题三：如何遏制重特大事故发生？如何护航中国梦？落到实处就是——事故隐患的排查治理。（引出本节内容）

（3）讲授内容、视频案例、提问互动等（35 分钟）。

第一部分：事故隐患概述。

内容：什么是生产安全事故隐患？隐患分哪几类？

案例：分析气瓶安全隐患案例、动火作业安全隐患案例。

互动：风险是不是隐患？同学们学习、生活的环境有没有安全隐患？

第二部分：补充介绍有关规章和标准。

内容：《生产安全事故隐患排查治理规定》、《工贸行业重大生产安全事故隐患判定标准》(2017 版)、《化工和危险化学品生产经营单位重大生产安全事故隐患判定标准(试行)》。

互动：不同行业出台的重大事故隐患标准有没有共性？标准的制定有何意义？

第三部分：事故隐患排查治理的职责分工。

内容：生产经营单位的事故隐患排查治理职责、政府对事故隐患排查治理的监管。

案例：企业未进行事故隐患排查而受到行政处罚的案例、政府挂牌督办的案例。

互动：为什么要实行挂牌督办制度？挂牌督办的意义何在？

第四部分：政府对事故隐患排查治理违法行为的处罚。

案例：典型的事故隐患排查违法案例。

(4) 总结(2分钟)

提问：如何缩小我国安全水平与发达国家的差距？(通过提问使学生将所学与目前的安全生产形势联系起来，认识到安全生产任重道远，自己作为安全人责无旁贷)安全工作只有真抓，才能攻坚克难；只有实干，才能梦想成真。

(5) 布置课后作业(1分钟)。

① 课后思考："民惟邦本，本固邦宁"这句话蕴含了何种思想？在新的历史起点上，如何应对各种风险考验？

② 进行实地调研并上网查阅资料，寻找身边的安全隐患或安全问题，并提出解决方法和措施。

(五) 教学效果与反思

1. 教学效果

本节课课前学生需要在"雨课堂"了解和熟悉补充的资料，此部分应100％参与。授课过程中设问环节和互动环节应能引导和启发大部分学生进行思考和讨论。展示交流环节虽然只有一组学生代表进行汇报，但全体学生进行打分，并可提问，此环节参与度达100％。在学生讨论和汇报过程中可以感觉到学生对自己的检查成果还是很有成就感的，同时专家和老师的点评也从广度和深度上提升了学生对问题的认识。

2. 教学反思

以问题为导向，循序渐进，能够启发学生思考，使他们对内容的理解可以更加深刻，对得出的结论更易于接受。

模拟执法检查的实践内容与本节课的内容关联度较大，有了课下模拟检查和隐患排查的实际经历，再学习这节课的内容，学生结合自身检查发现的问题，对课上的内容更易于理解。

总体上达到了课程教学目标。今后，根据国家相关的政策法规的发展和完善情况，适时更新教学内容；根据互联网教学平台的技术发展和线上线下混合式教学的要求，持续改进教学方法和手段。

"安全管理学"课程思政教学案例

一、课程概况

（一）基本信息

授课教师：张小良、刘章蕊（城市建设与安全工程学院）

课程名称：安全管理学

学　　分：2学分

课程类别：专业教育课程

（二）课程简介

"安全管理学"是安全工程专业的四门主干课程之一，课程通过介绍安全学、管理学基础知识，使学生能够掌握管理的各项要素，运用计划、组织、领导、控制等基本职能进行管理，对事故进行预防、分析和调查处理，提高安全意识，帮助学生初步构建专业思想和方法。

二、课程蕴含的思政元素分析

各章节的知识点和思政元素对应情况如表1所示。

表1 "安全管理学"知识单元、课程主要章节和内容摘要及思政元素对应表

知识单元	课程主要章节和内容摘要（知识点）	思 政 元 素
我国安全文化如何发展	安全管理的形成和发展	讲述隋代《病源诸候论》《天工开物》及《东京梦华录》中消防组织的形成，让学生了解安全文化源远流长和博大精深； 将我国安全管理的发展中历经的不同时代背景下三次安全观的变革进行对比，让学生树立**科学的安全观**

(续表)

知识单元	课程主要章节和内容摘要(知识点)	思 政 元 素
如何成为一名成功的管理者	管理者应具备的素质	以华为创始人任正非为例,介绍一名成功的管理者应该具备的基本素质
管理理论是如何演变的	(1) 企业管理思想与理论的演变——科学管理阶段 (2) 企业管理思想与理论的演变——行为管理阶段	(1) 介绍管理学历经的三个主要阶段,在科学管理阶段结合"泰勒的生铁装运实验",让学生建立起科学思维,培养学生**崇尚真知**的能力 (2) 在行为管理阶段通过"马斯诺需求层次理论""诸葛亮挥泪斩马谡"让学生了解行为理论分支,思考如何形成健全人格
安全文化如何成为安全管理的软手段	安全文化	以切诺贝利核电站事故为起点,从文化、企业文化、安全文化的多维层次让学生了解企业安全文化的凝聚力、辐射力、激励力和同化力量,培养学生具有与**企业**一致的信仰和**价值观**
如何用先进的安全管理方法提升企业的管理水平	安全管理方法	分析鞍钢的管理模式、丰田的"5S"管理法、杜邦的"STOP"等国内外知名企业先进的管理方法和管理体系,使学生具有**全球意识**和开放的心态
企业应该如何创建安全生产标准化	安全生产标准化	通过对安全生产标准化体系的讲解,让学生了解标准化建立要素及实施过程。将注册安全工程师的考点融入其中,突出社会及岗位对人才的知识能力素质的基本要求,培养学生自我磨炼的意识,确定奋斗目标,激发学习动力,促进个人的自我完善
如何使用统计分析的方法管理和预防事故	事故统计及分析	用安全事故案例引入事故分析和统计,在引导学生关注专业相关的社会事件,提高专业敏感度的同时,借助事故分析技术和手段,探索事故发生的根源,进而提高安全防范意识,时刻警醒"安全第一"的重要性,**脚踏实地**做事,不冒险
如何对事故进行调查分析	事故的调查与处理	结合大量真实的工业事故案例进行事故调查报告和处理的介绍。用鲜活的案例告诉学生凌驾于安全科学规律之上、无视安全管理规则的结果,引导学生在养成良好的**职业道德**和科学严谨的工作作风的同时,也要关注人生真谛和人类命运,关爱人的生命

上述思政元素与授课内容知识点的融入情况可以提炼总结为四个方面：

（一）培养学生国情观念和国际视野

（1）将不同时代背景下三次安全观的变革加以对比，让学生树立科学的安全观，树立为国家安全事业奉献、为安全生产保驾护航的坚定信念。

（2）分享中国鞍钢、丰田、杜邦等国内外知名企业先进的管理方法和管理体系，使学生具有全球意识和开放的心态。

（二）在人文积淀的基础上升华价值信仰

（1）引用《东京梦华录》等古籍中描述的古代消防系统及荀子"一曰防，二曰救，三曰戒"等历史典故阐述安全管理学理论，让学生了解中国安全文化源远流长、博大精深。

（2）结合美国帝国糖业工厂粉尘爆炸等大量真实的工业事故案例进行事故调查报告和处理的介绍。用鲜活的案例告诉学生凌驾于安全科学之上、无视安全规则的结果，引导学生在养成良好的职业道德和科学严谨的工作作风的同时也要关注人生真谛和人类命运，做好职工职业安全健康的"守护神"。

（三）具备科学精神，实践创新

（1）利用国内外先进的安全管理方法，通过与企业管理实践的结合，让学生逐步建立起科学思维以及工程意识，并对自己的实践结果负责任。通过对2018年"大国工匠年度人物"火箭院高凤林案例的分析，帮助学生培养"工匠精神"。

（2）用大量安全事故案例进行事故分析和统计，在引导学生关注专业相关的社会事件、提高专业敏感度的同时，借助事故分析技术和手段，探索事故发生的根源，进而提高安全防范意识，时刻警醒"安全第一"的重要性，脚踏实地做事，不冒险。

（四）夯实职业素养才能构建先进安全文化

（1）将注册安全工程师的考点融入课堂知识点的教学中，突出社会及岗位对人才的知识能力素质的基本要求，培养学生自我磨炼的意识，确定奋斗目标，激发学习动力，促进个人的自我完善。

（2）以切诺贝利核电站事故为起点，让学生从文化、企业文化、安全文化的多维层次了解企业安全文化的凝聚力、辐射力、激励力和同化力量，培养学生具有与企业一致的信仰和价值观。

三、一节代表性课程的教学设计——管理学的基础理论：基本概念

（一）教学目标

1. 知识传授

学生能够理解管理的定义，阐明管理的要素及计划、组织、领导、控制等基本职能；比较经验管理、科学管理和行为管理理论的差异，归纳总结各阶段重要的代表性管理理论的特点和内涵。

2. 能力培养

学生能够将管理的理论和方法运用到生活中的方方面面，评估对时间、人力、财力、信息等要素进行科学管理后的变化和反差，再结合企业安全管理中的管理要点和方法，提升企业管理效率，优化管理方法，具备一名管理者该有的素质和能力。

3. 价值塑造

以 IBM 公司创始人托马斯·沃森一个"关于裤子的故事"为切入点，结合中外企业名人案例，让学生明白成功管理者应该具备的职业素养和精神，树立成为厚德精技的安全管理者的目标，并为之奋斗。

（二）教学对象分析

该课程于安全工程专业大二第一学期讲授，学生的专业课只上过一门"安全科学原理"，学生在专业上尚处于打基础的阶段；并且由于工科的性质，学生的培养方案中对于管理学相关知识的设置很少，学生惯用工科、理科思维去认知和解决生活中的问题，而很难将管理学与"一个小男孩的裤子""排排坐，吃果果"等每天都在发生的事情建立联系，更不知道科学的管理方法的重要性，而学生这个阶段的学习态度相对较为认真和端正，具有较强的学习欲望。因此，通过生动、鲜活的案例，利用几个课时对管理学方面的知识进行补充是极其必要的。

（三）教学内容与资源

1. 教学内容

管理的基础知识

2. 教学资源

(1) 授课用多媒体 PPT。

(2) 视频资料：时间管理视频、大雁的故事视频。

(3) 教学故事及案例：IBM公司创始人托马斯·沃森"关于裤子的故事"、华为公司创始人任正非的案例。

（四）教学过程与方法

1. 问题导入（5分钟）

利用IBM公司创始人托马斯·沃森一个"关于裤子的故事"为切入点，分析一条好的长裤为什么变成了一条不能穿的短裤，启发学生思考为什么要学习管理学以及管理学的重要性。

2. 讲授内容、案例视频、提问互动（38分钟）

介绍管理的定义，对管理定义中的三个关键词——管理者、资源、四项基本职能进行扩展讲解。

① 管理者的基本任务：知人善用；设计并维护一种环境，使身处其间的人们能高效率地完成组织目标。

② 管理者应该具备的素质：品质、知识和技能。**结合华为创始人任正非的事迹**进行深入讲解。

互动：说说你所了解的成功管理者具有哪些让你敬佩的素质。

③ 资源：人力、物力、财力、时间、技术、信息。利用**视频《鹅卵石的故事》**讲授时间管理的重要性。

互动：如果期末考试临近，你会如何安排复习、社团活动以及同学聚餐的时间？

④ 管理的四项基本职能：计划、组织、领导、控制。

互动：请班委成员利用管理的职能描述组织春游的过程。

3. 结束语（2分钟）

问题：你如何评判一名成功的领导者？

总结：管理是一门艺术，具有人格魅力的人容易成为成功的领导者，同时还应该充实自己的管理技能和知识储备。

课后任务：复习知识点，准备单元测试。

（五）教学效果与反思

可结合授课内容，进一步挖掘和深化思政元素，丰富授课内容和方式。本次授课介绍的主要是国外企业家的案例和国外学者对于管理学发展的贡献，今后可以更多引入国内企业家的案例加以充实和平衡，激发学生对国内科研工作者和管理者的认同度和民族自豪感。

"专业概论讲座"课程思政教学案例

一、课程概况

（一）基本信息

授课教师：赵道亮、麻庭光、孔胜利、高洁、朱鹏、王小群、易赛莉、刘惠平（城市建设与安全工程学院）

课程名称：专业概论讲座

学　　分：3学分

课程类别：专业教育课程

（二）课程简介

学习本课程可以使学生了解安全与事故的有关概念、安全科学的由来与发展、安全科学的结构与研究对象；了解和掌握危险、危害因素辨识的基本知识；理解安全与事故的运动规律、预防和控制事故的规律；掌握预防、控制事故的组织手段、法律手段和制约手段，并了解安全生产事故调查的相关知识，为学好后续专业知识打下良好的基础。

二、课程蕴含的思政元素分析

本课程包含六个知识单元，每个单元所含的思政要素分析如表1所示。

表 1 "专业概论讲座"知识单元、知识传授和能力培养要点及价值塑造要点对应表

知识单元	知识传授和能力培养要点	价 值 塑 造 要 点
1. 火灾学	火灾概述 (1) 火灾事故案例 (2) 火灾的基础知识 (3) 消防科普常识	**国家意识(国情观念)、职业素养(爱岗敬业)** 通过分析事故案例和总结教训,引导学生关注与建筑火灾相关的社会事件,提高专业敏感度。了解中外火灾事故的异同,了解火灾事故与人民群众的生命财产安全息息相关,可以激发学生的社会责任感和专业认同感。事故案例中消防官兵的社会责任感能够在学生内心引起共鸣,从而引导学生热爱本专业,充分感受专业价值、社会价值,让学生了解到火灾事故的随机性和确定性规律,从真实案例中总结逃生经验,并让学生成为火灾相关科普知识的受益者和传播者
	建筑消防安全概论 (1) 建筑消防安全科学的内涵、原理 (2) 建筑消防设计典型案例	**国家意识(国家利益)、明德修养(感恩大爱)** 通过对建筑消防安全科学的内涵、原理以及典型案例的介绍,激发学生的爱国主义热情。分析消防安全科学研究和技术发展的重要性与必要性,重点引导学生认识到消防安全是国家治理体系和治理能力现代化的重要环节,是立足我国国情和灾害事故特点、构建新时代国家安全体系的重要支撑,对提高全社会防灾减灾救灾能力、维护社会公共安全、保护人民生命财产安全具有重大意义
	消防职业化 (1) 近期发生的重大消防案情分析 (2) 消防工程师职业伦理	**实践创新(遵从伦理)、职业素养(规则意识)** 引入消防职业化的重要性和发展方向,回顾古今中外消防改革的历史经验和灾情特质,帮助学生认识消防队伍对社会稳定的重要性、应急响应效果和对社会的保障作用,引导学生投身消防服务事业,激发学生的社会责任感和服务精神。通过对古今案例的分析和研究,帮助学生认识消防工程师的职业伦理,从而为学生将来的职场成功奠定基础
2. 公共安全——城市反恐防范	(1) 恐怖袭击案例 (2) 公共安全相关法律	**国家意识(国家利益、国际视野)** 通过对"9·11"事件、英国伦敦连环爆炸案等的介绍,分析大城市面临的恐怖袭击的风险,总结恐怖袭击的特点,提出防范风险的对策措施。引导学生认识到恐怖袭击是当前人类面临的全球性挑战,在反恐防范的问题上,既要有全球意识和开放心态,即学习和借鉴一些国家的先进理论和实践经验,更要具有国家意识,认同国民身份,自觉捍卫国家主权、尊严和利益。结合国家安全日和习总书记提出的"坚持总体国家安全观,走出一条中国特色国家安全道路"进行讲授,并介绍《国家安全法》

(续表)

知识单元	知识传授和能力培养要点	价值塑造要点
3. 安全心理学	(1) 人的心理活动规律 (2) 心理案例分析	**人文精神(价值信仰)、明德修养(健全人格)** 引导学生以生产劳动中的人为对象,从保证生产安全、防止事故、减少人身伤害的角度研究人的心理活动规律,如:积极的情绪能鼓舞人们积极进取,为维护个人或集体荣誉而不懈努力。负面情绪不仅会严重影响人的身心健康,而且也是导致事故的温床;"安全责任重于泰山,人民利益高于一切"。从杭州最美司机吴斌事迹、医疗上左右不分的怪现象正反两方面阐明责任感的意义;意志品质也有积极、消极之分,积极的品质表现为自觉性、果断性、自制力和坚韧性。通过大量心理案例引导学生以积极的心态面对人生,挖掘自身的积极因素,使生活过得更有意义,从而树立正确的世界观、人生观和价值观
4. 应急管理入门	(1) 应急处理历史事件 (2) 美国应急管理制度 (3) 中美应急管理对比分析	**国家意识(国际视野)** 通过回顾人类灾难的历史和应急处置,帮助学生认识当前人类社会对应急管理制度的普遍认识和制度演化。重点引入美国应急管理制度的演化历史,通过分析美国社会对应急响应的认识和东西方对应急的态度,让学生认识应急管理制度的重要性。通过东西方灾情差异的对比研究,让学生认识东西方文化差异的来源,认识应急管理制度的不同侧重点,从而为掌握中国特色的应急管理制度奠定基础
5. 安全经济学	(1) 安全经济学原理 (2) 安全经济学案例	**人文精神(价值信仰)、职业素养(爱岗敬业)** 阐释安全经济学原理和安全经济学案例中蕴含的对安全的价值观、素质教育、人才品质培养的要求,结合思政理论和教育方法,使学生对职业活动和职业道德获得切身的感悟,提升个人的价值追求和思想道德修养。如:在阐述安全效益理论,论及"显性安全投入"与"隐性安全产出"的矛盾时,点明价值驱动对企业和个人的行为的影响,进而正面引入社会主义核心价值观;在阐述有关资源稀缺性、资源有效配置等知识点时,通过联系生活中关于资源和时间成本的事实案例,使学生懂得珍惜稀缺资源;在阐述人的价值理论时,通过引导学生对生命、公平、公正加以理解和思考,引导学生树立正确的人生观、价值观;在讲解边际决策原理时,通过对人们行动计划的增量调整这一实质分析,引导学生学会运用边际决策原理解决实际问题,如根据事件的轻重缓急进行合理安排与处置

(续表)

知识单元	知识传授和能力培养要点	价值塑造要点
6.化工安全	化学工业的发展及化工安全概述 (1) 化学工业的发展历程 (2) 化工安全基本原理	**国家意识(国情观念)、企业文化(企业精神)** 通过对化学工业发展过程中的重要事件、人物等的介绍,加深学生对现代化学工业的认识,特别是对我国近代化工企业家们实业救国、强国,艰苦创业事迹的介绍,有助于激发学生的爱国主义热情,树立正确的人生观和价值观。结合典型事故案例,概要性地介绍化工生产的特点、危险性以及化工事故发生的原因等知识,旨在让学生对化工安全有初步的了解,同时认识到搞好化工安全工作是企业对生命的尊重,是社会责任感的体现,也是实现企业乃至社会可持续发展的重要工作
	石油和化工装备事故案例分析	**人文精神(人文情怀)、明德修养(厚德精技)** 通过对石油和化工装备事故案例的讲解与分析,让学生了解化工生产过程中的化工装备及其常见的事故机理与安全问题,意识到由于生产环境复杂、工作条件恶劣、不安全因素增加,加之设计中考虑不周,维护管理水平低劣等原因,使得化工设备与机器本身发生的事故相当频繁,成了直接威胁人身安全的大敌。同时让学生认识到抓好安全知识教育,提高安全意识和安全文化素质,强化管理水平和安全责任心,确保化工设备与机器长期、安全、稳定地运行,使安全生产纳入法制化、科学化轨道,保障国家和广大职工的生命财产安全是至关重要的,这有助于增强学生的职业道德感与家国情怀

三、一节代表性课程的教学设计——公共安全——城市反恐防范

(一)教学目标

1. 知识传授

要求学生了解公共安全涉及的领域、了解恐怖袭击的特点、掌握个人防范恐怖袭击的措施。

2. 能力培养

学生通过学习能够正确分析某一城市面临恐怖袭击的风险,能够提出一定的防范方法和措施。

3. 价值塑造

通过国内外典型恐怖袭击案例分析、国内外反恐防范措施对比等,拓宽学生反恐防范方面的国际视野;通过国内外反恐形势分析及对比,引导学生思考和感悟社会主义制度的优越性,增强"盛世不惧危言"的反恐自信。

(二)教学对象分析

教学对象为大一新生,处于对学校、专业、大学生活的初步认识阶段,渴望了解专业内涵、行业发展、就业去向等问题,对他们进行正确引导有助于他们形成正确的人生态度和价值观。

(三)教学内容与资源

1. 教学内容

(1)公共安全基本概念及研究对象。

(2)国内外典型恐怖袭击案例分析。

(3)恐怖袭击的特点。

(4)大城市面临恐怖袭击的风险。

2. 教学资源

(1)授课用多媒体 PPT 课件。

(2)案例视频:"9·11"恐怖袭击视频。

(3)案例图片:汶川地震灾害图、印度洋地震海啸灾害图、伦敦地铁连环爆炸案图片、天津瑞海公司爆炸图片等等。

(四)教学过程与方法

1. 问题导入(1—2 分钟)

大家听说过公共安全吗?我们正在经历的新冠肺炎疫情和公共安全有关系吗?大家知道"9·11"恐怖袭击事件吗?我们有面临恐怖袭击的风险吗?(以设问的方式引导学生思考,进入状态,引出本次课的讲授内容)

2. 讲授内容、视频案例、提问互动等(40 分钟)

(1)公共安全基本概念及研究对象(5 分钟)。

内容:什么是公共安全;公共安全涉及的领域和研究对象;各类突发事件及其危害。

案例:汶川地震;卡特里娜飓风;印尼海啸;低温雨雪灾害;"9·11"恐怖袭击事件;等等。

互动:对各类灾害和事件了解多少?有没有相关经历?如何看待在灾害和

事件中失去生命这件事?

（2）典型恐怖袭击案例介绍和分析（15分钟）。

内容：美国"9·11"事件分析；莫斯科人质事件分析；莫斯科地铁爆炸事件分析；伦敦地铁连环爆炸案分析；印度孟买铁路连环爆炸案分析。

案例：美国"9·11"事件；莫斯科人质事件；莫斯科地铁爆炸事件；伦敦地铁连环爆炸案；印度孟买铁路连环爆炸案。

互动：通过以上案例的介绍和分析，我们可以得出哪些规律和特点？英美国家"越反越恐"的怪圈，对我们有何启示？

（3）恐怖袭击的特点（10分钟）。

内容：恐怖分子进行恐怖破坏的典型方法；恐怖分子进行恐怖破坏的主要特点。

案例：西班牙首都马德里爆炸事件；东京地铁沙林毒气事件；"9·11"恐怖袭击事件；等等。

互动：恐怖袭击事件发生的原因和造成的伤亡对我们有何启示？

（4）大城市（上海）面临恐怖袭击的风险（10分钟）

内容：上海面临恐怖袭击的风险分析；我国反恐怖工作的基本方针；防范恐怖袭击的措施。

案例：英国2 000人的灾难演习；公民防范恐怖袭击手册。

互动：面对恐怖袭击的风险，个人应如何防范？

3. 结束语（2分钟）

提问：① 在反恐问题上如何理解"盛世不惧危言"？

② 对校训"明德、明学、明事"如何理解？

总结：通过案例分析和总结，引导学生思考和感悟社会主义制度的优越性，增强反恐自信。

4. 布置课后作业（1—2分钟）

上网查阅资料，并试分析我国目前反恐工作形势。

（五）教学效果与反思

1. 教学效果

本节课采用了大量案例，与学生适时互动，吸引了大部分学生深入思考和学习。从作业报告的情况可看出，一些学生对我国当前反恐形势产生较大兴趣，并进行了比较深入的调查和分析。

2. 教学反思

讲课中案例选取要准确,反面案例讲解要把握好"度",通过原因分析和讲解引导,要让学生自然得出结论。

概论课的内容较多,讲解可深可浅,课时有限,课堂上比较考验教师的时间掌控能力,需要提前合理设计好每部分内容的讲授要求。

"数字电子技术"课程思政教学案例

一、课程概况

（一）基本信息

授课教师：陈岚（电气与电子工程学院）

课程名称：数字电子技术

学　　分：3学分

课程类别：专业教育课程

（二）课程简介

"数字电子技术"课程面向电类专业二年级的学生开设。本课程要求学生了解数字电子技术及其系统芯片发展历史和科技发展动态，逐步树立科技报国的家国情怀和使命担当；掌握数字电子技术的基本知识、基本理论和数字电路分析与设计方法；掌握常用数字电路芯片的型号、基本参数、接口和实际应用，初步具备工程计算和实验研究的能力。

二、课程蕴含的思政元素分析

通过对本课程的学习，学生可以了解数字电子技术及其系统芯片的发展历史，了解人类文明进程和科技发展动态，在传播弘扬中华优秀文化的过程中，增强文化自信。结合"缺芯少屏"的"卡脖子"案例，培养学生具备正确的政治立场和积极的人生观，树立科学理性、求真求实、团队协作的价值观念，坚定走中国特色社会主义的道路自信，鼓励学生在学习道路上养成不忘初心、矢志奋斗、追求卓越的技术思想和工匠精神。

表 1 知识单元、知识传授和能力培养及价值塑造要点对应表

知识单元	知识传授和能力培养要点	价值塑造要点
数制和码制	(1) 数字信号与模拟信号的概念 (2) 数制 (3) 码制 (4) 逻辑函数及其表示方法	了解二进制及其起源,了解中国传统文化中易经八卦和二进制的关系
逻辑门电路	(1) 逻辑门电路简介 (2) 基本 CMOS 逻辑门电路 (3) CMOS 逻辑门电路的不同输出结构及参数 (4) TTL 逻辑门电路	(1) 结合"缺芯少屏"的"卡脖子"案例,引导学生了解国情,激发学生的爱国主义情操,认识到科技强则国家强 (2) 结合"汉芯事件",让学生思考对科学成果的评价标准、科学诚信等问题
组合逻辑电路	(1) 组合逻辑电路的分析 (2) 组合逻辑电路的设计 (3) 组合逻辑电路中的竞争与冒险 (4) 若干典型的组合逻辑集成电路	介绍组合逻辑电路的分析与设计方法。培养学生严谨理性的科学思维方法和崇尚真知的能力,能够运用科学的思维方式认识事物、解决问题、指导行为等
时序逻辑电路	(1) 时序逻辑电路的基本概念 (2) 同步时序逻辑电路分析 (3) 异步时序逻辑电路分析 (4) 典型的时序逻辑电路	讲述寄存器和移位寄存器器件时,引入"刻舟求剑"的故事中物质与运动关系的基本原理,引导学生做到思维缜密,能够辩证地分析问题,做出正确的选择和决定等
555 定时器及其应用	(1) 了解 555 定时器的电路结构,记住其符号和功能 (2) 掌握用 555 定时器构成施密特触发器、单稳态触发器和多谐振荡器的方法 (3) 555 定时器应用设计案例	(1) 用数据说明十八大以来科技部统筹推进"点片面"科技扶贫工作的情况,鼓励学生利用所学知识创新 (2) 以所培养的本科生、研究生为案例,鼓励学生在学习的道路上不忘初心,具备矢志奋斗、追求卓越的工匠精神

三、一节代表性课程的教学设计——9.4 555 定时器及其应用

(一)教学目标

1. 知识传授

以"弄懂原理、学会应用、融合创新"的原则,认识 555 芯片的内部结构,识记

555芯片的符号和功能表，利用555芯片构成施密特触发器、单稳态触发器和多谐振荡电路。结合课程前后之间的知识衔接，将自动打铃电路案例中所需要的各部分内容分解，包括要素及关键知识点，并综合进行设计。

2. 能力培养

具有提出初步的利用555芯片设计数字电路的方案，能利用现代数字系统设计的实验手段，针对较为复杂的数字电路问题建立模型并进行分析和研究，获得良好的设计或解决方案。学生对设计的案例进行展示，并对功能和硬件资源等进行评价。

3. 价值塑造

树立社会主义核心价值观，逐步训练科学理性的思维方式，培养独立思考和合作交流的能力，树立工程意识和家国情怀，促进素质全面发展。激发学生的工程兴趣、启发创新思维，全面提升本专业学生的理论、实践和创新能力。

（二）教学对象分析

本课程的教学对象是电气工程、电子信息工程专业大二的学生，他们已学习过大学物理、电路原理等课程，具备基本的数理基础和电路知识。数字电子技术的课程教学，是素质教育的课堂。应在这个时期对诸如对自然与社会现象的好奇心、求知欲，克服困难的自信心、意志力，创新精神与实践能力，实事求是的态度、理性精神，独立思考与合作交流的能力等能力和素养通过教学活动加以培养，以达到情感态度与价值观、知识与技能、过程与方法的三维课程目标的统一。

（三）教学内容与资源

1. 教学内容

（1）555定时器的工作原理和逻辑功能。

（2）用555定时器组成施密特触发器。

（3）用555定时器组成单稳态触发器。

（4）用555定时器组成多谐振荡器。

（5）数字电子技术大作业（555应用专题）。

2. 教学资源

（1）网络资源：

① 超星学习平台：上海应用技术大学《数字电子技术》，https://moocl-1.

chaoxing.com/course/204551203.html。

② 中国大学MOOC：华中科技大学，《数字电子技术基础》，https://www.icourse163.org/course/HUST-1001909001。

（2）仿真软件：Proteus 或 Multisim。

（3）授课用多媒体 PPT 课件。

（4）案例：学生讲解用案例。

（四）教学过程与方法

1. 课前学习情况分析

教师在超星平台上传课程资料，包括视频资源、课件、仿真软件、让学生小组讨论内容和课题等。教师通过平台数据分析了解学生学习动向；把握学生出现的主要问题，及时跟踪反馈。

2. 课中学习目标实现

教师检查基础知识掌握情况，课上对重点难点问题精讲，对系统化的知识总结。课堂小组参与讨论，共同实践的方式可以加深学生对课程知识的理解，提高解决解决问题的能力。

3. 课后总结评价

学生通过作业、章节测试和大作业，了解自己对课程知识的理解掌握情况。教师以师生互动、答疑解惑、小组答辩的方式全程指导学生学习。

表 2　课堂教学安排表

阶段	目标产出		活动安排（学生活动）	需要使用的资源和技术	学习成果	评估方式
课前阶段	理解555定时器的功能、结构特点	1	领取课前任务单	课前任务单		
		2	根据课前任务单，完成指定章节学习，完成对应的思考题和练习	超星学习平台		平台自动评分，最终SPOC成绩占平时总成绩的20%
		3	绘制本节课的思维导图，并将思维导图发给助教	思维导图工具	本节课思维	
		4	分小组学习案例或例题	课本中的例题		

（续表）

阶段	目标产出	活动安排（学生活动）		需要使用的资源和技术	学习成果	评估方式
课堂教学	用555定时器组成施密特触发器、单稳态触发器和多谐振荡器；训练使用555芯片构成脉冲宽度调制器、占空比可调的多谐振荡器	1	10分钟	参与课堂小测，检验课前学习效果	测验题，数字化工具（出题功能）		
		2	30分钟	听教师进行重难点串讲，观看优秀的思维导图。将知识点与科研相结合	学生课前绘制的思维导图		
		3	40分钟	以小组为单位分析教师布置的练习案例	案例1、2、3等		
		4	10分钟	互评、教师点评			
课后总结	1. 电子幸运转盘 2. 电子八音盒 3. 自动打铃电路 4. 555定时器构成的方波、三角波、正弦波发生器	以小组为单位，调研相关案例，利用555芯片实践案例，并利用仿真软件实现		仿真报告、仿真软件	工程案例分析报告	本次报告占平时总成绩的10%

设计思路

74HC85+74HC08+NE555

单稳态触发器+多谐振荡器
蜂鸣器
↑
鞭炮
蚊香
↑
数字时钟+数据比较器

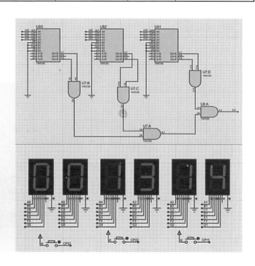

（五）教学效果与反思

本课程围绕专业工程论证的毕业要求重构课程目标,实现课程目标对毕业要求的支撑;优化知识体系,开展数字电子技术教学内容工程任务化改革,将育德元素和复杂工程案例等教学改革成果固化在课程体系中,促进了课程目标实现及人才培养质量的提升。

在本节课上采用线上线下混合式教学方式让学生带着问题来上课,增加了学生的学习动力,激发了学习兴趣,调动了学习积极性。理论教学与实践教学互为补充,让学生从课堂学习、实验仿真、课外实践中各取所长,比如从芯片到系统的设计、完成大作业、参加学科竞赛等。突出对学生创新精神与实践能力、实事求是的态度、理性精神、独立思考与合作交流的能力培养。

本节课学生参与度100%,通过问卷调查数据表明,学生对教学内容安排、视频效果、课程收获等均比较满意,从案例答辩考核结果看学生整体专业能力以及协作、思辨、自主学习、创新等能力都得到了提升。学生在线上平台给出5星评价。

如何创建专业教育、思政教育、工程教育一体化的教育模式是需要一直考虑的问题。后续将继续按照"两性一度"的标准开展课程改革和建设,补充新的教学内容,丰富教学手段,增加3—5个思政元素与复杂工程相结合的案例,并利用VR数字化技术开展教学和实验,打造未来课堂,提升教学效果。

教学过程中要注重师生关系协同,突出教与学衔接,发挥教师的导向作用,突出学生的学习主动性,从不同的角度帮助学生形成正确的世界观、人生观、价值观,塑造科学的思维方式并养成创新的思维习惯,实现同向同行、同频共振、全方位育人的目标。

"自动控制原理"课程思政教学案例

一、课程概况

(一) 基本信息

授课教师:丁肇红、蒋文萍(电气与电子工程学院)

课程名称:自动控制原理

学　　分:4学分

课程类别:专业教育课程

(二) 课程简介

自动控制原理是电类各专业一门重要的专业基础课。课程要求学生了解自动控制技术在科技领域发展中的作用及其与其他学科的关系;掌握应用时域法、根轨迹法、频域法进行控制系统的分析和综合;具备对自动控制系统进行建模、分析、设计的初步能力,为学习后续专业课程以及相关专业技术和科学研究工作提供重要的理论基础。

二、课程蕴含的思政元素分析

本课程在着力使学生掌握自动控制技术专业知识的同时,引导学生树立正确的政治认同和国家意识,认识到国家利益高于一切,既要具备正确的国情观念,又要具备国际视野;培养学生科学思想和实践创新能力,勇于批评质疑并做到精益求精,遵从伦理,崇尚实践;培养学生具备良好的职业素养。

(1) 厚植爱国、刻苦、勤奋、创新精神,鼓励学生创造人生价值,报效祖国。

(2) 培养学生的工科人文情怀、精益求精的工匠精神和团结协作精神。

(3) 培养学生具有稳定意识、大局意识、协作意识、责任意识。

（4）结合行业特色激励学生提高专业素养，自觉融入实现中华民族伟大复兴中国梦的自动化建设进程中去。

通过课程建设，形成结构合理的课程思政教学内容，提升课程思政的学术水平；形成针对该课程的思政教学方法，构建每章节的素养能力培养矩阵图。思政元素在教学内容的各章节和教学过程各个环节的分布，具体见表1。

表1 "自动控制原理"知识单元、知识传授和能力培养要点及价值塑造要点对应表

知识单元	知识传授和能力培养要点	价值塑造要点
1. 引言	（1）熟悉控制理论发展史 （2）了解控制系统的应用 （3）熟悉反馈控制基本原理及组成	通过对"中国自动化之父"、工程控制论的奠基人、优秀共产党员、著名科学家钱学森生平事迹的介绍，培养学生的政治认同，民族自豪感，刻苦钻研、攻坚克难的精神，以及创新精神 通过介绍探月工程技术人员自力更生、攻坚克难，不断突破技术封锁的事迹，培养学生具备深厚的国情观念、国家意识以及创新精神和实干精神，激励学生为实现中华民族伟大复兴而努力奋斗 通过讲解各组成部分各司其职才能确保控制系统具有良好的控制性能，培养学生精益求精的工匠精神和团结协作精神
2. 控制系统的数学模型	（1）熟练掌握传递函数的概念 （2）理解拉普拉斯变换 （3）熟练掌握传递函数的求解	通过讲解科学家拉普拉斯敢于创造、批判与质疑的事例，培养学生独立思考、敢于批评质疑的科学精神
3. 控制系统的稳定性分析及稳态误差的计算	（1）掌握系统稳定性的概念 （2）掌握系统稳定性的判定方法 （3）掌握系统稳态误差的计算方法	通过讲解我国科学家经过百折不挠、前赴后继的实践探索实现了我国载人飞船高精度返回的实际案例，弘扬科学家强烈的民族复兴意识和责任担当精神，培养学生的实证意识、严谨理性的科学精神以及精益求精的工匠精神
4. 根轨迹的基本概念与绘制根轨迹的规则	（1）根轨迹的定义 （2）根轨迹的绘制规则 （3）根轨迹的应用	通过讲解工程领域的创新源于实践，培养学生崇尚实践的创新创业能力，把握好人生的轨迹

(续表)

知识单元	知识传授和能力培养要点	价值塑造要点
5. 线性控制系统的校正	(1) 掌握系统校正的概念 (2) 掌握系统超前校正的设计方法 (3) 掌握系统滞后校正的设计方法	通过讲解不同系统、不同发展阶段对系统的性能指标要求不同,培养学生用发展的眼光看问题,做到终身学习,与时俱进,始终具有严谨理性的科学精神和较高的职业素养
6. 大作业:连续系统的串联校正	三名学生分别从控制系统数学建模、控制系统分析和控制系统综合来分工合作,共同完成系统校正	通过大作业的布置,培养学生遵从伦理、勇于创新、爱岗敬业、团队合作的职业素养

三、一节代表性课程的教学设计——3.3 控制系统的稳定性

（一）教学目标

1. 知识传授

理解动态系统稳定性的基本概念,能够区分绝对稳定性和相对稳定性,掌握分析控制系统稳定性的判别方法;能够初步分析或设计一个稳定的控制系统,例如焊接头定位控制稳定性、机器人自主驾驶控制稳定性等。

2. 能力培养

理解稳定是控制系统工作的首要条件,具备应用 Routh 判据对一个控制系统进行稳定性设计的能力。

3. 价值塑造

认识到设计一个稳定的控制系统,以确保人民生命和财产安全,是一名合格工程师的基本职责;理解什么是正确的职业价值观。

通过举例我国载人航天和探月工程等实际案例,让学生熟悉我国航天科技发展成就,培养学生内化尊重科学的求实精神、自主创新的自立精神以及精益求精的工匠精神,进一步激发学生的爱国情怀和社会责任意识。

（二）教学对象分析

本课程教学对象是电气与电子工程学院大三年级的学生,他们已学习过大学专业的大部分基础课程,具备基本的数理基础和模电、电路及电机等方面知识。

(三)教学内容与资源

1. 教学内容

(1) 稳定性的基本概念。

(2) Routh(劳斯)稳定判据。

(3) 绝对稳定性与相对稳定性。

(4) 稳定性设计举例。

2. 教学资源

(1) 超星学习平台：上海应用技术大学"自动控制原理"，http://i.mooc.chaoxing.com/space/index.shtml。

(2) 实践教学条件：Matlab仿真工具。

(3) 工程案例：磁悬浮控制系统设计、移动车辆控制系统设计。

(四)教学过程与方法

本节教学设计采用线上线下混合教学闭环控制形式，课程融入"导言—目标—前测—参与式学习—后测—总结"的BOPPPS混合教学六部曲。

1. 基于知识点的线上自主学习(45分钟)

学生通过在线课程开展第三章第三节稳定性知识点的学习，完成BOPPPS混合教学的"导言—目标—前测"，教师的作用是监督与引导，指引学生掌握课程重点，完成测试。导学如图1所示。

图1 稳定性导学图

2. 线下课堂探究教学过程与方法（45 分钟）

（1）设计意图

运用第一阶段线上自主学习判稳定性的方法进行稳定性设计，设计目标参数及优化参数。

（2）案例：航天车辆的转向控制的稳定性设计。

（3）教学实施过程及方法：

线下课堂进行 BOPPPS 混合教学后三步的"参与式学习—后测—总结"，课堂教学安排表如表 2 所示。

表 2　课堂教学安排表

步骤		内　　容	活　　动	时间
课堂教学过程	1	以提问方式检查对稳定性概念的理解。通过介绍中国月球探测器的成就与展望，提出嫦娥号探测器等航天领域控制系统稳定性问题（如图 2 所示）	学生交流，通过超星平台的选择题、是非题进行互动	8 分钟
	2	复习网上视屏学习的劳斯稳定性的判别方法：现代战斗机如果不引入反馈系统来协助飞行员实施主动控制，这些战斗机就不能飞行（因为系统不稳定）。由此引出稳定性的三种情形	课程利用超星平台分别随机选三人同时到讲台完成稳定性的三种情形，以检验课前视频的效果	7 分钟
	3	案例：航天车辆的转向控制的稳定性设计	要求学生小组讨论完成案例一的航天车辆稳定性设计问题，程序编写可以课后完成	20 分钟
	4	绝对稳定性与相对稳定性	学生小组讨论线上学习的两种稳定性概念，并简单分析和画图	5 分钟
	5	后测与总结：稳定是控制系统工作的首要条件	利用超星平台进行后测。布置学生参考书后的案例课后进行磁悬浮控制系统稳定性设计	5 分钟

（五）教学效果与反思

1. 教学效果

本节课程通过稳定性的判别与设计，展示了航天人以孜孜以求的科学探索和开拓创新精神，抓住"发展"这个硬道理，把"科技强国"和"人才强国"战略落实

图 2　线下课堂教师授课照片

到载人航天的实践中，使中国在航天领域实现了跨越式发展。

同学们意识到：只有具备"严谨理性"的科学精神和"精益求精"的工匠精神，拿出行动努力学习，才能为实现中华民族伟大复兴中国梦做出切实的贡献。

2. 教学反思

（1）如何把握好"度"？讲课中案例的选取要准确，案例讲解要把握好"度"，通过原因分析和讲解引导，要让学生自然想到航天人始终以献身航天、科技报国为己任，把强烈的爱国情怀体现在岗位上，落实在行动中，重在引导学生理解与学习航天科学家的"严谨理性"的科学精神。

（2）如何加强"价值引领"和"隐性教育"的因材施教？应根据不同层次学生的状况适当调整讲课的内容和深度，将最新科技动态和成果介绍给学生。专业课程突出的是知识和技能的传授，要挖掘专业课程中的思想政治教育资源，实现专业课程的"价值引领"和"隐性教育"的课程目标，达到专业教育与思政教育同向同行、同频共振、全方位育人的目标，从而达到润物无声的育人效果。

"数据结构"课程思政教学案例

一、课程概况

（一）基本信息

授课教师：曹开田（电气与电子工程学院）

课程名称：数据结构

学　　分：3学分

课程类别：专业教育课程

（二）课程简介

"数据结构"的内容包括抽象、实现和评价三个层次以及五个基本组成"要素"：逻辑结构、存储结构、基本运算、算法及不同数据结构的比较与算法分析，学生通过学习可初步具备分析问题、解决问题的能力，初步领会和理解"程序＝算法＋数据结构"的内涵，为今后在信息科学、人工智能及各种应用工程领域中继续学习打下坚实的基础。

二、课程蕴含的思政元素分析

通过挖掘、提炼出"数据结构"课程中的思政元素和"ASciT（爱科技）"9大关键能力要素，并将其充分融入"数据结构"课程的教学内容中，达到知识传授、能力培养与价值塑造的完美融合，实现立德树人、教书育人这一教育根本任务（见表1）。

表1 "数据结构"知识单元、知识传授和能力培养要点及价值塑造要点对应表

知识单元	知识传授和能力培养要点	价值塑造要点
1. 概论及基础知识	数据结构基本概念 (1) 了解世界计算机科学发展史 (2) 掌握数据结构的基本概念及分类	具有国家意识,国民身份认同,能自觉捍卫国家主权、尊严和利益
	算法举例 (1) 掌握算法描述、算法分析方法 (2) 了解算法与数据结构之间的关系 (3) 理解算法与程序的异同点 (4) 理解同一问题采用不同算法的复杂度	培养力求完美、永无止境、追求卓越的工匠精神
2. 数据的逻辑结构及其算法	线性逻辑结构 (1) 理解各种线性数据结构特点 (2) 掌握其各种操作 (3) 设计各种操作的实现算法及程序	明辨是非,具有规则与法治意识
	树和二叉树 (1) 理解各种树,特别是二叉树的概念 (2) 掌握树的各种操作和遍历方式 (3) 熟练编写二叉树各种操作程序	坚定"四个自信",培养坚持不懈的探索精神
	图论及图 (1) 理解图这种非线性数据结构的基本概念 (2) 掌握图的各种操作算法程序 (3) 结合最优化理论,设计出约束优化算法及其实现程序	坚定走中国特色社会主义道路的自信;有实证意识和严谨的求知精神;培养运用科学思维方式解决实际问题的能力
3. 查找和排序算法	查找算法及程序 (1) 掌握各种查找算法思想和特点 (2) 设计各种查找算法及其相应程序	培养国情观念、团队合作意识、团队合作精神
	排序算法及程序 (1) 掌握各类排序的方法、算法的性能分析及其应用特点 (2) 编写各种排序算法的实现程序	能独立思考、独立判断,能多角度、辩证地分析问题
4. 综合大型作业	数据结构、算法的实际应用 (1) 掌握图、二叉树及链式存储等数据结构及其相应操作 (2) 设计算法实现村村通道路建设的最优方案 (3) 掌握算法及其最优化方法	培养团队协作、精益求精、崇尚实践的精神

三、一节代表性课程的教学设计——3.2.3 线性表的链式存储实现

（一）教学目标

1. 知识传授

学习线性逻辑结构及其与算法的关系，重点讲解在线性逻辑结构基础上实现各种相关操作的方法。

2. 能力培养

在对线性逻辑结构及其相关操作学习的基础上，运用高级程序设计语言（比如：C语言）及其算法思想，并结合生活中的实际案例，设计出实现线性逻辑结构下各种操作的具体程序代码，以此来培养分析问题、解决问题的能力。通过这种能力的培养，学生掌握数据结构、算法思想和编程方法，能从事软件编程和信息技术的研究、开发、设计和应用等工作。

3. 价值塑造

本节课中，如果线性逻辑结构以"链表"这种物理结构来实现，那么在链表中进行"数据插入"操作时，待插入数据必须先与待插入位置后一结点建立起链接后，才能与待插入位置前一个结点建立起链接，只有这样才能实现正确的数据插入操作；否则，不仅不能实现插入操作，反而会出现原始数据消失这种灾难性的后果。据此，我们自然引出，在链表中进行数据插入操作，就和我们平时排队插队现象一样，如果我们有急事一定要插队，那也得做一个有礼貌的人，先和插队位置后面的人打好招呼，然后才能插队。这样讲解，不仅能加深学生对该知识点的理解，也能起到教育学生的目的。同时，我们也可以将链表插入操作规则上升到"做任何事情都要遵循规则，违反规则的后果是非常严重的"高度，以此来教育学生要敬畏法律，要做有素养、有担当、遵纪守法的新时代好青年，并提高学生缘事析理、明辨是非的能力，使学生成为德才兼备、又红又专、全面发展的有用之才。

（二）教学对象分析

本课程的教学对象是电子信息工程专业大二的学生，学生已学习过"高级程序设计语言（C语言）""离散数学"及"概率与统计"等课程，具备基本的编程与算法设计的基础。"数据结构"是介于数学、计算机硬件和计算机软件之间的一门

信息技术类专业基础课程，也是操作系统、数据库原理、编译原理、软件工程、人工智能等课程的基础。数据结构技术广泛应用于信息科学、系统工程、应用数学以及各种工程技术领域。通过本课程的学习，学生应具备计算机思维的方式，充分利用计算机的优势、特点进行考虑，结合数据结构知识，把现实问题通过数学模型逐步转化为计算问题，从而设计出解决现实问题的计算机步骤，即算法，并结合合适的逻辑结构，采用某种高级程序设计语言编写出相应的计算机程序，予以实现。

在学习本门课程的过程中，学生要始终注意：我们的思维方式和想法一定要受计算机的计算能力限制，同时要充分意识到计算机能干什么、不能干什么的问题。"数据结构"在计算机编程、算法设计等计算机课程体系中居于核心位置，是电子信息工程专业及其他信息类专业的一门十分重要的专业基础课，也是毕业生核心竞争力的关键部分，在当前 AI 技术迅猛发展的今天，该课程的重要性不言而喻。正是基于"数据结构"课程在当前信息技术、AI 技术及电子信息产业发展中所起到的基础性、普适性、引领性的重要作用，以及该课程受众面广、对学生影响力大等特点，在本门课程的教学过程中，要加强学生基础理论、算法思维、程序编写等知识与能力的培养；通过解决实际问题的案例分析，激发学生对自然与社会现象的好奇心、求知欲，树立学生战胜困难的勇气与信心，提高学生批判性思维与独立思考的能力，并结合当前我国所处的复杂多变的国际环境以及我国电子信息产业与人工智能产业所面临的严峻挑战，增强学生的责任感和使命感，以达到知识传授、能力培养与价值塑造三者有机结合、相互融合统一的教学目标。

（三）教学内容与资源

1. 教学内容

（1）线性逻辑结构及其相应操作。

（2）线性逻辑结构的两种物理实现方式。

（3）链表存储结构以及插入等操作。

2. 教学资源

（1）网络资源：① 哔哩哔哩视频互动学习平台：浙江大学，"数据结构"，https://www.bilibili.com/video/BV1JW411i731？p=15。

② 中国大学 MOOC：华中科技大学，"数据结构"，https://www.icourse163.org/course/WHU-1001539003。

（2）仿真软件：Matlab。

（四）教学过程与方法

1. 课前备课

在备课阶段，采用逆向思维，以学生学习产出为出发点和目标，采用反向设计的方式，构思课堂教学内容，组织好课堂教学方式和方法，并将思政元素和ASciT关键能力要素有机融入本节课的教学内容中。

2. 抛出问题（10分钟）

在讲解"线性表的链式存储（链表）实现"时，针对链表这种数据结构，在设计算法和编写程序时，就我们关心哪些问题、该如何解决抛出如下问题：

（1）在链表中，如何求表长？

（2）在链表中，如何插入数据？

（3）在链表中，如何删除数据？……

针对上述问题，让学生根据自己的理解，结合自己已有的知识储备，谈谈应该如何解决，并按学生提出的方法进行演示。在演示过程中碰到问题，再次向学生发问：如何解决？以此来激发学生学习的兴趣和探寻真理的好奇心。

3. 解决问题（55分钟）

在激发学生求知欲的基础上，让学生们带着想法来听课，装着问题来上课，并站在计算机解决问题的角度，换位思考，充分考虑计算机的"感受"：计算机能干什么？擅长干什么？针对碰到的所有问题，在课堂教学过程中一一予以解决，通过这种循循善诱的教学方法，起到事半功倍的教学效果。

4. 能力扩展（15分钟）

在深入讲解链表插入操作的基础上，让学生们通过自我思考，掌握链表插入的反操作——链表数据删除。针对学生在理解上的偏差，在课堂上纠偏并进行详细讲解，以此来培养学生逻辑思维能力与批判思维能力。

5. 寓教于乐（8分钟）

为了能让学生学会、掌握相关知识点，提高学生举一反三的能力，在课堂上，教师引入平时生活中的排队插队的例子：一个人如果要插队，应该是与插入位置后面的人沟通，征求其意见，而不是与前面人打招呼。这是因为，插队对后面排队人的利益有损害。为了形象而生动地展示线性表的"插入"操作的规则，在课堂上，演示一个动画视频："春运期间，在火车站车票售卖窗口，一位旅客排队购买火车票想插队，该旅客询问前面那个人是否允许自己在其后面插队时，前面那位旅客露出一脸诧异的表情,没有说话,该乘客以为他答应了,赶紧插了进去,却被后面的乘客厉声喝止,并被踢了出去,该旅客一脸委屈,并大喊大叫……"故事讲到这儿,同学们也就对线性表结构中"插入"操作的步骤有了非常深刻的印象,在观看视频、哈哈大笑中,不知不觉地掌握了知识的要点。

结合链表插入、删除等操作需遵循的规则,在上述动画视频中,通过添加文字和诙谐的语言,教育学生在日常生活中要做一个守规则、讲文明、懂礼貌的人,由此上升到"要遵纪守法,若违反法律或规则,则后果严重"的高度。通过这种润物细无声、盐融于汤的方式,让学生们不仅学到知识,也在思想上和情感上得到教育与升华。

6. 布置作业(2分钟)

布置本章节相关课后作业。

(五)教学效果与反思

1. 教学效果

(1)反馈式教学。

通过课前调查、课后收集反馈信息等手段,实时掌握学生的学习和思想动态,并进行分析,为后续教学内容的备课及课堂讲课方式与方法提供参考,及时调整授课难度、内容,改变教学方式与方法,使之适应学生基础与能力,提高学生接受度,提高教学效果。

(2)深耕细作的课堂教学方式。

在课堂上对某一数据结构及其算法进行详细讲解,具体方法是:首先提出问题,以问题为导向,对问题进行分析与分解,确定采用什么样的数据结构,然后结合计算机的特点和优势,一步一步推出解决该问题的计算机步骤,并不断进行改进、优化,最后形成算法。通过提出问题、分析问题、结合数据结构和计算机特点、解决问题这种循循善诱的分解步骤,有效地克服了学生普遍存在的"恐惧编程"心理,使学生初步学会了解决问题的方法。

(3)秉持教学相长的教学理念。

在教学过程中,要秉持"教学相长"的教学理念,要关心学生的成长,关注学生各自的特点和特长。在课堂讨论环节,可以在做好准备的基础上,开展"翻转课堂",以此提高学生团队合作精神、演讲能力,充分发挥学生的聪明才智,激发学生的创新能力。"数据结构"作为一门重要的编程课程,要鼓励青年学生敢于想、敢于干,这样才能设计出灵巧、高效的算法,提升学生学习的获得感、成就感和幸福感。

2. 教学反思

在教学过程中,要针对学生为什么学和怎样学的问题不断反思,分析学生学习计算机课程特别是编程课程时为什么会有畏难情绪。归根结底的原因是,日常教学中,没有真正培养学生从计算机的角度来思考问题,没有考虑到计算机的"感受",将数学问题转化为计算机步骤的能力还非常缺乏。此外,学生参与实践操作的机会太少,理论讲解太多,致使学生碰到编程问题就害怕,越害怕就越不想学,造成恶性循环。

针对这些问题,教师应该在课堂源头就要采用工程专业认证的 OBE 理念,以培养学生实际动手能力为出发点和归宿点,以问题为导向,采用反向设计教学计划、正向设计课堂教学内容和过程的方法,精心设计每节课,切实提高课堂教学效果,为提升人才培养质量贡献自己的一份力量。

"机械设计"课程思政教学案例

一、课程概况

（一）基本信息

授课教师：张珂（机械工程学院）

课程名称：机械设计

学　　分：3学分

课程类别：专业教育课程

（二）课程简介

"机械设计"课程的研究对象是机器及组成机器的机械零部件，涉及机械装置运动、能量传递、机械零部件设计及制造等方面内容。课程内容包括机械设计的一般知识、理论、原则和方法等，机械零件强度分析，机器中的摩擦、磨损及润滑，带、链、齿轮、蜗杆等各种传动设计，轴承滑动分析与设计以及弹簧设计等。本课程是机械类专业的专业基础课程，对于连接理论力学、材料理论等学科大类平台课程，同时开启机械装备和装置、机械制造和设计等后继课程，以及培养学生机械专业设计能力具有重要作用。

二、课程蕴含的思政元素分析

机械设计是指设计开发新的机器设备或改造现有的机器设备，是一项具有创造性要求的工作。因此，要设计出满足要求的机器，需要考虑机器的工作原理，对机器涉及工艺动作进行分析，拟定所需执行构件的数目和运动，确定传动系统运动，正确开展动力分析，然后总体布局机器设备及装置，并研制出机器总装配图、部件装配图和零件工作图，最后编制出相应的技术说明书、各类明细清单和使用规范,推广设计方案,为后续机械制造奠定基础。对此过程,可以按照现代项目管理思维将机械设计的生命周期划分为：计划阶段、方案设计阶段、技术设计阶段和编制技术文件阶段。该课程以"工匠精神"作为主线,贯穿整个授课过程,引导学生树立诚实守信、严谨负责的职业道德观,具体见表1。

表1 机械设计各阶段、知识传授和能力培养要点及价值塑造要点对应表

机械设计各阶段	知识传授和能力培养要点	价值塑造要点
1. 设计阶段	掌握现有机械设计方法,包括传统设计方法以及新发展的设计方法;能够按照市场需要开展需求分析,设计出满足人民需要的产品	材料选型与机械产品设计要以人为本,引导学生能够站在他人立场思考问题
2. 方案设计阶段	此阶段的成果交付物:执行机构方案,拟定传动系统方案,传动系统运动尺寸设计,传统系统运动、动力分析,构件总体布局及传动简图	设计过程既要从宏观层面把握,又要着眼于具体机构部件设计,综合考虑方案的技术、经济及环境保护等,引导学生树立创新意识
3. 技术设计阶段	技术设计的成果交付物是正式的机器总装配图、部件装配图和零件工作图	此过程要把思维科学、环境科学、现代应用数学、机械设计方法等熔于一炉,引导学生做事一丝不苟,精益求精、科学严谨,培养职业精神
4. 编制技术文件阶段	此阶段的成果交付物:机械设计计算说明书、使用说明书,标准件明细表记易损件	说明书应经得起历史检验,引导学生树立诚实守信、严谨负责的职业道德观

三、一节代表性课程的教学设计——弹簧的材料与制造

（一）教学目标

1. 知识传授

领悟机械设计的基本要求、方法与步骤;熟练运用机械零件的强度理论;了解带传动、链传动的类型,掌握带传动的设计;掌握齿轮传动的设计计算;掌握滚动轴承的类型、选型及寿命校核;掌握轴类零件的设计过程及强度校核;了解螺纹连接的类型,掌握螺纹连接的校核计算。

2. 能力培养

帮助学生树立工程观念，同时注重在学生掌握相关机械设计知识过程中，依托机械领域的设计实践课题，引导学生对机械设计相关知识，结合工程实践问题及技术展开运用，主要让学生具有观察问题、分析问题和解决问题能力，能够进行机械产品开发创新设计，而不是掌握零散的机械知识。

3. 价值塑造

引导学生在机械设计中注重细节，一丝不苟，做到精益求精；在讲解"弹簧设计"时，结合国内外企业对"弹簧设计"不同的处理方式，引导学生在设计实践中精益求精，树立诚实守信、严谨负责的职业道德观，成为德智体全面发展、厚德精技的高层次应用型人才。

（二）教学对象分析

学校致力于培养实践能力强、具有创新精神和国际视野、以一线工程师为主的高素质应用创新型人才。学院培养具备机械设计、制造及其自动化的基础知识，掌握产品设计、制造的基本理论和技能，能从事机械工程及自动化的设计制造、科研开发、应用研究及运行管理的应用型工程技术人才。课程是机械类专业的一门设计性主干技术基础课程，起到从理论性课程过渡到设计性课程、从基础课程过渡到专业课程的作用。

本节课中，教师紧扣机械工程技术发展特点，在教学中删除了一些陈旧的内容，强化理论计算分析，提升典型机械传动应用设计等内容的比重，重视机械零部件结构的设计能力和熟练查阅、使用设计手册及各种技术资料的技能，真正实现以学生为中心、"学生能设计"的教学目标。

学生在学习中要随时复习和巩固相关已修课程，学好有关同修课程，才能真正具备解决机械领域复杂工程问题的机械设计能力。为此，课程建设的人才培养目标达成要以实际工程设计问题解决为靶向，丰富课程内容、优化课程内容、改善课程教学方法，培养学生具备高水平应用型工程师应具备的机械设计专业能力。同时，对标专业人才培养要求，该课程既强调对基本概念的理解和设计方法的掌握，又注重对设计能力的训练，并注意开发培养创造性思维能力。

（三）教学内容与资源

通过调研、收集、整理、设计等多方面的手段，切实运用机械工程案例，以融合课程知识内容与知识实践应用，建设教学案例库。通过实践性强、知识性强、应用性强的实际机械设计案例，培养学生的逻辑思维能力，分析问题、解决问题的能力和创新能力。

加强大学生第二课堂的科创活动。进行开放式机械设计综合实验的教学，以学生自学为主，教师辅导为辅。学生在掌握机械原理、机械设计知识的基础上，自己查阅文献资料，自主构思设计创新创意方案，进行可行性讨论；然后进行设计制造，模块组件组装，试验测试、虚拟仿真、分析比较，总结交流。符合大学生科创竞赛的项目，分别参加校级、省市级和全国大赛，让学生得到进一步的锻炼，开阔视野。

（四）教学过程与方法

1. 复习弹簧的功用和类型（10分钟）

复习弹簧的结果特点，对弹簧控制机构运动、缓冲与振动、测力等方面的具体应用进行介绍。同时，介绍螺旋弹簧、蝶形弹簧、环形弹簧等类型的划分依据。主要选用C919大飞机、复兴号上应用的弹簧，从弹簧设计、工艺选用、制造生产等过程出发，聚焦轻质、缓冲强度高、振动弱、抗疲劳、耐腐蚀等特性来展开分析。引导学生不断进取、精益求精，立足机械行业，围绕国家战略需求及行业关键技术开展以专业能力提升为重点的持续性学习，努力设计与生产精品弹簧。

2. 介绍弹簧的材料（15分钟）

依托校企合作的科研项目，以上海电气、东富龙等公司中相关大型设备使用到的弹簧为例，分析研究弹簧材料的弹性极限、强度极限、疲劳极限和冲击韧性，并依据弹簧材料所需的性能进行弹簧材料选型。在此过程中，通过一系列的力学公式分析和实践经验分析，让学生把握弹簧的各项性能，训练学生精益求精、注重结合实践开展弹簧材料的分析。

3. 介绍弹簧的制造（15分钟）

弹簧制造的过程包括：卷绕、钩环制作、热处理、工艺试验及强压、喷丸等强化处理。利用线上教学方式，播放上海标五高强度紧固件有限公司弹簧生产过程的视频（5分钟），让学生感受弹簧生产的全过程。而后，对比分析世界知名弹簧生产公司开展弹簧生产的工艺差别。介绍绕卷过程，让学生了解冷卷和热卷的特点及工艺方法；介绍钩环制作过程时，结合弹簧承压面与轴线垂直对弹簧压缩性能的影响；介绍工艺试验过程时，介绍相关技术要求，告知学生按照技术标准进行精度测试的必要性和严肃性，并结合部分案例讲解大型机械设备由于弹簧性能达不到相关技术标准导致机械设备无法正常运行的情况。

4. 互动交流(5分钟)

强化以学生为本理念,重点关注学生在交流学习中的体会、受到的启发和发现的问题,教师做简要的引导,也可以让学生带着问题课后研学。

(五) 教学效果与反思

(1) 注重将现代教育技术手段与传统的教学手段有机结合。教学团队积极开发自制教学软件并应用于教学。在教学过程中,提倡多种教学手段(粉笔、模型、多媒体等)融合并用,针对不同的内容选用不同的教学手段,收到了良好的教学效果。

(2) 采取有针对性的考核办法,在平时测验和期末考试中部分或全部采用分析具体案例的题型来评估学生的知识掌握程度,改变传统理论知识考试的一贯方法。借助量规表法开放设置试卷评分标准,以调动学生学习的积极性,充分发挥学生发散性思维和个性化思维能力,让学生真切地感受到自己学到了哪些知识、如何运用这些知识来更好地完成机械设计工作。

(3) 近两年各位教学督导的听课信息反馈:讲解时层次分明,条理清楚,概念准确,重点难点较突出,且能联系实际深入浅出地加以分析,加深学生对问题的理解。实践课内容较丰富,案例教学法和问题启发教学法应用比较合理,学生学习兴趣浓厚,创新热情较高。

"现代制造装备"课程思政教学案例

一、课程概况

(一) 基本信息

授课教师：郑刚(机械工程学院)
课程名称：现代制造装备
学　　分：3学分
课程类别：专业教育课程

(二) 课程简介

本课程是机械设计制造及其自动化专业的核心专业课，主要讲授机械制造装备的传动、结构的专业知识及设计方法，提高学生对现代制造装备的分析和设计能力，激发学生的家国情怀和投身中国制造的热情，培养学生严谨细致的工作作风和精益求精的工匠精神，提升学生参与工程实践活动的兴趣和意愿，培养工程思维。

二、课程蕴含的思政元素分析

依据本课程的知识传授、能力培养和价值塑造的特点，重点挖掘价值引领的课程思政元素，并将其融入课程目标之中，达到润物无声的育人效果。课程目标和体现的思政元素如表1所示。

表1 "现代制造装备"课程目标与思政元素结合点

课　程　目　标	思　政　元　素
1. 掌握机械制造装备的功能、传动系统和结构特点,理解机床传动系统和主要部件结构设计的原理和方法,并能在加工装备选用和机床设计中合理运用,激发学生扎根中国制造的热情,培养学生精益求精的工匠精神	(**家国情怀**)具有国家意识,了解国情历史,关心国家和民族命运,具有强烈的科技兴国的使命感和责任感 (**工匠精神**)具有敬畏职业、对工作认真、对产品负责、对技艺不断磨炼、对行业执着坚守、对领域扎实钻研、精益求精的工匠精神
2. 能在正确分析机床设计要求,综合运用机械设计和机床传动系统设计的基本方法,进行机床传动系统及关键零部件的设计,在机床设计、改进或优化方案中体现创新意识,培养学生的工程思维	(**崇尚实践**)具有工程思维,理解技术创新与实践活动的有机联系,具有学习掌握技术和参与工程实践活动的兴趣和意愿,能够理论联系实际,从实践中寻找答案

在知识传授上,使学生掌握现代制造装备结构及其传动的专业知识和机床设计的一般方法,为装备选用和机床设计奠定基础。

在能力培养上,使学生初步学会机床功能、传动系统和结构的分析方法以及机床传动系统和主要结构的设计方法,引导学生崇尚实践,提升工程意识。

在价值塑造上,使学生了解中国装备制造业的创新成就和未来前景以及在高端制造装备领域与工业发达国家的差距,培养家国情怀,学习工程技术人员为提升产品品质、追求技术进步而付出的不懈努力和追求卓越的工匠精神。

实施课程思政建设的思路是将专业课内容与**家国情怀**、**工匠精神**、**崇尚实践**有机结合,在各个章节侧重不同内容和教学手段,达到融会贯通。

课程思政元素分布在教学内容的各章节和教学过程的各个环节(见表2)。

表2 "现代制造装备"知识单元、知识传授和能力培养要点及价值塑造要点对应表

知识单元	知识传授和能力培养要点	价值塑造要点
1. 绪论	(1) 制造业在国民经济中的重要作用 (2) 世界和我国制造装备的发展历程	让学生在认识中国装备制造业艰难奋进的同时,也了解中国装备制造业的创新成就和未来前景,树立技术立身、技术报国的理念
2. 机床型号编制及机床运动分析	(1) 机床型号的编制原则和方法 (2) 讲述零件表面成形原理 (3) 机床的成形运动、传动联系及传动原理图	通过介绍机床在更新换代中细节的变化,使学生理解工程技术人员为提升产品品质、追求技术进步而付出的不懈努力和追求卓越的工匠精神

(续表)

知识单元	知识传授和能力培养要点	价值塑造要点
3. 车床传动系统及结构	(1) 车床工艺范围和结构组成 (2) 车床传动系统分析 (3) 车床的主要结构	讲授为防止运动磨损造成螺纹加工精度的下降,螺纹进给和机动进给的纵向进给运动采用了两套不同的传动机构,培养学生严谨细致、精益求精的工作作风
4. 车床主轴箱实验	(1) 理论与实践结合,理解车床主运动系统 (2) 理解车床主传动系统及相应操作机构的特点和作用	让学生体会产品设计中细节的重要性,如摩擦离合器及制动器操纵机构既要考虑操作习惯,又要保障使用安全。引导学生理论联系实际,培养工程思维和工程意识
5. 齿轮加工机床	(1) 掌握齿轮加工的成形原理,正确分析展成法加工齿轮的运动及其传动链 (2) 掌握滚齿机和插齿机的传动原理、主要运动及结构	通过分析不同类型齿轮所适用的齿轮加工机床,培养学生理论联系实际、对待工作认真负责的工匠精神
6. 机床传动系统设计	(1) 了解机床传动系统设计原则,对机床结构设计的要求 (2) 设计分级变速系统,绘制传动系统图及转速图	通过设计机床传动系统,帮助学生理解设计标准和设计规范,提升学生的工程思维和工程意识
7. 项目考核	通过分组项目式教学和学习,完成八个子项目,从总体传动系统到具体操纵机构,进行零件三维建模及装配	项目由各组同学分工完成,方案鼓励创新和多样性,提高学生自主学习的积极性和主动性,培养学生团队协作能力和表达沟通能力
8. 前沿报告	通过查阅先进的制造装备或著名的制造类企业,调动学生主动参与课题教学的兴趣,提高学生查阅资料、撰写报告和沟通交流的能力	通过对国内外制造装备和装备制造企业的比较,认识到我国在高端制造装备领域与工业发达国家的差距,激发学生扎根中国制造的热情和为国家制造业的发展而努力奋斗的情怀

三、一节代表性课程的教学设计——车床传动系统和结构

(一)教学目标

1. 知识传授

本节课授课内容为车床的传动系统与结构。以 CA6140 车床为例,讲授车

床的功能、主运动系统及进给运动系统的传动原理和主要结构。

2. 能力培养

通过课堂授课、实验、团队项目等多种形式,帮助学生理解车床传动系统和主要部件结构设计的原理与方法,并能在加工装备选用和机床设计中合理运用。

3. 价值塑造

通过分析复杂的传动系统,不同类型的机床结构和操纵机构,培养学生严谨细致、精益求精的工作作风,使学生在工程实践项目中锻炼工程思维和工程意识,提升学生综合素养,从而使学生心怀家国情怀,拥有工匠精神,敢于实践创新。

(二)教学对象分析

本课程的教学对象是机械设计制造及其自动化专业大三学生,他们已学习过"机械原理""机械设计"等课程,具备一定的专业基础,但在运用专业知识解决复杂工程问题方面所受的训练还比较少,因此本课时的课堂教学,应对学生的工匠精神、崇尚实践、家国情怀等方面通过教学活动加以引导,以达到情感态度与价值观、知识与技能、过程与方法的三维课程目标的统一。

(三)教学内容与资源

1. 教学内容

(1)车床工艺范围及结构组成。

(2)车床传动系统分析。

(3)车床的主要结构。

2. 教学资源

本节课程授课资源包括课件、车床三维模型、结构图,以及机床实验室的CA6140车床设备。

(四)教学过程与方法

本节课的教学过程与方法具体见表3。

表3 教学过程与方法

阶段	目标产出	活动安排 (学生活动)	需要使用的 资源和技术	学习 成果	评估 方式
课前 阶段	了解车床传动系统和主要结构组成	对本节课的内容进行预习讨论			

（续表）

阶段	目标产出	活动安排（学生活动）	需要使用的资源和技术	学习成果	评估方式
课堂教学	(1) 理解车床工艺范围及结构组成 (2) 能够独立分析机床传动系统 (3) 掌握机床的主要结构及其功能	(1) 回顾金工实训用过的车床的基本情况，理解机床操作者和设计者对机床认识的差异 (2) 理解车床传动系统，掌握传动系统分析的一般方法 (3) 了解螺纹进给和机动进给的两套不同的传动机构，目的是防止螺纹加工精度的下降，培养严谨细致、精益求精的设计理念 (4) 了解车床主要结构、团队项目内容和要求	PPT、图片和视频展示	提交课堂练习并评分	提问，课堂互动交流
课后团队项目	提交项目报告	分组协作完成，培养团队协作能力和表达沟通能力，同时培养工程思维和工程意识	电脑 NX软件	报告，三维模型	评阅报告及交流

（五）教学效果与反思

本节课的内容为本门课程的重点内容，也是难点之一。车床 CA6140 传动系统相对其他类型机床更为复杂。教师在知识传授的基础上，通过融入工匠精神、崇尚实践等课程思政元素，帮助学生养成系统的工程思维和认真细致的工作作风，并拥有认真细致、精益求精的工匠精神，有利于学生学习本门课程的其他内容、开展实验项目、团队项目以及后续实践课程。

本门课程将在后续的改革中引入车床关键结构 CAD 三维结构设计企业案例（包含主轴箱、进给箱、滑移齿轮操纵机构、十字手柄操纵机构、离合器及制动器操纵机构等三维模型案例），部分内容由企业工程师授课，进一步加强对学生的工匠精神和工程意识的培养。

"Java 程序设计"课程思政教学案例

一、课程概况

（一）基本信息

授课教师：刘胤杰（计算机科学与信息工程学院）

课程名称：Java 程序设计

学　　分：2.5 学分

课程类别：专业必修课

（二）课程简介

本课程是计算机专业必修课，旨在培养学生具有扎实的理论知识及高水平的技术开发能力，具有良好的国际视野和工程师品质，具有实践动手能力以及主动进行知识迭代的能力，成为能在企业一线不断跟进、掌握先进技术并提供坚实生产力的应用技术型开发人才，为学生从事软件开发及相关职业工作奠定坚实基础。

二、课程蕴含的思政元素分析

教师在课程讲授中以培养合格的社会主义建设者和接班人为根本目标，深入挖掘课程内容本身，在知识传授和能力培养中加强对学生的价值引领，通过课内外、课程之间、学科之间及知识与能力等多维度的价值塑造促进学生的专业课程学习和正确人生观、价值观的形成。教学过程中认真研究教学规律，严起来，难起来，以课程思政赋能"金课"，培养学生坚持真理、勇于探索、知行合一、追求创新的精神，促进学生积极以唯物主义辩证法认识问题、分析问题、解决问题，使他们具有国际视野，遵守工程职业道德和规范，履行责任，有不断学习和适应发展的能力，成为合格 IT 工程师。

1. 教师严于律己，言传身教，做真理的传播者和学生的引路人

"教，上所施，下所效也"，对学生"严起来"的前提是教师自己"严起来"。大学教师(特别是专业课教师)对学生的影响与引领作用巨大，教师在教学中应以优良的教风带动优良的学风，既要做到言传更要做到身教，严于律己，"知行合一"，做学生的表率。

2. 坚持以本为本，做到"两性一度"，提高教学质量

以"立德树人"为目标，找准社会需求，找准学生知识的薄弱环节与学习难点，课程有"创新性、高阶性和挑战度"，把价值塑造有机融合于知识传授和能力培养中。

在高阶性方面，教师在严格要求自己的基础上，改变大学课程在象牙塔里的自说自话，并紧跟企业一线需求，在各教学环节中对学生严格管理。

结合培养目标，使教学内容"难起来"。在讲解基本数据类型和对象的引用时，增加 JVM 对内存的管理讲解，使学生对地址和指针有返璞归真的进一步认识。在 JDK 常见类讲解中，直接分析 JDK 源代码，使学生深刻认识 JDK 常见类的底层实现，对相关知识有更深入的了解。结合数据结构中的线性表和二叉树，对照 JDK 的容器的源码，深入剖析常见数据结构的实现，分析它们的实现特点和基本思路，这非常有助于提升学生的编程能力，有利于学生将新旧知识建立联系并从整体上加以把握和理解。操作系统中的进程概念非常重要而又枯燥、难以理解，在本课程中通过线程生产者—消费者问题的案例讲解，帮助学生既掌握线程的控制又复习前面学习的课程内容，提升学生追求真理不断进步的精神。

在创新性方面，教师注重开阔学生视野，培养创新意识。教师在授课中注意培养学生的创新意识和持续学习能力。学生一般习惯于跟着教师讲解的进度学习，完成教师布置的作业。在授课中，教师力图做到夯实基本知识，鼓励创新能力，根据学习进度推送最新英文文档 JDK·DOC 以及相关领域的最新资料以开阔学生的国际视野。在课程后半段，教师鼓励学生开发实际项目或自拟项目，并在期末成绩中进行特别奖励。通过对成功或失败的案例进行剖析，培养学生团队合作、客户交流、持续学习及不断创新的能力。

在挑战性方面，教师做到言传身教，"知行合一"。教师在传授知识的同时，还注重能力培养，坚持边讲原理边操作实践，现场做大量实际演练，引领学生进行开发调试，讲解开发工具的使用，提高开发能力；力争做到使学生既学到理论知识又提升实践能力，对在开发中遇到的"bug"也不再畏惧，达到了不惧困难勇

于探索的目的;教师也勇于面对挑战,不断更新教学内容。

3. 理论联系实际,用唯物辩证思维分析问题解决问题

在教学中,教师有意识地训练学生的辩证思维和系统思维能力,用辩证唯物主义和历史唯物主义观点来分析问题和解决问题,通过科学认识世界,通过技术改造世界。

在选择方案及算法时,教师引导学生辩证地看问题,如在容器学习使用中,如何选择 ArrayList 或者 LinkedList 等数据结构,要具体问题具体分析,要认识到只有适合的,没有最好的;在程序调试运行时,引导学生掌握矛盾普遍性原理,当调试运行中出现多个问题时,引导学生抓住主要矛盾和矛盾的主要方面,通过调试工具,设置断点,单步运行,查看异常堆栈及中间结果,透过现象抓住本质,抽丝剥茧地予以解决。用联系和发展的观点认识世界,认识到真理的相对性,在环境或时间等条件发生变化时,原来正确的结论可能会变为错误的,如单线程环境正确的算法在多线程环境下可能出现错误,这样可以更深刻地理解世界是运动的和变化的。

物质世界是普遍联系和永恒发展的,教师要帮助学生建立系统的自然观。教师在教学中把数据结构、操作系统、计算机网络、数据库等内容融合进来,使学生对所学知识掌握得更加系统,更有利于学生认识世界和改造世界,使学生开发软件的能力逐渐从必然王国走向自由王国。

表 1 "Java 程序设计"知识单元、知识传授和能力
培养要点及价值塑造要点对应表

知识单元	知识传授和能力培养要点	价 值 塑 造 要 点
1	计算机语言的发展 JDK、JRE、JVM JDK 安装与配置 简单开发流程	通过引入我国"书同文,车同轨"案例,比较人类语言文字的发展,阐述人机对话,万物互联的基本规律 现场实操安装配置与开发流程,逐步培养学生的**工匠精神与钻研精神**
2	Java 语言基础 数据类型 基本语句 使用 IDE	以"**九层之台,起于累土;千里之行,始于足下**"为题,解析电子游戏"王者荣耀",使学生懂得打基础的重要性,进一步提升认识高度 推送英文文档及英文 JDK·DOC,提高学生的英语阅读能力,培养学生以**国际视野**思考问题 通过各类注释讲解,强调代码注释的重要性,培养学生的**表述能力和团队合作意识**

(续表)

知识单元	知识传授和能力培养要点	价值塑造要点
3	类与对象 继承与多态 抽象类和接口	带领学生现场编码调试,培养学生**知行合一**的精神("知行合一"贯穿整个课程)。通过讲解 JVM 内存管理,帮助学生理解课堂内容,提升课程的**"高阶性"**
4	常用类 Object System String StringBuilder Math	**"工欲善其事必先利其器"**,带领学生分析 JDK 原码,使他们从底层认识代码的功能和实现,**既弄懂理论又学会方法**,并为今后的**创新**打下基础。补充 Junit 内容,培养学生**不断更新知识的能力**
5	泛型与集合框架 List Map Set 等	培养学生用**唯物主义辩证法**分析问题的能力,除了学习集合框架的使用之外,还探讨各种数据结构的利害得失,为学生提供分析问题、解决问题的理论与思路
6	线程 线程的同步 线程的管理	探索摩尔定律失效后信息技术软硬件的发展方向和多核心下的并发实现机制。阐述**真理的相对性与绝对性**在系统越来越复杂的情况下,调试越来越困难,教师现场带领学生编码实现,**言传身教**,通过再现各种问题并抽丝剥茧地分析,训练学生保持清醒头脑,**善于发现并抓住主要矛盾和矛盾的主要方面,不畏困难,用于创新探索**
7	IO 操作	本单元涉及众多接口与实现类,教师带领学生总结归纳,**抓住矛盾的主要方面**,在繁杂问题中理出头绪,找出规律,举一反三
8	贯通全部课程	针对应用技术人才培养目标,重新设计教学。**做到现场教学,以身作则**;根据培养目标及学生特点,重新制作 PPT;以企业实际来规范要求学生;跟踪科技前沿,及时更新教学内容

三、一节代表性课程的教学设计——第八章第四节　线程的同步

(一)教学目标

1. 知识传授

线程的同步,同步锁的实现。

2. 能力培养

学生应掌握线程同步的基本概念，理解在多线程状态下程序运行的多样性，掌握线程使用临界资源的基本规范。

3. 价值塑造

理解随着事物及环境变化，真理也会变化（真理的相对性）；通过线程的使用提升解决复杂工程问题的能力。通过操作系统的经典案例，提升难度，指出方向，帮助学生克服各种技术困难，提升自信心，向更高目标跃进。

（二）教学对象分析

本课程的教学对象是计算机相关专业大学三年级学生，他们初步具备程序设计能力，并且学习过数据结构、操作系统的相关课程，但普遍存在如下问题：

（1）学生实践能力不强。实验中代码编写随意，不规范，相关文档不齐全，与企业实际的开发规范相去甚远。

（2）学生追求真理内动力不强。深入探究的精神不够，当程序开发出现错误时，不知从何入手，有畏难退却情绪，导致学习兴趣下降，代码量不足。

（3）创新意识不够。程序设计需要严谨的逻辑和开放的思维，但现阶段教学主要以知识传授为主，能力培养和创新意识培养不够，学生学习大多跟着老师亦步亦趋、浅尝辄止。

（三）教学内容与资源

1. 教学内容

（1）进程与线程、线程的声明周期。

（2）线程的多种实现方法。

（3）线程的同步。

（4）线程的调度与死锁。

2. 教学资源

（1）网络资源：中国大学 MOOC，上海应用技术大学，"Java 程序设计"，https://www.icourse163.org/spoc/course/SIT‐1449954179。

（2）开发系统环境：JDK1.8，Intellij IDEA。

（3）实际案例：生产者消费者问题、多窗口售票问题、PV 操作等。

（四）教学过程与方法

1. 预习与内容导入（8分钟）

结合"摩尔定律"失效，引出提升计算性能的话题，引入芯片发展与中国计算机发展道路相关内容。介绍线程的两种实现方法及出现的新问题。

2. 提出问题案例(7分钟)

在多核心多线程场景下，通过现场编写多窗口售票案例，说明多线程的复杂性，并带领学生通过不断的失败与探索，引出本节课的重点，即线程同步。提出线程同步的本质与方法，让学生理解了真理是发展和变化的。

3. 解决问题(15分钟)

总结成功的经验与失败的教训，引领学生不畏困难不断探索，体会追求真理的艰辛与快乐。在程序调试中，我们通过几个不同情况，理清多线程多核心运行机制，总结线程同步时存在的主要问题，如两个不同线程没有交叉，对临界资源的无规则访问，临界锁的使用范围等，对这些失败案例的纠正，提升了学生的学习信心和能力。

引导学生"知行合一"，提高实践动手能力，对线程同步的细节问题作深入剖析，使学生既学到了理论又有实践体会，掌握了开发技能，做到举一反三，学以致用，提升解决复杂问题的能力。

4. 能力提高(10分钟)

对照 JDK 源码讲解同步锁并引申到操作系统等经典问题.对线程同步的多种方法做适当介绍，给出参考资料和学习路径，明确方向引导学生向"高阶"内容学习。提供《Java On 8》《Java 虚拟机规范》《JDK DOC》等提高材料，帮助学生进行进一步深入学习探索。

5. 总结与作业(5分钟)

要求学生用另一种线程实现方式完成售票案例，并在课后实验布置著名的"生产者消费者问题"。

(五)教学效果与反思

教学的根本任务就是培养人，它一定包含有对学生世界观的培养，从这个意义上说，课程思政不是另外加入教学中的新内容，它根本就是教师教学的一项重要内容。不管教师有意无意，都在影响着学生世界观的形成。我们不影响就会有其他思想思潮去影响，往小说这关系个人健康人格的形成，往大说这关系新时代发展的大计。

在教学中把知识传授、能力培养和价值塑造有机融合，使学生的专业知识和价值观都有明显提高和改善。教学得到学生的认可，这是教师最大的喜悦。

本章节教学实施的主要体会如下：

课程思政内化于心：课程思政的核心点是**全面提高人才培养能力**，我们不是为了课程思政而课程思政，应坚守共产党人的初心和使命，教学中践行"明德明学明事"校训，以培养合格的社会主义建设者和接班人为目标，方向上旗帜鲜明、方法上润物无声，务必注重在知识传授和能力培养过程中完成价值塑造。

价值引领外化于行：学高为师身正为范，在课程思政 2.0 阶段，教师应整体系统地完成教学设计，真正做到"四个回归"。教师应具有高尚的师德、丰富的教学经验和精湛的实践经验，做真理的捍卫者和传播者，做学生人生道路的引路人。教师端正的工作态度、严谨的工作作风以及高尚的品格可带动学生良好学风的形成，培养学生积极的人生观。

探索式教学：教师是学生的引路人。在教学中带领学生不断尝试探索，使学生掌握了程序设计的方法，对开发中出现的问题也不再有畏难情绪，既学习了理论又掌握了开发能力和技术。在理论教学课堂中，不仅仅讲授 PPT 和静态代码，而是将理论、编码、调试、文档一体讲解，让学生感受实际开发氛围，在实验实习环节中，对实际题目按照知识点进行有机分解，使学生体验开发真题的目标与要求，并组成团队，团队内部与团队之间进行技术讨论与分享。

增强国际视野：教师在教学中强调持续学习的重要性，授课中采用中文教材、英文参考资料（主要包括 JDK DOC，JDK Source Code 及 Think in Java 等），培养学生自觉从国际、文化、历史等角度关注行业最新进展，秉持开放包容理念，不断提升持续学习能力和知识储备能力。

主要改进方向：在新时代，对高校教师有更全面更深入的要求，教师不仅仅是传授知识的"教书匠"，高校教师应在知识、能力、个人修养及课内课外全面提升自己，这样才能完成时代赋予的光荣使命。

"计算机导论"课程思政教学案例

一、课程概况

（一）基本信息

授课教师：刘云翔（计算机科学与信息工程学院）

课程名称：计算机导论

学　　分：3学分

课程类别：专业教育课

（二）课程简介

"计算机导论"是一门将基础知识和技术应用紧密结合的专业课程，是学习计算机科学与技术的基石，涉及计算机学科的方方面面，与计算机相关的知识技术都离不开这门课程。通过这门课程的学习，学生既可以打牢基础知识和技术底板，也可以强化专业认知和职业方向，更能激发学习热情和责任担当。

二、课程蕴含的思政元素分析

本课程知识点与思政元素的结合情况详见表1。

表1 "计算机导论"知识单元、知识传授和能力培养要点及价值塑造要点对应表

知识单元	知识传授和能力培养要点	价值塑造要点
1	**第一章　绪论** （1）掌握导论课的内容、特点 （2）掌握计算机的应用领域 （3）掌握计算机的特点和分类 （4）掌握计算机的发展趋势	介绍计算机科学与技术在历次科技革命尤其是中美技术较量中面临的机遇和挑战，培养学生的**家国情怀**

(续表)

知识单元	知识传授和能力培养要点	价值塑造要点
2	第二章　计算机基础知识 (1) 掌握图灵机的基本思想 (2) 掌握数的运算 (3) 掌握编码的含义	介绍图灵机的发明创造过程,提升学生**创造性解决问题的能力**
3	第三章　计算机系统的基本组成 (1) 熟悉计算机的硬件 (2) 熟悉计算机的系统软件 (3) 熟悉计算机的应用软件	引导学生认识到计算机的硬件软件应用、代码程序的编写离不开两大要素：一是**创新意识**；二是**团结合作能力**
4	第四章　计算机操作系统概述 (1) 熟悉操作系统的发展、功能和分类 (2) 熟悉 Windows7 的操作环境 (3) 熟悉命令行操作系统	介绍操作系统 Windows 的发明和普及,培养学生技术运用和实践创新的素养
5	第五章　常用工具软件 (1) 掌握压缩软件的机理 (2) 掌握图像处理的方法 (3) 掌握视频播放软件的功能 (4) 掌握防毒软件	讲授防毒软件知识,将技术安全和道德规范作为重要的**道德认知**
6	第六章　Office 2010 应用 (1) 熟悉 Word2010 (2) 熟悉 Excel2010 (3) 熟悉 PowerPoint2010	引导学生从 Office 软件的升级换代看到国际计算机技术的快速发展,要用**国际视野**来看待当下我国的 Office 软件发展
7	第七章　网络应用 (1) 熟悉互联网在我国的起源和发展 (2) 熟悉互联网的网络应用	对于互联网在我国的蓬勃发展,既要看到技术的前沿性,也要认识到核心技术的"卡脖子"问题,激发学生**科技强国、自立自强**的信念
8	第八章　程序设计基础 (1) 掌握算法的定义和方法 (2) 掌握程序设计的机理 (3) 掌握人工智能与信息系统 (4) 掌握软件工程产生、定义和基本原理 (5) 掌握大数据分析及其应用 (6) 掌握云计算的概念以及体系结构	通过对人工智能前沿技术的分析与研讨,培养学生想担当、敢担当以及能担当的**责任意识**,使学生具备**探索创新**和敢于**迎难而上**的精神
9	第九章　Python 程序设计基础 (1) 掌握程序的开发环境 (2) 掌握 Python 编程的原理和运用 (3) 掌握程序设计的综合运用	让学生认识到程序的设计开发需要**团队合作**,也需要**交流沟通能力**

三、一节代表性课程的教学设计——人工智能

(一) 教学目标

1. 知识传授

了解人工智能的发展简史、人工智能技术的演变历程;界定人工智能的概念以及定义;理解人工智能的发展阶段定位;掌握人工智能的基本技术,并能够进行基本的知识操作。

2. 能力培养

提高学生对人工智能正确认知的辨识能力;学生能够利用人工智能的技术来解决日常生活中遇到的智能技术问题;培养学生将人工智能与技术前沿相结合的创新能力。

3. 价值引领

培养学生想担当、敢担当以及能担当的责任意识;让学生在对中美人工智能技术比较中体会到科技强国的家国情怀,能够体会到新时代中国"强起来"需要过硬的技术本领;对人工智能前沿技术进行分析与研讨,让学生具备探索创新和敢于迎难而上的精神。

(二) 教学对象分析

本课程的教学对象为大一新生。人工智能时代,学生对人工智能技术和知识充满了好奇心,也需要在人工智能应用场景的技术解码。教师一方面激发学生对人工智能的求知欲望,另一方面在行业趋势、就业创业方向等方面引导学生,让学生对人工智能乃至计算机科学与技术的发展充满信心。

(三) 教学内容与资源

1. 教学内容

(1) 人工智能的概念及特点。

(2) 人工智能的发展简史及发展趋势。

(3) 人工智能所处的阶段定位。

2. 教学资源

(1) 授课用 PPT 课件。

(2) 人工智能应用场景的图片,如下围棋、智能机器人、无人驾驶等。

(3) 人工智能技术发展的短视频。

(4) 人工智能技术学院与智能企业合作的具体案例。

(四) 教学过程与方法

1. 课前预习准备

提前 3—5 天安排班级学习委员告知学生进行人工智能章节的课前预习；在"雨课堂"上上传人工智能章节的知识要点，并提醒学生可以结合知识点与身边的人工智能案例，也可以提出疑问。

2. 问题导入(3 分钟)

观看一段人工智能下围棋的视频，并导入新课：观看了视频，你们有哪些感受？人工智能已经深入我们日常学习、生活和工作的方方面面，也已经应用到工业、农业、商业、服务业等领域。人工智能的迅速发展，让人工智能专业也蓬勃兴起，那究竟什么是人工智能？目前，人工智能处于怎样的发展阶段？带着这些问题，我们来共同探讨人工智能的"前世今生"。

3. 知识讲授、案例分析、思政元素嵌入、师生互动等(35 分钟)

(1) 人工智能的概念以及特点(5 分钟)。

内容①：介绍人工智能的概念。

互动①：请两三名学生列举一下日常生活中人工智能应用的案例。

内容②：介绍人工智能的特点。

互动②：学生分组讨论一下人工智能作为第四次科技革命的典型代表，与其他三次科技革命有哪些联系和区别。

(2) 人工智能的发展简史及未来发展趋势(10 分钟)。

内容①：人工智能的发展简史(从中美两国的发展阶段来进行分析)。

互动①：学生可以根据对中美两国人工智能发展的比较来探讨中国在人工智能发展方面的优势和劣势。

内容②：人工智能的发展趋势体现在无人驾驶、家居服务、工厂车间等应用场景，以特斯拉为例进行技术展望。

互动②：学生围绕人工智能的未来发展趋势进行畅想发挥。

(3) 人工智能所处的阶段定位(20 分钟)。

内容：人工智能分为三阶段，即弱人工智能、强人工智能和超人工智能。目前处在弱人工智能时代，弱人工智能与强人工智能的区别在于有无对思维的探讨。

互动：学生谈谈对弱人工智能的看法并列举日常生活的案例。

4. 课堂总结(5 分钟)

提问：结合弱人工智能技术的学习，同学们有什么感想或体会？

总结：通过本节课的学习，大家既掌握了人工智能的"前世今生"，也了解人工智能三阶段的本质区别，更为重要的则是通过弱人工智能技术的思维知识点，体会到当代大学生要具有勇于担当的精神。

5. 布置课后作业(2 分钟)

(1) 在"雨课堂"完成本章节的课后作业。

(2) 根据本次人工智能课程学到的知识，撰写一篇 500—800 字的学习体会。

(3) 查阅一下人工智能的相关书籍，准确把握人工智能的发展历程，并对人工智能三个阶段的特征进行总结归纳。

(五) 教学效果与反思

1. 教学效果

本节课主要是对人工智能进行概要性的讲解，着重讲解了人工智能的三个阶段，尤其是弱人工智能。教学效果主要体现在三个方面：一是教师对人工智能课程知识点把握到位。教师熟悉知识点，讲解时可以做到举一反三，对学生循循善诱，让学生在掌握知识的同时又能悟出其中的道理。二是学生对人工智能充满了求知欲和好奇心。教师在讲解过程中能够将知识点和案例相结合，让学生体会到人工智能并不是高深莫测的技术，而是基于大数据和程序算法的一种应用场景。三是课堂氛围十分融洽。师生互动让一些人工智能技术生动形象地呈现出来，并且能够在原有的技术上进行创新，激发了学生的创新热情和创新活力。本节课既讲授了人工智能的重要知识点，也能润物细无声地引出思政元素，受到学生一致好评。

2. 教学反思

本节课对人工智能进行了系统性讲解，可以说是人工智能课程的导入。人工智能的知识点、概念较多，一些技术还处于初级阶段，对人工智能技术的知识点还需要深挖出来，呈现给学生。人工智能的思政元素融入点较多，还需要进一步结合新时代的思政元素进行探讨。人工智能的应用场景较多，还要进一步让学生将日常生活的案例结合起来进行探析。

"创业理论与实践"课程思政教学案例

一、课程概况

（一）基本信息

授课教师：曹扬（经济与管理学院）

课程名称：创业理论与实践

学　　分：2学分

课程类别：专业教育课程

（二）课程简介

本课程通过讲授创业者特征、商业模式、创业环境机会评价、创业融资、商业计划书写作、创业发展战略、创业企业经营管理等内容，培养学生自主创业的能力、创办和管理企业的能力（含岗位内创能力），整体提高学生"敢闯会创"的素质与能力，从而对其职业生涯设计、发展以及创新创业过程中起到积极的指导作用。

二、课程蕴含的思政元素分析

"创业理论与实践"课程强调思政元素与专业教学中规则、沟通、优秀传统文化、团队建设、机会分析、财富观等知识点的契合。根据以往教学经验和专业需求，课程大纲将国情观念、企业家精神、团队合作、家国情怀、法治精神、规则意识六个核心思政要素（在实际授课中，教师可结合时事与学生情况适时进行补充）和课程教学紧密结合；不仅平时作业和课程项目注重引导学生（团队）在这些方面加强训练，而且将其列入考核内容。课程考核从教学要求视角衡量学生（团队）课程核心思政要素的得分情况，以考量其课程思政的教学效果达成度，从而为专业思政的达成度提供支撑。

根据上海应用技术大学《应用型人才核心素养总体框架》，"创业理论与实践"大纲中与课程思政结合的具体要点如表1所示。

表1 "创业理论与实践"知识单元、知识传授和
能力培养要点及价值塑造要点对应表

知识单元	知识传授和能力培养要点	价值塑造要点
1. 为什么创/创业动机与目的	**技术创业概论** (1) 掌握创业、技术创业的类型与概念 (2) 掌握创业过程模型 (3) 掌握技术创新与创业的关系	帮助学生了解创新创业对当前中国转型升级的作用(含国家对创新创业的制度设计)
	技术创业机会管理 (1) 熟悉商业机会的概念与类型 (2) 熟悉创意形成的过程与方法 (3) 熟悉创业机会的来源 (4) 掌握创业机会的提升策略	以国家、上海最新规划、政策为例，引导学生分析相关战略可能会产生的新创业机会
2. 谁能创/创业者素质及培养	**企业家精神与创业能力开发** (1) 掌握创业者、企业家和企业家精神的概念 (2) 掌握技术创业者的特质与类型 (3) 熟悉创业家能力的培养	介绍企业家创业经历，让学生准确理解企业家精神及其使命担当
	技术创业团队建设 (1) 掌握技术创业团队的构成要素、特征与类型 (2) 掌握技术创业团队构建原则与组建流程 (3) 树立正确的团队冲突观，掌握创业团队的冲突管理策略 (4) 掌握正确的公司价值观	以课程项目团队为单位，加强学生对团队合作、忠于职守、规则意识的认识和理解
3. 创什么/创业项目的发现与选择	**技术创业环境** (1) 熟悉技术创业环境的特点 (2) 熟悉创业企业与技术创业环境之间的关系 (3) 熟悉技术创业环境的分类 (4) 掌握产业环境钻石分析和五力分析模型 (5) 熟悉企业孵化器的类型与服务内容	帮助学生掌握正确的环境分析方法，结合《全球营商环境报告》，进一步熟悉我国国情民情和国际环境对创业的影响

(续表)

知 识 单 元	知识传授和能力培养要点	价 值 塑 造 要 点
3. 创什么/创业项目的发现与选择	**新产品开发管理** (1) 了解产品开发通用模型 (2) 熟悉新产品概念生成、选择和测试的方法 (3) 熟悉新产品设计与试制流程	学生以确定自选创业项目为基础,重点关注民生现实需求,培养好奇心和想象力以及不畏困难、坚持不懈、精益求精等素养
	商业模式构建 (1) 熟悉商业模式的内涵以及构成元素 (2) 掌握商业模式的类型 (3) 掌握商业模式的设计与合理性检验方法 (4) 熟悉商业模式的演进和持续创新	对照喜茶、瑞幸等案例,引导学生正确认识商业模式变革对道德与财富之间关系的深刻影响
	商业计划书 (1) 了解商业计划书的作用与编写原则 (2) 掌握商业计划书的内容和制订步骤 (3) 熟悉编写和更新创业计划应注意的事项	学生在商业计划书写作过程中培养诚信理性的品质,大胆尝试有效的问题解决方法,具有服务社会、造福人类、创造美好生活的崇高理想
4. 怎么创/创业过程与创业企业管理	**技术创业融资** (1) 熟悉创业企业不同阶段的融资需求 (2) 掌握债务融资与权益融资的区别 (3) 熟悉创业融资的渠道与流程 (4) 熟悉公司出售时机和出售价值确定方法 (5) 了解公司上市策略	批判个别企业融资中隐瞒、伪造财务经营状况等道德缺失现象,引导学生在注重效率、追求盈利的资本市场上,树立社会责任融资、道德融资价值观
	技术创业中的法律与伦理 (1) 掌握公司创立的主要法律形式 (2) 掌握创业公司治理结构设计 (3) 熟悉创业过程中的法律知识 (4) 树立正确的企业伦理、社会责任理念	通过对相关公司法条文、企业法规、企业和公司的联系等的解读,帮助学生牢固树立规则意识、契约精神
	技术创业企业战略管理 (1) 熟悉创业企业成长特征和成长生命周期 (2) 掌握创业企业战略制定过程 (3) 掌握创业企业成长、竞争战略及实施	通过讨论"利润先于伦理"还是"伦理先于利润"等,让学生清楚创业者在经营全过程中应主动考虑社会公认的伦理道德规范,处理好企业与员

(续表)

知识单元	知识传授和能力培养要点	价值塑造要点
4. 怎么创/创业过程与创业企业管理	**技术创业企业经营管理** (1) 了解创业企业人力资源管理的流程 (2) 掌握运营管理的职能以及管理策略 (3) 熟悉创业财务管理的内容、流程和重要的财务报表	工、股东、顾客、厂商、竞争者、政府、社会等利益相关者的关系
	技术创业企业营销管理 (1) 掌握市场营销的概念和顾客感知价值 (2) 熟悉技术产品的市场特征 (3) 掌握消费者市场与组织市场的购买行为 (4) 掌握 STP 与 4Ps 策略	
	创业企业知识产权管理 (1) 掌握知识产权的概念、类型与评估方法 (2) 熟悉知识产权的交易、出资与融资策略 (3) 熟悉知识产权的运用策略	通过分析知识产权的支持声与反对声,帮助学生掌握知识产权存在的正当性、运用策略及未来走向
	技术创业新发展 (1) 熟悉精益创业的核心理念和原则 (2) 掌握四步创业法的理念与步骤 (3) 掌握内部创业概念、过程和模式 (4) 熟悉家族企业不同发展阶段的管理原则	学生通过"内创"理论及案例的学习,加深对爱岗敬业的理解,提升岗位创新创业能力

三、一节代表性课程的教学设计——创业技术环境

(一)教学目标

1. 知识传授

让学生准确把握技术创业环境的特点,明晰创业企业和技术创业环境之间的关系。

2. 能力培养

学生能够用已学课程知识对创业环境进行初步分析,提炼机会风险,寻找创业机会,并写出分析报告;小组在课后组织活动,讨论各自成员的分析报告,归纳总结分析报告写作的有关格式、通用分析工具、数据采集途径与方法等问题。

3. 价值塑造

学生结合所学案例及方法，进一步熟悉我国国情、民情及国际环境对个人（团队、企业）创业的影响；同时进一步全面正确理解创业的意义。

（二）教学对象分析

（1）对创业学所需知识的掌握。学生基本掌握了经济学基础、会计、营销相关知识（个别专业不学市场营销，STP+4P框架需要事先补上）；但类似SWOT等知识点，很多课程都讲过，但其基本原理并没有讲透，学生的理解和使用存在缺陷，这一点要在授课中要重视。

（2）学生有一定的关于创业对国家作用的认识，对创业环境和自己的关系想知道但分析不全面，这方面需要从已有的朴素认识通过学习分析技术提升至科学认识。

（3）学生普遍具有正确的价值观、人生观、财富观，但对环境对机会、对创业者的作用尚缺乏全面认识，比如过于强调外部环境或者个人努力。

（三）教学内容与资源

要求学生通过互联网寻找商业计划书，找出环境分析内容；要求学生结合在创业机会章节寻找的创业人物与创业机会的材料，继续分析环境与机会的关系。

延伸阅读：如需进一步了解和掌握有关技术创业环境领域的知识，请参阅管理学、战略管理、市场营销学方面的图书文献资料，这方面的图书文献资料很多，也可以直接阅读相关的电子图书。对创业感兴趣的同学，可以经常登录相关公众号或杂志。在此不一一列举。

（四）教学过程与方法

1. 复习（3分钟）

提问：随机抽问（各抽问两三名学生）。

（1）组建创业团队有哪些值得注意的因素？

（2）价值观在创业团队、创业企业中有何作用？

2. 问题引入（10分钟）

提问与小组讨论：最近发生了哪些你认为可能影响你们创业项目的事件？

先提问互动1分钟（学生可能回答不全）；然后，让学生按课程项目围坐讨论9分钟。每组下发A3纸1张，学生可使用手机、电脑、平板来寻找线索；在A3纸上写出可能影响他们创业项目的5件发生在最近一个月的事件并简述影响原因；然后把A3纸拍照上传至课程群。

教师要在教室里走动,关注讨论进程但不要主动干预。

3. 问题分析(20分钟)

(1) 技术创业环境的基本概念(3分钟)。

技术创业环境是指与创业公司及创业组织活动相关的、在创业公司系统内外的一切物质和条件的复杂综合体。技术创业环境是创业公司生存与发展的土壤,任何一家创业公司离开技术创业环境便不能生存,技术创业环境对创业公司的生存和发展起着决定性的作用。正确分析创业公司所面临的环境中的各种组成要素及其状况,是任何一个创业者进行成功的创业活动都不可缺少的前提条件。

(2) 创业环境的特征(5分钟)。

① 客观性。技术创业环境是客观存在的,不以创业者的主观意志为转移。不论创业者是否愿意,技术创业环境客观存在,而且制约着创业者的创业活动。

② 系统性。技术创业环境是由与创业公司相关的各种外部事物和条件相互有机联系所组成的整体,它也是一个系统。创业公司所处的社会是一个大系统,创业公司的外部环境和内部环境构成了不同层次的子系统。创业活动就是在这种整体性的环境背景中进行的。

③ 动态性。组织环境的各种因素是不断变化的,各种组织环境因素又在不断地重新组合,不断形成新的组织环境。因此,组织必须及时修订自己的经营策略,以适应不断变化的环境,来促使技术创业环境更加有序化,朝着有利于创业公司生存和发展的方向运动。

(3) 创业公司与技术创业环境的关系(12分钟)。

对于创业公司来说,外部环境对它的影响是相当大的(引入《全球营商环境报告》中上海数据的历年变化),有时甚至能影响到整个组织结构的变动。但是,创业公司与技术创业环境的关系又不是仅仅做出单方面的适应性反应,公司对环境也具有积极的反作用。主要表现为:创业公司应该主动地了解技术创业环境状况,获得及时、准确的技术创业环境信息,通过调整自己的目标,避开对自己不利的环境,创造和开拓新的技术创业环境,选择适合自己发展的环境,建立公司与环境新的相互作用关系,提高创业成功率。

在本部分授课中案例要完整,完整案例可随时通过微信发学生群让学生同步阅读;讲解时,特别要注意改革开放、浦东开放、美丽中国等国家战略对企业(家)创业的作用,同时也要注意讲解企业家自己对这些创业环境的适应情况。

特别要讲解环境对创业的全方位作用：

- 互联网泡沫对硅谷的影响，以新闻报道为主，部分材料可直接用英文文献；
- 重点是讲我国企业家与环境关系的案例；
- 以步鑫生海盐衬衫总厂的发展历史对照张瑞敏青岛海尔集团的经历，分析企业家、企业在分析环境、把握机会中的过程及结果。

4. 问题应用(10分钟)

小组讨论：这次新冠疫情对各小组的创业项目有什么影响？

按课程小组围坐讨论(5分钟)：在之前下发的A3纸上，写出小组成员认为的影响原因及影响结果，然后小组归纳，接着把A3纸上的内容拍照上传至微信课程群。教师要在教室里走动，关注讨论进程但不要干预。

小组需进行集体表决，然后班级表决是否影响("有"或者"没有")。

5. 问题小结(2分钟)

教师总结，特别要注意结合各学生讨论结果。

(五)教学效果与反思

1. 课程思政材料紧密结合学生体验才能取得共振效果

创业环境对创业的影响是多方面的，但创业成功往往忽视创业环境的作用而过分强调创业人物的英雄本色。因此，在学生讨论他们心目中的创业成功案例和创业企业价值观时，可立即布置学生当场查询国家当时对这些企业有何支持措施(如税收、土地等)，让学生能够真实体验当时的国情。把学生放到时代背景中，真正体会到改革开放大战略对中国企业的影响。

2. 课程思政材料反复使用可以事先叠加效应

在企业家精神和创业机会相关章节中，已让学生结合中央统战部、全国工商联共同推荐宣传的"改革开放40年百名杰出民营企业家"名单(http://www.xinhuanet.com/fortune/2018-10/24/c_129978408.htm)中他们自行选择的企业家创业经历进行了一定分析。

本节课在已有分析的基础上进行提升，无论是对于知识点还是思政元素，都使学生有了更加深刻的认识；而互相交流这个环节又让学生从他人的角度审视了创业环境的重要性，达到了兼听则明的效果。同样，本节课中使用A3纸先罗列了影响课程创业项目的事件，再列出他们认为影响的结果和原因，下节课再在经管分析范式下进行全面分析，层层递进、步步相扣。拍照上传的内容展现了学生的认识、掌握过程,完成后的 A3 纸内容自然成为学生创业计划的重要内容,确有事半功倍的效果。

3. 课程思政临时党支部的战斗堡垒作用不可忽视

课程临时党支部课前提供班级情况及特点,课中及时反馈班级教学意见和建议,课后帮助进行教学总结与评估。这学期没有组建临时党支部,只组织了课程项目小组,就课程思政而言,组长群和临时党支部群的作用是不一样的,学生需求反馈少了一个重要途径。

"运筹学"课程思政教学案例

一、课程概况

（一）基本信息

授课教师：李竹宁（经济与管理学院）

课程名称：运筹学

学　　分：3学分

课程类别：专业教育课程

（二）课程简介

"运筹学"是具有多学科交叉特点的边缘科学，涵盖经济学、管理学、数学等多学科，旨在培养学生从全局出发思考问题，以优化的视角研究和处理问题，掌握规划问题、运输问题、库存管理、图论与网络分析、决策分析的基本原理、基本方法和应用场合，培养学生建模以及分析复杂经济问题的能力，达到本科生应具备的数学规划知识水平。

二、课程蕴含的思政元素分析

"运筹学"课程基于马克思主义唯物史观的基本观点和方法，着眼于课程内容的整合和教学设计，将党的科学理论、中华优秀传统文化、科技文明史和博大深沉的爱国情怀融入理论知识的教学中，以政治认同、国家意识、文化自信、公民人格为重点内容，整体规划设计课程教学。经管学院的学生，思维活跃、敢闯敢干，需要深入研究分析经管类大学生的群体特征和专业特征，把准课程思政的切入点，这对真正引导、激励学生全面发展有着重要的意义。

通过本课程的学习,向学生系统地介绍几种重要而成熟的运筹学模型,使学生认识运筹学在管理决策中的作用,培养学生数学建模以及分析复杂经济问题的能力,树立马克思主义的世界观和方法论。通过理论课教学以及实践环节的教学与训练,使学生具备本科生应具备的数学规划知识水平,学会运筹学在管理决策中的基本应用方法,培养学生应用运筹学中的数量方法与模型来分析研究现代管理决策问题的基本技能,提高其分析与解决实际问题的能力(见表1)。

表1 "运筹学"知识模块顺序及对应的课程思政元素与举措

知识单元	知识传授和能力培养要点	课程思政元素和举措
绪论	(1)掌握古典运筹学理念 (2)掌握运筹学的发展历史 (3)掌握中国科学家的贡献 (4)掌握运筹学分支 (5)掌握运筹研究的方法论 (6)熟悉运筹学的研究内容	(1)文化自信:加深学生对中华文明博大精深的认识,培养学生的爱国热情和民族自豪感 (2)在讲解运筹学的演变过程中,插入中国古代运筹思想,强调认识运动的基本规律:实践、认识、再实践、再认识
线性规划、整数规划、目标规划	(1)掌握建立规划模型的三要素 (2)掌握建立规划模型的方法 (3)掌握线性规划的求解方法 (4)掌握解的判定 (5)掌握整数规划的求解方法 (6)掌握分配问题的求解方法 (7)掌握目标规划的建模与求解 (8)理解规划的应用场合 (9)强调线性规划是合理地利用有限的人力、物力、财力等资源,实现优化的目的	(1)用案例作为导入,引出线性规划、整数规划、目标规划的实际案例 (2)理解从实践到理论再用理论指导实践的辩证法的认识论 (3)运用系统论解决问题,带领学生复习辩证法的基本要求和理论:系统、全面、联系地看问题 (4)强调科学研究的基本方法源于马克思主义唯物辩证法。约翰·希克斯(经济史学家、诺贝尔奖获得者):"大多数想要弄清历史一般过程的人,都会使用马克思的历史唯物主义分析方法,或这种分析方法的某种修订形式,因为除了唯物主义,你找不到其他分析方法。"
运输问题	(1)掌握运输问题的表上作业法 (2)掌握初始方案的构建方法 (3)掌握判定最优解的方法 (4)理解优化改进方法 (5)理解如何组织调运的实际案例 (6)熟悉转运问题等现代物流	(1)事物是普遍联系的 (2)事物是发展的 (3)发展是有规律的 (4)规律是可以认识的 (5)强调科学研究的基本方法源于马克思主义唯物辩证法

(续表)

知识单元	知识传授和能力培养要点	课程思政元素和举措
图论	(1) 掌握图与图的要素 (2) 掌握最小枝权树问题 (3) 掌握最短路径问题 (4) 掌握最大流量问题 (5) 掌握最小费用最大流问题 (6) 理解各种通信线路的架设、输油管道的铺设、铁路或者公路交通网络的合理布局等问题	(1) 通过案例导入、项目实践加深对运输建模的认识 (2) 事物是普遍联系的、发展的和有规律的 (3) 理解图论在控制论、信息论、工程技术、交通运输、经济管理等各领域的应用 (4) 强调科学研究的基本方法源于马克思主义唯物辩证法
网络分析	(1) 掌握项目网络图的构建 (2) 掌握任务的分解 (3) 掌握关键线路法 (4) 掌握网络时间的计算 (5) 掌握项目网络的优化 (6) 理解组织生产和进行计划管理的统筹法	(1) 以案例作为导入,引出综合运用计划评审技术和关键路线法 (2) 通过项目实践理解事物是普遍联系的 (3) 要求学生在对事物进行全面了解的基础上进行任务分解 (4) 强调科学研究的基本方法源于马克思主义唯物辩证法
存储论	(1) 掌握经济批量的概念 (2) 掌握经济批量的求解方法 (3) 理解允许缺货模型 (4) 掌握折扣模型下的最优存储方案	(1) 让学生理解企业为保证生产和供应的连贯性和均衡性,需要设立仓库,储备一定数量的物资 (2) 从唯物辩证法的角度专门研究存贮问题 (3) 列举身边案例,解决现实矛盾 (4) 强调科学研究的基本方法源于马克思主义唯物辩证法
决策分析	(1) 掌握不确定条件下的决策 (2) 掌握风险条件下的决策 (3) 掌握决策树的方法 (4) 理解贝叶斯决策 (5) 理解决策效用理解 (6) 培养管理决策能力	(1) 让学生理解一切从实际出发的实践论 (2) 通过案例让学生理解科学决策的重要性 (3) 让学生准确掌握决策要素和决策方案 (4) 强调科学研究的基本方法源于马克思主义唯物辩证法
博弈论	(1) 掌握对策论的产生 (2) 掌握对策模型的基本要素 (3) 掌握纳什均衡 (4) 掌握混合决策的方法 (5) 掌握矩阵对策的影响 (6) 理解博弈论的应用场合	(1) 让学生理解实际中的矛盾论 (2) 让学生理解带有斗争、冲突性质问题的解决方法 (3) 让学生理解对策论在经济学领域得到的广泛应用,其在军事、政治、商业、社会科学领域以及生物学等自然科学领域都有非常重大的影响

(续表)

知识单元	知识传授和能力培养要点	课程思政元素和举措
课外实训	(1) 布置课程实训方案 (2) 掌握挖掘身边的实际问题 (3) 掌握提炼决策因素、建模、求解、制定方案的一整套过程 (4) 掌握运用运筹学方法解决问题的能力 (5) 理解运筹学方法的应用场合	(1) 让学生针对专业素养要求，设计符合职业要求的初衷方案 (2) 让学生设计包括分析案例、撰写案例、解决实际问题、课程论文等在内的项目，使学生掌握全面应用运筹学的方法，增强专业自信，调动学生的积极性 (3) 让学生通过答辩交流，展示实训成果，增强自信心 (4) 鼓励学生参加上海大学生创业决策仿真大赛

三、一节代表性课程的教学设计——绪论：运筹学的起源及发展

（一）教学目标

1. 知识传授

以古代运筹思想和方法运用为切入点，将我国历史上运筹思想在军事上和工程上的典型范例及其应用引入课堂，诸如"赤壁鏖兵""火烧连营""泚水之战""都江堰水利工程"和北宋修复皇宫"一举三济"等案例，无不蕴含着运筹帷幄、整体优化的朴素思想，从而引出运筹学取自"运筹帷幄之中，决胜千里之外"的精髓。讲解数学家们走向工厂、农村，建立数学模型，解决生产中的实际问题的案例。介绍"图上作业法""打麦场设计""中国邮路问题"等经典案例，介绍运筹学解决问题的全过程。

2. 能力培养

通过对案例的挖掘、分析，发动学生思考和讨论，将相关知识点融入案例，推动教学进程，加深学生对概念、原理的理解，培养学生的应用能力，构建良好的师生互动关系，调动学生学习的积极性和自信心，培养学生观察问题、深入思考、理解问题、分析问题和解决问题的能力。

3. 价值塑造

通过古代运筹思想的应用案例教学，加深学生对中华文明博大精深的认识，增强学生的爱国热情和民族自豪感，培养学生的爱国之情、砥砺强国之志、实践报国之行，让爱国主义精神代代相传、发扬光大，成为每一个中国人的坚定信念和精神依靠。全面客观认识当代中国、看待外部世界，增强学生的文化自信。结

合弘扬和践行社会主义核心价值观,对学生进行深入、持久、生动的爱国主义宣传教育,使他们不断树立为共产主义远大理想和中国特色社会主义共同理想而奋斗的信念和信心。

(二)教学对象分析

本课程的教学对象是信息管理与信息系统专业和工程管理专业大三的学生,他们已学习过"管理学""线性代数"等课程,具备基本的数理基础和管理知识。运筹学的基本理论和基本方法广泛应用于自然科学的众多领域,是现代管理的基础。在"运筹学"课程中将德育与智育相结合,实现教育与教学的有机统一,培养学生的科学素养,使其具备逻辑缜密的思维方式以及科学严谨的研究解决问题的能力。加强他们对自然与社会现象的好奇心、求知欲,使他们增强克服困难的自信心、意志力,创新精神与实践能力,建立实事求是的态度、理性精神,独立思考与合作交流的能力,通过亲身实践和切实观察,使他们感知中国特色社会主义的巨大进步和卓越成就,不断增进对中国特色社会主义的政治认同、理论认同和情感认同,有效地引导学生做社会主义核心价值观的坚定信仰者、积极传播者、模范践行者。

(三)教学内容与资源

1. 教学内容

(1)引言:课程概述。

(2)古代运筹学思想。

(3)二战期间运筹学学科的产生和发展。

(4)中国在运筹学发展史上的贡献。

(5)运筹学解决问题的基本过程。

(6)运筹学的主要分支。

2. 学习资源

(1)教材及参考书:

①《运筹学基础及应用》(第6版),胡运权主编,高等教育出版社2014年版。

②《运筹学》(第4版),运筹学教材组编,清华大学出版社2012年版。

③《运筹学习题集》(第5版),胡运权主编,清华大学出版社2019年版。

④《管理运筹学》(第5版),韩伯棠主编,高等教育出版社2016年版。

⑤《运筹学导论》(第9版),(美)弗雷德里克·S.希尔利、杰拉尔德·J.利伯曼著,胡运权等译,清华大学出版社2010年版。

⑥《Excel在管理技术中的应用与拓宽》，包凤达、李竹宁编著，清华大学出版社2010年版。

（2）授课用多媒体PPT课件。

（3）网上教学平台：在超星网络上建立"运筹学"课程平台，将课程讲稿、课程大纲、教学课件、课堂辅助教学资料对学生开放，方便学生学习；建立"运筹学讨论群"微信群，课下与学生进行交流和讨论，随时随地在线答疑。

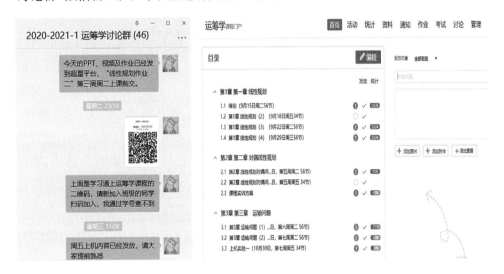

（4）超星学习平台：上海应用技术大学"运筹学"，https://moocl-1.chaoxing.com/course/211961832.html。

（四）教学过程与方法

教学过程与方法具体见表2。

表2　教学内容与教学设计表

教学内容	教学设计
1. 引言：课程简介（2分钟） 介绍课程性质、意义、作用、特点； 课程的学习方法、学习要求、考试要求	总体思路：对本门课程进行概要介绍，说明该课程的学习要秉承求真、钻研、实践的精神 蕴含的思政元素：**科学精神、技术思想**
2. 课程导入（3分钟）	设计思路：通过客人来访、皇宫修复、七桥问题导入课程，让学生思考解决方案，引导学生列举身边类似的案例，总结现实中类似的问题，从而一起学习解决问题的方法 通过PPT展示图片、文本、图例

(续表)

教　学　内　容	教　学　设　计
3. 运筹学的起源及发展(20分钟) (1) 运筹学思想在我国古代的应用：**齐王和田忌赛马、丁渭主持修复皇宫、沈括运粮、围魏救赵、减灶之法、赤壁鏖兵、火烧连营、淝水之战** (2) 运筹学思想在国外的应用：七桥问题、俾斯麦海海战、阿基米德保卫叙拉古	设计思路：列举中国古代、世界古代案例所体现的古代朴素运筹学思想，说明我国运筹思想源远流长 引导学生查询正确答案，增强学生的辩证能力 课后作业：学生补充案例 蕴含的思政元素：**人文积淀、国家认同**
4. 运筹学的产生(10分钟) (1) 产生的背景：雷达布局、鱼雷发挥功效、商船防范空袭 (2) 运筹学小组的诞生：4位物理学家、2位数学家、3位心理学家、1位测量员和1位军官，形成了11人的作战研究小组 (3) 运筹学的应用：工业、农业、自然科学、人文、经济等方面的应用	设计思路：通过介绍二战亟待解决的问题、雷达和高射炮科学合理的布局、提高防空系统的效率讲解运筹学产生的渊源 通过PPT展示图片、文本、图例 蕴含的思政元素：**实践创新、科学精神**
5. 运筹学的发展(10分钟) (1) 第一阶段——创建初期 (2) 第二阶段——成长时期 (3) 第三阶段——迅速发展时期	设计思路：分别讲述三个时期的特点 蕴含的思政元素：**科学精神**
6. 我国运筹学的发展状况(10分钟) (1) **图上作业法** (2) **打麦场设计** (3) **中国邮递员问题**	设计思路：通过讲述运筹学在我国的引入、研究、发展说明我国在运筹学发展中的作用 布置作业：让学生收集和挖掘我们国家在运筹领域的贡献 蕴含的思政元素：**国家认同、民族自信**
7. 运筹学的称谓(5分钟) (1) 英国：Operational Research (2) 美国：简称OR (3) 日本：运用学 (4) 中国香港、台湾：作业研究 (5) **中国内地：运筹学**	设计思路：《史记》对"运筹"的记述表明，我国运筹思想源远流长，说明我们国家关于运筹学的称谓才体现了这门学科的精神实质和内涵 通过PPT展示图片、文本、图例、流程图 蕴含的思政元素：**人文积淀**
8. 运筹学的研究方法(15分钟) (1) 分析与表述问题：弄清要解决的问题，明确实现目标，分析环境和约束条件，取得统计数据资料 (2) 建立数学模型：确定决策变量，建立目标函数，构造约束方程 (3) 对问题求解：用各种手段对模型求解，模型求解需用计算机，精度由决策者提出	设计思路：讲解运筹学解决问题的思路和步骤，让学生理解从发现问题到认识问题、分析问题、解决问题的全过程 通过PPT展示图片、文本、图例 蕴含的思政元素：**科学精神、解决问题和实践创新**

(续表)

教 学 内 容	教 学 设 计
(4) 建立起对解的有效控制：确定参数的变化范围，模型导出解进行修正 (5) 决策与方案实施：解的实施，实施最优解	
9. 运筹学的应用(10分钟) (1) 市场营销：广告预算、竞争性定价、新产品开发、销售计划的确定 (2) 生产计划：生产作业的计划、合理下料、配料问题等 (3) 库存管理：多种物资库存量的管理、库存方式、库存量 (4) 财政和会计：预测、成本分析、定价、证券管理等 (5) 运输问题：运输线路的确定、物资调拨、建厂地址的选择等 (6) 人事管理：对人员需求的预测，人员编制、人员分配 (7) 设备维修和可靠性、项目选择和评价、工程的优化设计 (8) 计算机和信息系统 (9) 城市管理	教学设计：通过列举运筹学的应用案例，简单讲述运筹学的作用 蕴含的思政元素：**科学精神、解决问题和实践创新**
10. 总结(5分钟) 课堂小结、布置课后作业	设计思路：对本节课进行小结，总结这堂课的主旨 布置课外练习作业：让学生查阅资料，收集运筹学的经典案例、重大工程的优化案例、运筹学能够解决的实际问题

（五）教学效果与反思

1. 教学效果

（1）过程评价：

① 课堂提问和课下思考题学生完成质量较高，学生能够基本掌握知识点。

② 学生参与度高，课堂气氛活跃，回答问题的质量较好，学生的积极性被调动起来。

③ 注重情感教育，亲近学生，受到学生的喜爱。

④ 学生在超星教学平台上的讨论情况一般，不够活跃，还要想办法调动学生参与的积极性。

⑤ 因为是绪论，课程内容还没有展开；学生对课程了解不多，交流意识不

强,仍然只是听众,还没有从被动学习转变成主动学习。

(2) 教师评价:

教师的各方面功底扎实,无论是教学示范还是语言,在本堂课中都起到了重要作用,学生可以切实感受到运筹学思想渗透到生活的方方面面,在日常生活中有广泛的应用,这为学生后继课程的学习提供了方便。

本节课设计思路清晰,从简单到复杂,从生活中的案例到古今中外的经典案例,都是步步推进,层层深入,这样既解决了本课的难点,又能让学生学得轻松自然,也达到了这节课的教学目标。

本节课充分体现了课改的新理念,以学生为主体,注重学生的专业发展。教师通过案例引入,以运筹学发展为主线,将本课的内容很巧妙地串在一起。在这节课中,不仅让学生认识了运筹学,更使学生通过提出问题解决问题掌握了学习知识的方法。

教师坚持以学生为主体,注重对学生人格的培养。"非常好""这位同学真棒……""大家可以试着想象……"等等,这些话语都体现了对学生个性的尊重和对学生创造性思维的培养。

教师成功实现了角色的转换,成为学习情景的引导者、学生学习兴趣的激发者、教学活动的组织者。

2. 教学反思

本节课教学的对象是大学三年级的学生,他们有一定的管理学基础和相关专业知识,有较强的理解能力和同伴合作互助的能力,在教学中可以体现学生们的主动性,因此可以多让学生主动探索、自主学习,培养他们的创新能力。

整堂课运用了案例、图片、文本、流程图等多种教学资源,利用提问、讨论、分析案例、复习知识点等多种教学方法将整堂课的知识点串联起来,使学生对运筹学这门课有了充分的认识,让学生在思考讨论的环境中进行学习,拓展知识。在让学生完成任务的同时也培养了他们的探索能力及自学能力。虽然在教师的讲解过程中学生是被动地听,但是学生在完成任务、完成目标的过程是主动的。

课堂气氛活跃,学生思想积极,能够积极回答问题,敢于表现自我。整个过程培养了学生的分析能力、应用能力,提高了学生各方面的综合能力。通过引导学生进行自主学习,培养他们归纳总结的好习惯,促进学生的学习热情。学生在课后讨论问题、总结归纳的过程中也会更加热爱自己的劳动成果,更加喜欢学习。

课堂上注重鼓励学生,让他们在课堂上更有成就感,更有自信心,这是健康人格培养的一个过程;让学生觉得这堂课是有实际意义的,是学有所用的。

在教学的过程中发现如下问题:

(1) 部分学生对前期知识掌握不足,如教师讲运筹学在管理问题中的应用时,学生反应不积极,不能完全理解。解决办法:后续课程中,增加更多案例,并有意识地让学生复习相关知识。

(2) 部分学生课堂讨论参与度不高。对于此问题,解决办法如下:讲课过程中,适当地在熟悉基础知识后再引出新问题,跟学生一起回忆主要内容。课后加强与学生的交流与沟通,及时了解学生的学习情况及想法。另外,可以通过微信及超星平台了解学生的学习动态,加强交流,通过网络平台提高学生主动学习的兴趣和能力。

随着课程建设的深入,"运筹学"教学从教学内容、教学形式、教学手段和教学实践上都与思政元素进行了很好的渗透融合。教学内容上挖掘思政要素,与课程内容相互渗透、相辅相成;教学形式上采用以经典案例为导入,从问题出发,在强调实际问题的解决中介绍我国工程技术人员及管理人员的才智,体现祖国的强大;教学手段上采用多媒体和上机相配合,教学形象直观,学生印象深刻;课程实践上设计了与课程思政相关的课程实训,让学生挖掘古代贡献和现代重大工程的案例,鼓励学生参加学科竞赛,亲历运筹学解决实际问题的过程;考核方法上注重过程化考核,分散难点,调动学生平时学习的积极性,深化教学效果。参加课程思政体验的教师队伍逐渐扩大,自觉自愿地在课程中增加思政元素的渗透,形成了稳定的教学团队。

今后还要进一步深入研究课程思政的教学重点,深入挖掘课程的理论教学和思政元素的融合,总结教学过程中的不足之处,使课程思政真正落到实处,积极探索将课堂教学与网上教学相结合的新路子,在教学内容、教学实践中全面融入思政元素,自觉自愿地在课堂上对学生进行思想教育,进一步在课堂教学中推行和展示"运筹学"课程思政建设成果,将教学档案、实验档案、教学案例全部投入使用,并及时进行修订和完善。

"知识产权管理"课程思政教学案例

一、课程概况

（一）基本信息

授课教师：熊焰（经济与管理学院）

课程名称：知识产权管理

学　　分：2学分

课程类别：专业教育课程

（二）课程简介

"知识产权管理"是经济管理类本科生的专业课，讲授知识产权管理基本理论、知识产权基本管理制度、专利管理、商标管理、著作权管理、商业秘密管理等内容。通过本课程的学习，学生应掌握知识产权管理的基本理论和方法，具备分析、解决知识产权管理实际问题的能力，为成为复合型的知识产权管理应用人才奠定基础。

二、课程蕴含的思政元素分析

本课程知识点与思政元素的结合点如表1所示。

表1　"知识产权管理"知识单元、知识传授和能力培养要点及价值塑造要点对应表

知识单元	知识传授和能力培养要点	价值塑造要点
1. 知识产权概述	（1）理解知识产权管理的含义和特征 （2）掌握知识产权管理的对象及分类 （3）掌握知识产权管理与竞争优势	引导学生树立知识产权管理意识，激发学生对我国传统文化的热爱，理解富强、平等、爱国的核心价值观，引导形成积极向上的价值信仰和爱国主义精神

(续表)

知识单元	知识传授和能力培养要点	价值塑造要点
2. 知识产权基本管理制度	(1) 掌握知识产权管理法律法规制度 (2) 理解企业知识产权管理制度 (3) 掌握我国国家、地区、行业、企业的知识产权战略管理 (4) 掌握知识产权人力资源管理	使学生提升自觉服务国家知识产权战略的认识,理解敬业、法治、诚信的核心价值观;引导学生认识规则意识、法治观念与职业道德的重要性
3. 专利管理制度	(1) 掌握专利信息检索与分析方法 (2) 掌握技术标准与专利池管理	贯彻我国创新驱动发展的理念,激发学生创新创业的激情,引导激励学生崇尚严谨理性、精益求精的科学精神,努力实践技术创新,为实现中国梦而努力奋斗
4. 商标管理制度	(1) 理解商标对企业的意义 (2) 理解品牌及品牌的功能与意义 (3) 掌握商标的运营管理	引导学生热爱国货,帮助学生开阔国际视野,树立大国自信、民族品牌自信
5. 著作权管理制度	(1) 著作权的产生与软件登记 (2) 软件著作权的归属管理	让学生树立版权意识,不侵犯他人的著作权;树立正确的游戏观念,在设计和使用游戏中要用社会主义核心价值观来衡量;运用正确价值观评价影视作品。激励学生热爱和传承中华优秀传统文化,树立大国自信、文化自信,提升文化素养和审美能力

三、一节代表性课程的教学设计——知识产权管理与竞争优势

(一)教学目标

1. 知识传授

学生理解竞争优势概念,并记住产业组织学派和资源基础学派的代表人物、经典著作以及基本观点;理解基于企业外部环境的竞争优势以及基于企业内部资源和能力的竞争优势;理解知识产权管理对国家、社会、企业在各种竞争中胜出的重要价值。

2. 能力培养

学生具备分析知识产权管理对企业外部环境的影响,以及知识产权管理与企业内部资源及能力关系的能力;具备运用知识产权管理帮助企业获得竞争优

势的能力。

3. 价值塑造

引导学生正确评价知识产权管理的责任和使命，树立知识产权管理意识，增强对我国传统文化的热爱；理解富强、平等、爱国的核心价值观，拥有积极向上的价值信仰和爱国主义精神。

（二）教学对象分析

本课程的教学对象为经管类专业本科生，学生具有管理学基础和知识产权法专业知识，崇尚有"厚德精技、砥砺知行"的精神，并且拥有对国家知识产权战略和科技创新的一定认知，怀有成为实践能力强、具有创新精神和国际视野的高素质应用创新型人才的强烈愿望。因此，学生在教学中易产生强烈的学习兴趣。

（三）教学内容与资源

1. 教学内容

（1）竞争优势的概念：讲解竞争优势的概念、基于企业外部环境的竞争优势、基于企业内部资源和能力的竞争优势。

（2）竞争优势的来源：讲解产业组织学派与资源基础学派代表人物、代表作品和基本观点。

（3）知识产权管理与竞争优势的获取：讲解知识产权管理与企业外部环境的影响，以及知识产权管理与企业内部资源和能力的关系。

2. 教学资源

（1）课程预习用多媒体 PPT 课件、授课用多媒体 PPT 课件。

（2）企业竞争优势视频。

（3）企业竞争优势图片。

（四）教学过程与方法

1. 课前预习

要求学生提前预习本节课的内容，并广泛阅读媒体有关华为 5G 专利等相关内容的分析报道。

2. 课堂教学过程与方法

（1）问题导入（10 分钟）。

播放一段关于华为 5G 事件的视频，并向学生提问是什么使华为公司迅速崛起。（以提问的方式引导学生思考、进入状态，引出本次课的讲授内容）

(2) 讲授内容、案例讨论、提问互动等(30分钟)。

① 竞争优势理论的概念(5分钟)。

内容：讲述竞争优势理论，介绍经典著作《战略管理》。

思政元素：家国情怀，科技创新，砥砺知行。

② 基于企业外部环境的竞争优势(5分钟)。

内容：批判性地介绍产业组织学派，解释企业竞争优势的五种竞争力量。

思政元素：国际视野，制度自信，厚德精技。

③ 基于企业内部资源和能力的竞争优势(5分钟)。

内容：批判性地介绍资源基础学派，解释企业竞争优势的内部核心要素。

思政元素：国际视野，文化自信，开拓创新。

④ 知识产权管理对企业外部环境的影响(10分钟)。

内容：分析知识产权管理对新进入者的威胁、对替代品的威胁，与买方议价能力、与供应商议价能力以及与现有企业间的竞争。

思政元素：国际视野，家国情怀，文化自信。

⑤ 知识产权管理与企业内部资源及能力的关系(5分钟)。

内容：阐释知识产权管理扩大了企业所掌握的知识产权资源，提高了运用能力，提升了企业竞争力，形成了竞争优势。

思政元素：国际视野，理论自信，砥砺知行。

(3) 结束语及作业(5分钟)。

总结并布置作业，要求每个学生设计一份商标，该商标要与设计的企业名称、产品相互匹配呼应。

(五) 教学效果与反思

1. 教学效果

本节课讲授思路清晰，教师充满激情和自信，并时刻关注学生的反应，多数学生积极参与课堂互动，学习氛围浓厚。从上课过程中学生的表现可以看出学生对华为5G专利所取得的发展成就感到由衷自豪与赞叹，对华为的科技创新与知识产权管理的水平有着强烈的认同感，同时也增强了对我国科技发展的民族自豪感。从提问和回答交流过程中可发现，学生对知识产权管理在提升企业和国家的竞争优势方面的价值有了更深刻的理解，提升了学好知识产权管理课程的自觉性与自信心。

部分优秀作品展示(见图1)：

图 1

部分往届生的反馈：

听完这门课的感觉是，没有想到收获那么多。之前以为这门课程上起来会很枯燥无味和难懂，而实际上并不会。相反，上过后感觉学到了很多东西，老师还结合思政元素和现在的社会热点问题进行分析，使我们受益匪浅，不仅学到了知识，还充满了正能量。

——郝同学

上过这门课后，能看出老师对授课进行了精心的编排和备课。在教学方法上，打破传统灌输式授课，和我们学生互动很多，能够引起兴趣，更重要的是，在教学内容上，融入思政元素，特别有意义，让我更愿意听了。

——吴同学

2. 教学反思

充分利用校企合作优势，请企业专家详细介绍企业是如何提高知识产权管理提升竞争优势的，使学生对知识产权管理的重要性与必要性有深入体会。

进一步完善学生对授课内容的反馈与评价系统，及时关注学生对课程思政授课效果的反响与意见，以便更好地改善教学手段、提高教学水平。

"工程经济学"课程思政教学案例

一、课程概况

（一）基本信息

授课教师：李煜华（经济与管理学院）

课程名称：工程经济学

学　　分：2学分

课程类别：综合素养课程

（二）课程简介

"工程经济学"是上海应用技术大学全校本科生的一门通识课。"工程经济学"是在资源有限的条件下，运用工程经济学分析方法，对工程技术（项目）各种可行方案进行分析比较，选择并确定最佳方案的科学。本课程要求学生掌握工程经济的基本原理和工程经济评价的基本方法，提高学生对工程项目投资决策的理论水平和应用能力。

二、课程蕴含的思政元素分析

1. 融合典型案例于教学中

结合工程经济学是由工程技术学科、经济学科以及管理学科互相交叉结合而形成的综合性边缘学科的特点，以及工程经济学是从经济角度对工程方案进行比较和选择的理论与方法，从工程经济学的发展历程和典型工程项目案例入手，让学生了解课程的实用性和博大精深，用工程项目本身的魅力吸引学生，激发学生对本课程的认同感及学习动力。典型工程经济项目案例：青藏铁路二期建设项目工程经济分析、港珠澳大桥建设项目工程经济分析等。

2. 融合国家方针政策于教学中

在授课中把"一带一路"倡议、中国援助非洲等具有国家方针政策的工程项目融合到教学中，让学生在掌握工程经济分析原则和方法的同时，能够熟悉国家的大政方针政策。教学中知识点导入形式新颖有趣且具有原创性。教学情景设计能激发学生的兴趣点，提高求知欲望，增强学生民族自信心和自豪感，达到"盐溶于汤"的课程思政育人效果。

3. 融合正能量于教学中

在授课中融入正确的世界观、价值观、人生观，将道德标准和人文情怀等融入教学。如针对项目开发和项目评价的课程内容，融入华为海思芯片研发项目、屠呦呦的抗疟青蒿素研究项目等案例，通过这些催人奋进的开发和研发项目的讲解，在让学生了解工程经济项目管理过程的同时，培养学生的家国情怀、人文情怀、坐得住冷板凳踏踏实实做事的观念，达到"多点开花"的培养效果。

4. 融合工程管理严谨求真的精神于教学中

工程经济学的内容之一是对工程经济方案进行科学的评价，工作中对应的部门是招投标部门、银行的信贷部中贷款项目的可行性研究等部门，需要从业者具有严谨理性、崇尚真知的科学精神。在教学中，通过正面案例渗透工程管理的严谨求真，反面案例警示坚守"底线"不碰"红线"，引导学生以舍我其谁、时不我待的担当精神全力以赴，直面工作矛盾和问题，主动接受挑战，努力创造经得住历史、人民和实践检验的工作业绩。

课程思政元素在教学内容的各章节和教学过程各个环节的分布情况如表1所示。

表1 思政元素在"工程经济学"教学内容中的分布情况

课程主要章节和内容摘要（知识点）	思 政 元 素	核 心 素 养
第一章"绪论"介绍"工程经济学"的主要内容、该门课程对学生的用途以及学习方法，并对贯穿全书的基本思想进行论述。 通过本章的学习，让学生理解工程经济学的基本概念以及工程技术与经济的关系，了解本课程的基本任务和基本内容，了解工程经济学的发展简况	(1) 采用青藏铁路二期工程建设项目为案例说明工程经济学是研究工程项目的经济效果和经济效益的科学，以寻求提高经济效果的途径与方法的科学 (2) 以港珠澳大桥工程建设项目为例说明工程经济学是研究工程技术与经济之间关系的一门学科，其核心过程是对工程技术方案进行经济分析与评价，选择技术上先进、经济上合理的最佳方案	(1) 增强学生民族自信、政治认同感和自豪感，达到"盐溶于汤"的课程思政培养效果 (2) 扩展学生的国际视野，理解人类命运共同体的内涵和价值

(续表)

课程主要章节和内容摘要（知识点）	思 政 元 素	核 心 素 养
为什么要研究工程经济问题？资源的稀缺性。 实现同样目标的工程技术方案越来越多。本学科的任务在于通过一定的判据标准选择适合方案	以"一带一路"倡议、中国援助非洲建设高铁、大型水电站、港口等案例让学生明晰资源的稀缺性是研究工程经济问题研究的核心原因，把国家经济发展和外交方针政策与工程经济学教学相融合	(3) 提高学生的职业素养、工匠精神和科学精神 (4) 培养学生的诚信忠诚、严谨理性、崇尚真知的科学精神 (5) 培养学生的爱国情怀、人文情怀、坐得住板凳踏踏实实做事的观念，达到"多点开花"的课程思政培养效果 (6) 培养学生开展科学研究、技术创新时必须遵从人类社会的道德伦理和团队合作精神
工程经济学发展概况：第一阶段——借鉴、学习苏联的工程经济分析和工程经济论证方法，对"一五"计划顺利完成起到重要作用	以新中国成立后我国经济快速发展为例，列举我国重点大型工程项目如：葛洲坝水电站、小浪底工程、三峡大坝工程，以说明工程经济分析的重要性	
现金流量及其构成：介绍企业的经济效益和社会效益，现金流量的构成要素。其中无形资产指企业长期使用，能为企业提供某些权利或利益但不具有实物形态的资产，如专利权、非专利技术、商标权、版权、土地使用权、商誉等	融入华为海思芯片研发项目、屠呦呦的抗疟青蒿素研发项目等，通过对这些催人奋进的开发和研发项目的讲解，一方面让学生了解项目的社会效益及现金流量构成中的无形资产，另一方面培养学生的爱国情怀、人文情怀、坐得住板凳踏踏实实做事的观念，达到"多点开花"的课程思政培养效果	
工程项目评价的基本方法： 掌握工程经济效果评价指标：① 投资回收期；② 净现值、净年值；③ 费用现值、费用年值；④ 内部收益率。 掌握决策结构与评价方法	通过金融系统经济方案评价反面案例说明工程经济学是以定量化评价数据结果为主要依据的。同时警示学生在工程项目经济评价中要实事求是，恪守职业道德，坚守"底线"，不碰"红线"	
每周一次作业	通过课堂引导和课后练习培养学生遵守作业收交时间的制度观念、作业完成过程中的诚信观念，从作业要求开始培养学生的职业素养	
期末大作业布置 撰写工程经济分析报告	要求学生到图书馆查资料，培养学生具有"崇尚实践""团队合作"的职业素养。培养学生开展技术创新活动时必须遵从人类社会的道德伦理和团队合作精神	

三、一节代表性课程的教学设计——经济效果评价

（一）教学目标

1. 知识传授

要求学生熟悉静态、动态经济效果评价指标的含义、特点，掌握静态、动态经济效果评价指标的计算方法和评价准则，主要包括：① 投资回收期的概念和计算；② 净现值和净年值的概念和计算；③ 净现值与收益率的关系；④ 费用现值和费用年值的概念和计算；⑤ 内部收益率的概念和计算；⑥ 基准收益率的概念和确定。要求学生掌握决策结构与评价方法，主要包括互斥型方案、独立型方案和相关型方案的评价方法。

2. 能力培养

在对项目进行技术经济分析时，经济效果评价是项目评价的核心内容，为了确保投资决策的科学性和正确性，研究经济效果评价方法是十分必要的，因此本节课主要要求学生学会计算各种静态、动态经济效果评价指标，并利用相关指标计算结果和评价准则对不同类型投资方案进行经济评价，锻炼学生对项目的工程经济评价应用能力。

3. 情感认知

通过对静态、动态经济效果评价指标的学习，在利用相关指标计算结果和评价准则对不同类型投资方案进行经济评价过程中，训练学生科学理性的思维方式，培养学生独立思考和经济分析能力，树立诚信忠诚、严谨理性、崇尚真知的科学精神，提高学生的职业素养。

（二）教学对象分析

本课程的教学对象是来自全校大二及以上年级的学生，他们经过至少一年大学生活的熏陶，具备一定的基础知识。"工程经济学"课程可使学生对投资项目实施过程有一个全面的了解，对投资决策、项目管理在实现工程项目经济效益最大化方面的重要性有一个清晰的认识。在介绍工程项目投资决策可行性研究的基础上，课程帮助学生重点解决项目实施过程中如何提高项目的管理水平和实现项目经济效益最大化等问题；通过定量化的评价和经济分析，培养学生的诚信忠诚、严谨理性和崇尚真知的科学精神，以及独立思考与合作交流的能力，达到情感态度与价值观、知识与技能、过程与方法的三维课程目标的统一，使学生

成为既掌握本专业技术又掌握经济及管理理论和方法的复合型人才。

（三）教学内容与资源

1. 教学内容

（1）熟悉静态、动态经济效果评价指标的含义、特点。

（2）掌握静态、动态经济效果评价指标计算方法和评价准则。

（3）掌握不同类型投资方案适用的评价指标和方法。

2. 教学资源

（1）授课用多媒体 PPT 课件。

（2）网络资源：

① 超星学习平台：上海应用技术大学"工程经济学"，https://moocl-1.chaoxing.com/mycourse/teachercourse?moocId=215018443&clazzid=33151950&edit=true&v=0&cpi=114860537&pageHeader=0。

② 中国大学 MOOC：四川大学"工程经济学"，https://www.icourse163.org/course/SCU-1002144004。

（四）教学过程与方法

1. 课前预习

提前 3—5 天将预习课件上传至超星课堂平台，学生在线预先学习，反馈看不懂的页面或问题。

2. 课堂教学过程与方法

（1）问题导入（1—2 分钟）。

导入语：上节课学习了资金等值计算公式，如果某项工程项目的实现有若干个投资方案，而且技术方面都能达到项目质量要求，如何从经济角度来评价哪个投资方案最优？（以设问的方式引导学生思考、进入状态，引出本次课的讲授内容）

（2）讲授内容、工程案例、提问互动（40 分钟）。

① 讲授经济效果评价指标体系中指标的经济含义、计算方法及其评价准则，如图 1 所示。

② 讲授不同类型投资方案适用的评价指标和方法。

③ 结合案例中工程项目现金流量表计算相关经济指标并对项目进行经济性评价。

例1：某物流工程有 A、B 两种方案均可行，现金流量如表 2 所示，当基准折

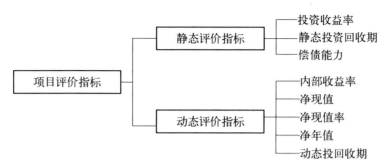

图 1　经济效果评价指标体系

现率为 10% 时,试分别用净现值法、净年值法和净现值率法比较评价择优。

表 2　A、B 方案现金流量表　　　　　　　单位: 万元

年　份		0	1	2	3	4	5
投资	A	2 000					
	B	3 000					
现金流入	A		1 000	1 500	1 500	1 500	1 500
	B		1 500	2 500	2 500	2 500	2 500
现金流出	A		400	500	500	500	500
	B		1 000	1 000	1 000	1 000	1 000

例 2:某厂拟购置机器设备一套,有 A、B 两种型号可供选择,两种型号的机器的性能相同,但使用年限不同,有关资料如下。(单位:元)

设备	设备售价	维修及操作成本								残值
		1	2	3	4	5	6	7	8	
A	20 000	4 000	4 000	4 000	4 000	4 000	4 000	4 000	4 000	3 000
B	10 000	3 000	4 000	5 000	6 000	7 000				1 000

$AC_A = 4\,000 + 20\,000(A/P, i, 8) - 3\,000(A/F, i, 8) = 7\,486.5$

$AC_B = \{3\,000(P/F, i, 1) + 4\,000(P/F, i, 2) + 5\,000(P/F, i, 3) + 6\,000(P/F, i, 4) + 7\,000(P/F, i, 5) + 10\,000\}$
$(A/P, i, 5) - 1\,000(A/F, i, 5) = 7\,284.3$

所以,选择 B 方案。

例3：设备 A、B 均可满足使用需求。具体数据见表，基准收益率为 10%，试选择一台经济上有利的设备。

方　案	初始投资	年净收益	残　值	寿　命
A	－10	3	1.5	6
B	－15	4	2	9

(3) 结束语(3—4 分钟)。

提问：工程项目的经济性评价合格后，该项目一定就可行吗？

结束语：经济性评价只是项目可行性评价的重要环节，是企业的经济效益和银行的经济效益评价，是微观评价。除经济性评价外，还要考虑工程项目的国民经济效益评价和社会评价，即宏观评价。将工程项目置于整个国民经济系统中来研究工程项目对国家和社会所做的贡献和有关影响，是为了在企业经济效益评价的基础上，更好地促进资源合理配置和提高国民经济效益。社会评价是从政治影响、国防军事、生态环境、资源利用、就业和其他社会变化等方面对项目进行综合效益评价分析。

我国正处于大规模基本建设阶段，很多大型公共基础设施项目，如道路交通、电站、能源设施、公共场所的建设等，都要消耗大量物资。在设计施工中都应当在满足功能要求、安全可靠的前提下，努力做到简洁实用，尽量减少能源和资源消耗。应综合考虑国家和地方关于建设节约型社会的政策措施，并运用工程经济学的评价方法，科学决策项目、比选方案，在保证项目功能满足的前提下，把那些由于不平衡因素的影响对社会和自然所造成的损害降到最低，以实现工程项目的预期结果，并实现其价值。

(学生在回味课堂知识内容时，无形之中养成"社会责任感""家国情怀""国家意识""节约型社会意识""生态环境意识"等核心价值素养)

3. 课后作业

(1) 完成本章课后练习题。

(2) 围绕工程经济学课程理论结合实际问题撰写工程经济分析研究报告，题目自拟。写作要求：研究报告题目应为工程经济分析或工程经济可行性研究，研究报告能够将"工程经济学"课程理论和实际问题分析有效结合，做到结构安排科学合理、现金流量数据资料等翔实、工程经济分析指标体系完整、论证充分足以支持工程经济分析结论、文字表达清楚简洁、报告格式符合规范。工程经济学研究报告不少于 3 000 字。

（五）教学效果与反思

1. 教学效果

本节课讲授较好地实施了前期设计思路,教师讲课思路清晰,充满激情和自信,时刻关注学生的反应。多数学生积极参与课堂互动,学习氛围浓厚;教师授课时采用了大量工程经济学案例,将定量计算和定性分析相结合,吸引了大部分学生深度参与课堂。从学生的眼神和表情中可看出课堂学习真正触动了他们的内心,感情被自然带入,有体验感,自然地接受观点。从回答问题的情况可看出学生理解到了工程经济师、造价工程师、咨询工程师责任的重大,并能与自身学习发展相关联。

2. 教学反思

讲课中工程经济分析案例的选取要准确,反面案例讲解要把握好"度",通过工程经济分析和讲解引导,让学生掌握理论和方法的同时深刻体会工程经济评价工作的重要意义和对评价者素质的要求,引导学生理解"明德""明学"才能"明事"的道理。

工程经济学课程内容较多,讲解可深可浅,课时有限,课堂上比较考验教师对时间的掌控能力,教师需要提前设计好每部分内容的讲授要求。

要注重师生关系协同,突出教与学的衔接,发挥老师的导向作用,突出对学生学习主动性和自信心、意志力的培养。从不同的角度帮助学生形成正确的世界观、人生观、价值观,养成科学的思维方式和创新的思维习惯,达到同向同行、同频共振的目标。

"人力资源管理"课程思政教学案例

一、课程概况

（一）基本信息

授课教师：张金福（经济与管理学院）

课程名称：人力资源管理

学　　分：2学分

课程类别：专业教育课程

（二）课程简介

"人力资源管理"是阐述企业人力资源开发，提高人力资源素质以及合理使用人力资源的理论、原则、方法的科学。它是为培养学生具备人力资源管理的基本知识和能力而设置的一门专业基础课。本课程采用案例分析、情境模拟、角色扮演等教学方法，充分调动学生自主学习的积极性；将课程内容与学生思想政治素质有机结合，深入发掘课程内容中的思政元素。

二、课程蕴含的思政元素分析

依据上海应用技术大学思想政治核心素养32个基本点和"ASciT（爱科技）"9大关键能力，结合本课程的知识传授和能力培养，重点挖掘价值引领的课程思政元素，达到润物无声的育人效果（见表1）。

表 1 "人力资源管理"知识单元、知识传授和
能力培养要点及价值塑造要点对应表

知识单元	知识传授和能力培养要点	价值塑造要点
人力资源管理导论	人力资源管理的产生与发展 人力资源管理的职责、目标与分工 人力资源管理面临的挑战	介绍中国企业人力资源管理理论的产生、发展和完善等内容,帮助学生形成中国特色社会主义人力资源管理的理论自信
工作分析与工作设计	工作分析的程序 工作分析的方法 工作设计	介绍我国一些国有企业的工作分析程序、方法和工作设计等,帮助学生树立中国特色社会主义人力资源管理的制度自信
人力资源战略与计划	人力资源战略 人力资源需求预测 人力资源计划的控制与评价	介绍党的十八大、十九大中关于人力资源强国的内容以及企业人力资源规划与国家人才发展计划的关系,增强学生的家国情怀和道路自信
人员招聘与录用	招聘过程管理 招聘渠道的类别及其选择 员工录用办法与招聘面试	介绍报纸广告、网上招聘、职业介绍、面试、测试和评价等内容时植入平等、公正、诚信等社会主义核心价值观的重要性,培养学生平等、公正和诚信等人文精神
员工培训	员工培训需求评估 员工培训方案的设计 培训方案的实施	在组织学生讨论职前教育、需求评估、方案设计和实施过程中,有意识引导学生领会企业责任、企业价值、企业精神,提升学生的企业文化意识
绩效考核与管理	绩效考核的内涵 绩效管理的内涵 绩效考核与绩效管理的区别 绩效考核标准的制定 绩效考核体系的设计 员工绩效考核的方法 绩效考核反馈与改进	培养学生严谨理性、精益求精、思辨习惯;培养学生实证求真的科学精神
薪酬制度设计与薪酬管理	薪酬设计的基础和内容 工作评价 薪酬水平与工资结构 员工个人、集体激励 员工福利计划与员工薪酬调整	围绕工作评价、薪酬水平与结构,培养学生的民主和谐、公正友善的核心价值观;针对员工激励、福利与薪酬调整等内容,增强学生的和谐、公平正义、敬业诚信以及尊重个性和主体的精神

(续表)

知识单元	知识传授和能力培养要点	价值塑造要点
跨国公司的人力资源管理	国际人力资源管理的发展概述 跨国公司人力资源管理的模式 跨国公司人力资源管理的特点	围绕国际人力资源管理经验、跨国公司人力资源管理模式与特点,培养学生的全球意识和开放的心态,教育学生尊重世界多元文化的多样性和差异性;帮助学生理解人类命运共同体的价值意蕴等,树立道路自信和制度自信

三、一节代表性课程的教学设计——绩效考核

(一)教学目标

1. 知识目标

(1)掌握绩效考核标准的要素。

(2)了解绩效考核标准制定方法及其发展趋势。

(3)能够对绩效考核进行完善改进。

2. 能力目标

(1)能够制定组织绩效考核标准。

(2)掌握绩效考核标准制定中的问题处理技术。

(3)能够设计绩效考核体系。

3. 价值塑造

(1)理解绩效考核标准制定中的公正公平内涵意蕴。

(2)形成绩效考核体系设计的公正、公平性的理念及其绩效考核公正公平的技术逻辑与实用逻辑思维方式。

(3)具备企业绩效考核公正公平特别是程序公正心智图式。

(4)具备探索确保企业在绩效考核标准公正公平实现机制的自觉性。

(二)教学对象分析

本课程的教学对象为会计专业大三学生,修课人数为46人,其中女生30人,男生16人。学生从工商管理大类中分流到会计专业,在大一综合成绩考核中居于前列,文化基础比较深厚,专业基础比较扎实。会计班学生数理基础比较好,擅长计算,抽象逻辑思维优势明显,学习目标清晰,态度认真,诚信意识与客观公正意识强。

（三）教学内容与教学资源

1. 教学内容

（1）评价者的选择（上司、同事、下级、自我、客户）。

（2）评价信息准备。

（3）评价者准备。

（4）绩效考核评价标准：客观性、程序公正、公平（课程思政）、可测度性。

2. 教学资源

案例：浙江J集团绩效考核中的程序公正及其实现。

（四）教学过程与方法

1. 教师（讲解5分钟）：讲解评价者的选择、评价信息准备、评价者准备、绩效考核评价标准等相关概念、内涵及其在人力资源管理中的体现。

2. 教师（陈述3分钟）：分析程序公正对绩效考核结果的价值和意义。

3. 教师（PPT案例展示3分钟）：浙江J集团公司绩效考核（案例来自彭移风、皇甫梅风：《绩效考核中的程序公正及其实现——以浙江某集团公司为例》，《中国人力资源开发》2007年第3期）。

4. 教师（案例分析15分钟）：运用绩效考核标准理论分析J集团公司的绩效**考核内容设置、企业内部沟通、考核者公正性、员工印象管理、制度建设等方面**的公正性问题。

5. 教师（组织讨论分析案例5分钟）：用Leventhal等人（1980）的分配偏好理论，引导学生运用"提高程序公正达成的一致性、偏见抑制、精确性、可纠正性、代表性、伦理性等原则"，构建绩效考核程序正义的实现路径。

6. 在教师的启发下，学生提出关于绩效考核程序公正的实现路径。

A同学回答（2分钟）：按照一致性原则，绩效考核指标体系必须符合企业的发展战略和岗位的实际情况。

B同学回答（2分钟）：按照偏见抑制原则，在绩效考核中应避免考核者的认识误区和心理偏见。

C同学回答（2分钟）：按照精确性原则，通过有效方式和方法减少考核误差。一是全员培训；二是提高绩效考核工具的科学性；三是根据公司情况，对小样本实行预先试考核。

D同学回答（2分钟）：根据可纠正性原则，应该赋予考核对象改变不公正考核的监督权与采取正常渠道解决程序不公正的权利。

E 同学回答(2 分钟)：根据代表性原则，绩效考核应该尽可能取得全体考核对象的认同和合作。

F 同学回答(2 分钟)：根据伦理性原则，绩效考核不能脱离企业原有的地域文化与企业文化。

教师(总结 2 分钟)：阐明绩效考核体系设计的公正性决定着绩效考核结果的方法、机制和过程的公正性。

（五）教学效果与反思

1. 教学效果

（1）学生的反馈：本次课程，教师运用浙江 J 集团案例，分析企业绩效考核中的问题，特别是程序公正性问题，并让我们参与提出确保绩效考核公正性的实现机制。我们不仅掌握了课程相关知识，而且理解了绩效考核公正性的概念、表现形式以及其技术逻辑和使用。

（2）自我评价：本次课程主要教学目标是让学生掌握绩效考核管理中的相关理论知识和技术，依据课程思政目标要求，本次课程的教学目标增加了培养学生的公正公平性理念和实现机制要素。通过案例教学，让公正公平不再是一种心理感受，而是落实到现实管理措施的制定中，学生不仅理解了程序公正性的理念，而且掌握了管理中公正性技术逻辑和方法。

2. 教学反思

在本节课中，教师不仅把相关的理论知识作为课堂教学的目标，而且把培养学生的公正公平理念作为教学的目标之一。这不仅让学生的观念得到提升，而且让学生更加有效地掌握了理论知识，对相关的专业理论知识理解得更加深刻了。这说明一个道理，课程思政不是像有的教师所说的那样增加了教师和学生的负担，而是通过提炼思政元素，提升学生思想素养，更加有利于促进学生对知识的有效学习。课程思政绝不是一门课程或一类特定的课程，而是一种教育教学理念。所有课程都应该是具有传授知识培养能力以及思政教育的双重功能，即教学具有教育性的规律。其实大学所有课程都承载着培养学生的世界观、人生观和价值观的作用。课程思政也是一种思维模式，教师在教学过程中要潜移默化地开展思政教育，要有意、有机、有效地对学生进行思政素养的培育，要在教学内容中自觉、充分挖掘思政元素，在教学设计中把思政培养放在教学目标的首位，在教学方法上注意循循善诱，在教学形式选择上考虑思政教育的实践性和有效性，在教学考核上把对思政素养的重视和理论知识点的掌握放在同一位置。

"'一带一路'文化贸易"
课程思政教学案例

一、课程概况

(一) 基本信息

授课教师：常燕军（经济与管理学院）

课程名称："一带一路"文化贸易

学　　分：1.5学分

课程类别：专业教育课程

(二) 课程简介

理解"一带一路"倡议的历史渊源和现实意义，培养政治认同和国家意识；掌握"一带一路"倡议背景下中国与主要国家的文化贸易概况，培养文化自信、时代精神和国际视野；掌握"一带一路"倡议的推进与国际文化贸易的发展以及与中华民族伟大复兴中国梦实现的关系，培养使命担当和职业规范并塑造公民人格，最终在树立总体国家安全观的前提下，坚定对国家文化贸易安全的自觉认同与维护，主动承担文化贸易强国的时代使命。

二、课程蕴含的思政元素分析

依据上海应用技术大学思想政治核心素养32个基本点和"ASciT（爱科技）"9大关键能力，结合本课程的知识传授和能力培养，重点挖掘价值引领的课程思政元素，达到润物无声的育人效果（见表1）。

表1 "'一带一路'文化贸易"知识单元、知识传授和能力培养要点及价值塑造对应表

知识单元	知识传授和能力培养要点	价值塑造要点
1. 前言模块 为何提出"一带一路"倡议、"一带一路"倡议提出的历史背景与功能定位、国际文化贸易发展历程与现实状况	"一带一路"倡议概论 (1) 了解"一带一路"倡议历史渊源 (2) 理解"一带一路"倡议时代背景 (3) 掌握"一带一路"倡议内涵 (4) 掌握"一带一路"倡议现实意义 (5) 掌握"一带一路"倡议功能定位 (6) 了解"一带一路"倡议沿线国家概况	国家"一带一路"倡议与中华民族伟大复兴中国梦的关系;国家对建设文化贸易强国的制度设计
	国际文化贸易发展历程与现实状况 (1) 理解"全球化"语境中的当代国际文化贸易 (2) 掌握国际文化贸易的现状格局	国家战略和相关政策;以国际文化贸易发展、上海相关规划和政策为例,明确国贸专业的职业素养
2. 概念模块 国际文化贸易的基本概念、基本属性、功能定位、价值定位	国际文化贸易概论 (1) 掌握国际文化贸易的内涵和分类 (2) 掌握国际文化贸易的特点 (3) 掌握国际文化贸易的任务 (4) 理解发展国际文化贸易的意义	国际文化贸易与产业结构升级以及与构建改革开放新格局之间的关系;改革创新精神与历史文化成就之间的关系
3. 理论模块 国际竞争理论、文化多样性与趋同性理论、文化软实力与竞争力理论、竞争要素理论	国际文化贸易与国际竞争 (1) 了解文化贸易与国际竞争的关系 (2) 理解产业化加速全球文化趋同 (3) 掌握文化多样性的当代诠释	建立基于文化价值是国际文化贸易动力的文化自信与文化自觉
4. 政策模块 美国文化贸易政策、法国文化贸易政策、加拿大文化贸易政策、韩国文化贸易政策、中国文化贸易政策	主要国家文化贸易政策 (1) 掌握美国"放松管制"与"文化扩张"政策 (2) 掌握法国保护与扶持民族文化的文化政策 (3) 掌握加拿大二元到多元的文化政策 (4) 掌握韩国文化立国的文化政策 (5) 掌握中国特色社会主义文化贸易政策	国际文化贸易的政治引领与政治吸纳功能;文化贸易政策是文化软实力竞争的支撑;在保证本国文化安全和文化发展的前提下发展国际文化贸易

(续表)

知识单元	知识传授和能力培养要点	价值塑造要点
5. 实践模块 "一带一路"倡议背景下中国与主要国家的文化贸易实践	"一带一路"倡议背景下中国与主要国家的文化贸易实践(经验与教训) (1)掌握"一带一路"倡议背景下中国与亚洲国家的文化贸易实践 (2)掌握"一带一路"倡议背景下中国与欧洲国家的文化贸易实践 (3)掌握"一带一路"倡议背景下中国与美洲国家的文化贸易实践 (4)掌握"一带一路"倡议背景下中国与非洲国家的文化贸易实践 (5)了解"一带一路"倡议背景下中国与大洋洲国家的文化贸易实践	以国家战略和文化贸易政策为文化贸易发展的导向;国际文化贸易对传播中国文化价值观、实现文化产业链外溢和改善出口结构的作用;在保障文化安全的前提下促进国际文化贸易发展;提升文化软实力,增强综合国力

三、一节代表性课程的教学设计——文化贸易与国际竞争

（一）教学目标

1. 知识传授

理解"一带一路"倡议提出的历史背景,认同"一带一路"倡议的现实意义和功能定位;掌握国际文化贸易的基本概念、基本属性、基本作用、发展历程和现实状况,认同国际文化贸易与构建改革开放新格局之间的关系;掌握国际竞争理论、文化多样性与趋同性理论、文化软实力与竞争力理论和竞争要素理论,认同文化的价值是国际文化贸易的动力;了解美国文化贸易政策、法国文化贸易政策、加拿大文化贸易政策、韩国文化贸易政策和中国文化贸易政策,认同国际文化贸易具有政治引领与政治吸纳的功能,树立在保证本国文化安全和文化发展的前提下开展国际文化贸易的信念;了解"一带一路"倡议背景下,中国与主要国家文化贸易合作案例,既认同提升文化"软实力"、增强国际竞争力是世界各国面临的共同课题,又认同文化是实现中华民族伟大复兴中国梦不可或缺的重要力量。

2. 能力培养

通过特定情境中实证案例的应用,具备传承与发扬中国优秀文化的意识和能力以及辨别文化多样性与趋同性的意识和能力。

3. 价值塑造

通过学习"文化多样性的含义"这一知识点,树立国家文化安全观;通过学习"维护文化多样性的力量"这一知识点,培养使命担当意识;通过学习"文化多样性的当代诠释"这一知识点,强化文化自信和时代精神;通过学习"国家竞争力与文化软实力之间的关系",培养使命担当意识与职业规范素养;通过学习"中国发展文化软实力的优劣势与措施"这一知识点,培养国情观念,树立制度自信和文化自信。学生通过案例辩论训练科学理性的思维方式,培养独立思考与合作交流的能力,从内心建立起深厚的家国情怀、制度自信、文化自信、责任担当、自强合作意识,并塑造完备的职业素养和公民人格,促进素质全面发展。

(二)教学对象分析

本课程的教学对象为经济与管理学院国际经济与贸易专业大二本科生,他们已学习过"国际贸易理论"和"国际贸易实务"等课程,具备基本的外贸理论基础知识。学生处于对学校、专业、大学生活的发展认知阶段,渴望更深层次地了解专业内涵、行业发展和就业方向等问题。因此,加强对国家战略和区域经济社会发展需求的学习和了解,有助于学生端正学习态度,树立科学的专业价值观,塑造正确的人生价值观以及培养具有竞争力的职业素养。学生在制定职业生涯发展规划的基础上,构建适合时代发展和自身发展的知识学习和职业素养提升计划,在塑造公民人格的同时培养相应素质,最终实现情感态度与价值观、知识与技能、过程与方法三维课程目标的统一。

(三)教学内容与资源

1. 教学内容

(1) 文化多样性与趋同性。

(2) 重视文化发展,提高国家竞争力。

(3) 中国文化软实力现状以及提升文化软实力的措施。

2. 教学资源

(1) 授课用多媒体 PPT 课件。

(2) 授课使用超星学习平台:上海应用技术大学"'一带一路'文化贸易",http://i.mooc.chaoxing.com/space/index?t=1601458161406、https://mooc1-1.chaoxing.com/course/204551203.html。

(3) 授课参考教材及参考资料。

① 李小牧编著:《国际文化贸易》,高等教育出版社 2014 年版。

② 李怀亮等：《国际文化贸易教程》，中国人民大学出版社 2007 年版。

③ 李嘉珊：《国际文化贸易研究》，中国金融出版社 2008 年版。

④ 韩骏伟、胡晓明：《国际文化贸易》，中山大学出版社 2009 年版。

⑤ 葛剑雄等：《改变世界经济地理的"一带一路"》，上海交通大学出版社 2015 年版。

⑥ 肖振生主编：《数说"一带一路"》，商务印书馆 2016 年版。

⑦ 金巍主编：《梅花与牡丹："一带一路"背景下的中国文化战略》，中信出版社 2016 年版。

(4) 教学视频：

① 央视大型纪录片《一带一路》之第六集《筑梦丝路》中关于"世界文化的多样性"的部分介绍。

② 视频《日本动漫发展史》部分介绍。

③ 视频《韩国的国策：文化立国输出韩流》部分介绍。

④《新闻联播》有关"上海打造文化贸易新平台"的内容。

(5) 教学图片：美国好莱坞电影票房数据曲线图、日本动漫占全球市场份额饼状图、韩国文化产业出口竞争策略列表截图等。

(四) 教学过程与方法

1. 课前预习

提前 3—5 天将课程 PPT 课件和课后作业要求等内容上传至超星平台，学生在线预先学习知识点，了解本节课的重点和难点，通过"超星课程班级群"或"课程班级微信群"反馈疑问和需求等。

2. 课堂教学过程与方法

(1) 问题导入(5 分钟)。

以美国好莱坞电影和日本动漫产业在世界市场的占有率为切入点，向学生提出"文化贸易发展与国家综合竞争力存在什么样的关系"这一问题，随后通过播放视频、展示图片引导学生理解重视文化贸易发展的重要性。(以设问的方式引导学生思考，进入状态，引出本次课的讲授内容)

(2) 讲授内容、时政案例、提问互动等(80 分钟)。

第一部分：文化多样性与趋同性(25 分钟)。

① 文化多样性的内涵与外延(8 分钟)。

内容：何谓文化的多样性、文化多样性的表现、为何要维护文化的多样性。

案例：纪录片《一带一路》第六集《筑梦丝路》中有关"世界文化的多样性"的部分介绍。

互动：对文化多样性有什么认识？是否发现过或经历过文化多样性的事例？以学校食堂菜品供应差异性为例，分析民族文化的多样性。（提问或讨论）

② 文化趋同性的内涵与外延（8分钟）。

内容：何谓文化的趋同性、文化趋同性的表现、文化趋同性的意义。

案例：中日互捐新冠肺炎防控物资宣传标语。

互动：如何理解中日文化的趋同性？（提问）

③ 维护文化多样性的力量（9分钟）。

内容：国家的文化保护政策、文化本土化的自我意识、个体化的自由选择。

案例：法国的"文化例外"政策、智利电影市场依靠外来电影支撑、印度电影国内市场可与美国电影抗衡等案例。

互动：启发学生思考美国好莱坞电影为什么能独步世界，要求学生课后查阅资料。

第二部分：文化软实力与国家竞争力（30分钟）。

① 文化软实力（10分钟）。

内容：何谓文化软实力、文化软实力相关分析、国际文化竞争要素。

案例：美国好莱坞电影的影响力。

互动：启发学生思考美国好莱坞电影畅销全球，输出了美国的价值观，是否也影响过自己的学习和生活方式以及价值判断。

② 国家竞争力（10分钟）。

内容：何谓国家竞争力、国家竞争力的组成。

案例：视频《日本动漫产业发展史》。

互动：讨论日本动漫产业发展与日本综合国力提升的关系。

③ 文化软实力与国家竞争力的关系（10分钟）。

内容：重视文化发展、提高国家竞争力，增强国家竞争力能够提升文化软实力。

案例：韩国"文化立国"政策和实施效果。

互动：要求学生课后查阅资料，列举上海2020年打造了哪些文化贸易新平台。

第三部分：中国文化软实力现状以及提升文化软实力的措施（20分钟）。

① 中国文化软实力现状(10 分钟)。

内容：中国文化软实力的优势、中国文化软实力的劣势。

案例：遍布世界的中华武术学校等案例。

互动：让学生思考自己的家乡在文化软实力方面有哪些代表性的文化产品或文化服务。

② 提升中国文化软实力的措施(10 分钟)。

内容：提升中国文化吸引力和影响力、促进中西方文化交流、在实践中丰富"中国模式"内涵以增强"中国模式"感召力。

案例：网红李子柒与中国文化传播、孔子学院、高校国学院及各地书院。

互动：引导学生思考我国文化贸易能否形成如美国好莱坞大片、日本动漫、韩国电视剧等一样的优势项目，以及能否借助"一带一路"倡议的推进将独具中国特色的文化产品和文化服务送出国门，让更多的人了解并喜欢中国文化。

第四部分：结束语(5 分钟)。

提问：当"一带一路""邂逅"中国文化，会碰撞出怎样的火花？引导学生回顾课堂知识内容，使"政治认同、国家意识、国家文化安全观、使命与担当意识、文化自信与时代精神、公民人格与职业规范"等核心价值观在脑海中重现，达到润物无声的育人效果。

总结：通过知识传授、案例示范和价值观引领，启发和指导学生以德为先，学会做人、做事和治学。

(3) 布置课后作业(5 分钟)。

① 在超星课堂完成本章测试题。

② 其他作业：

其一，寻找家乡文化软实力方面的代表性文化产品或文化服务，拍照上传超星课堂。

其二，查阅资料，梳理"一带一路"倡议下，家乡文化贸易发展的优势、劣势、原因及优化对策。

(五) 教学效果与反思

1. 通过实证案例引发学生思考，导入本节课的知识点、重点和难点

围绕国家战略和区域经济社会发展需求，聚焦行业发展、专业内涵、人才培养目标、毕业要求和就业方向等方面的时政案例，引发学生思考，进而导入本节课的知识点。通过知识点与时政热点的结合，引导学生掌握本节课的重点和

难点。

2. 通过多样化教学方式,提升学生对课堂教学的满意度

通过参与式教学和线上线下混合式教学的方式,保证课堂中学生的参与度、满意度和获得感。采用线上线下混合式教学方法,使知识点识记在线上完成,思政元素案例在超星学习平台上讨论,相关作业也从超星平台提交。较难理解和提高的内容,由教师线下串讲,从易到难逐一引导,并由学生主导案例讲解。通过课前预习、课中引导、课中讨论、课堂讨论点评和引导以及课后总结等环节,使学生共同参与课程教学过程。多样化的教学方式提升了学生对课堂教学的满意度。

3. 理论教学与实践教学互为补充

理论教学与实践教学互为补充,学生在课堂学习、实验仿真、课外实践加强综合能力提升,例如指导学生收集、整理和讨论文化的多样性与趋同性在实践中的实例。

4. 优化师生关系

注重师生关系协同,突出教与学的衔接,发挥教师的导向作用,突出学生学习的主动性,达到专业教育与思想政治教育同频共振的教育目标。

本课程激发了学生的爱国情怀和责任担当意识,增强了学生的专业自豪感和专业自信心。更为重要的是,引导国际经济与贸易专业的学生明确了自身职业发展方向,及时调整与提升了自身职业素养,为就业奠定了知识基础和能力基础,实现了专业课"见微知萌、德融课堂"的教学目标。

"珠宝玉石鉴定"课程思政教学案例

一、课程概况

(一) 基本信息

授课教师：刘卫东（人文学院）

课程名称：珠宝玉石鉴定

学　　分：4学分

课程类别：专业教育课程

(二) 课程简介

"珠宝玉石鉴定"是文化产业管理专业的一门学科专业必修课。本课程要求学生掌握珠宝玉石的基础理论和鉴定技能，逐步树立科技报国的家国情怀和使命担当；主要讲授三个部分的内容：第一部分为珠宝玉石的概念、分类及命名原则，第二部分为珠宝玉石鉴定的主要仪器，第三部分为宝石各论，详细讲授常见珠宝玉石的基础知识、鉴定方法及质量评价方法。

二、课程蕴含的思政元素分析

通过讲述我国珠宝产业发展史、珠宝业现状及发展趋势，使学生明确珠宝行业从业者的基本准则；通过讲解珠宝玉石国家标准，使学生了解规范珠宝市场、保障消费者权益的必要性；借助肉眼看起来干净完美的珠宝玉石在放大镜、显微镜下瑕疵随处可见的现象，引导学生认识到金无足赤、人无完人，要有包容的美德；借助讲述折射油有轻微毒性、操作要规范，说明工作认真细致的必要性；借助滤色镜的讲述，引导学生不要以"有色眼镜"看人；借助分光镜的讲述，联系到生活丰富多彩，教育学生要珍爱生命；借助二色镜的讲述，引申到人都有两面性，既有优点又有缺点,要多看人的优点,不要放大人的缺点;结合我国不同珠宝玉石品种的自身特点,与国外做对比,分别在资源、加工、鉴定、销售等环节重点讲授,使学生认识到树立正确的理想信念、提高思想道德修养、加强专业知识学习、树立法律意识的必要性(见表1)。

表1 "珠宝玉石鉴定"知识单元、知识传授和能力培养要点及价值塑造要点对应表

知识单元	知识传授和能力培养要点	价值塑造要点
基础知识	珠宝玉石的概念、分类、命名原则	珠宝行业从业者基本准则;我国珠宝产业发展史、现状及未来展望;珠宝玉石国家标准的适时发布:规范珠宝市场,保障消费者的权益
基础知识	常用宝石鉴定仪器用途、原理及使用方法	肉眼看起来干净完美的珠宝玉石在放大镜、显微镜下瑕疵随处可见,金无足赤、人无完人,要有包容的美德;折射油有轻微毒性,操作要规范,培养认真细致工作的良好习惯;不要以"有色眼镜"看人;生活丰富多彩,珍爱生命;人都有两面性,既有优点又有缺点,金无足赤人无完人,要看人的优点,不要放大人的缺点
宝石各论	钻石	钻石的硬度高、光泽好:做人应该和钻石一样,刚正不阿,品德高尚,光彩照人。2000年以前,国民对钻石品质不了解,给劣质钻石以可乘之机,随着国家经济的繁荣,国民对钻石品质的要求越来越高,劣质产品已经没有市场。2000年以后,由于钻石需求强劲,上海专门成立钻石交易所,目前中国市场在国际钻石行业占有举足轻重的地位。原料问题:迄今为止,国内钻石切割技术尚不过关,仍然是输出原料、进口成品——技术的重要性,在校要认真学习。仿钻与真钻外观无区别,但实际价值相差悬殊——不能以貌取人,要重视心灵美。实验室捡到钻戒的故事——诚信的重要性
宝石各论	红宝石、蓝宝石	劣质红蓝宝石倾销问题及目前的国民认知程度;蓝宝石资源廉价出口问题;新马泰旅游购买珠宝问题;斯里兰卡宝石行业依附于中国市场;中国、斯里兰卡国民生活水平对比
宝石各论	祖母绿、金绿宝石	东西方审美观对比:中国人内敛,西方人张扬;变石在不同光源下的变化;环境对人的影响因素,社会要和谐稳定
宝石各论	水晶、海蓝宝石、碧玺	水晶晶莹剔透,做人要表里如一;碧玺颜色丰富多彩,恰如美好的生活,珍惜国家发展的丰硕成果

(续表)

知识单元	知识传授和能力培养要点	价值塑造要点
宝石各论	托帕石、橄榄石	托帕石颜色改色,外表漂亮,金玉其外,败絮其中;橄榄绿,让人联想到共和国卫士
	和田玉	玉的概念、起源、利用历史;和氏璧、赵秦争璧、蔺相如负荆请罪;君子比德于玉,君子无故玉不去身;玉文化,有关玉的成语:宁为玉碎不为瓦全,化干戈为玉帛,瑕不掩瑜等;佩玉的意义:修身;璞玉:人不可貌相,谦虚谨慎;籽料的形成,去其糟粕取其精华;玉不琢不成器,挖脏去绺、因料就形、因材施教;玉必有意,意必吉祥;我国和田玉应用历史悠久,有八千年的历史,中国古代玉器工艺首屈一指,巧夺天工,体现民族智慧;部分器形如玉玦等在新石器时代就传到俄罗斯、日本、朝鲜、越南等地,体现先民的才智和对外交流能力;老农卖秦代玉杯的故事,今昔对比,祖国强盛
	欧泊	变彩效应,生活丰富多彩,珍爱生命
	岫玉、独山玉	岫岩玉:最早利用的玉石品种,中华民族的灿烂文化
	鸡血石、寿山石、青田石	我国特有的印章文化:信用的重要性
	珍珠	珍珠的生长过程,美的东西来之不易,要懂得珍惜;改革开放后我国珍珠产量大幅度提高;我国有诸暨、北海等大型珍珠批发市场,行销全球;我国也是全球珍珠市场的集散地,全球珍珠业严重依赖中国市场
	珊瑚、琥珀	响应国际动物保护组织倡议,全面禁止红珊瑚进口交易;染色红珊瑚:真的假不了,假的真不了,诚信的重要性;大量波罗的海琥珀行销中国市场,价格扶摇直上,琥珀业以中国市场为风向标
	象牙、玳瑁、煤精	象牙属违禁品,保护自然环境,尊重生命;中国牙雕技艺享誉海内外,独树一帜;响应动物保护倡议,全面禁止象牙交易,没有交易就没有杀戮,人和动物和谐相处
	翡翠	瑕不掩瑜,人无完人,学会包容他人,看到别人的长处;依料就形,处理好了每一件都是独一无二的艺术品,每个人都有所长,关键是要找准自己的位置,做适合自己的行业

三、一节代表性课程的教学设计——第四章第 1 节和田玉

（一）教学目标

1. 知识传授

和田玉的基本性质；和田玉的成因、产地与产状；籽料的形成；和田玉的鉴定方法；和田玉的设计和加工；和田玉的质量评价。

2. 能力培养

培养学生和田玉的鉴定与质量评价的实际操作能力。

3. 价值塑造

"籽料的形成"：去其糟粕取其精华，百炼成钢。只有历经磨难才能成就大才。天将降大任于斯人也，必先苦其心志，劳其筋骨，饿其体肤，空乏其身，行拂乱其所为也，所以动心忍性，增益其所不能。

"璞玉"：不能以貌取人；不骄不躁、朴实无华、谦虚谨慎。

"玉器的雕刻工艺"：玉不琢不成器，挖脏去绺、因料就形、因材施教。

"玉器行规"：诚信第一，思想品德的重要性。

"玉文化"：包含着伟大的民族精神，有"宁为玉碎"的爱国民族气节；"化干戈为玉帛"的团结友爱风尚；"润泽以温"的无私奉献品德；"瑕不掩瑜"的清正廉洁气魄；"不折不挠"的顽强进取精神；君子以玉比德，玉有五德：仁、义、智、勇、洁。

（二）教学对象分析

本课程的教学对象是来自人文学院文化产业管理专业大三的学生，他们已学习过多门文化类专业课程，但在珠宝方面为零基础。本课程涉及珠宝玉石产业的各个环节，包括原料产地、宝玉石加工业、宝玉石市场、珠宝鉴定方法以及珠宝对外贸易等基础知识，这些都与国家强盛、民族振兴、爱国敬业、个人品德培养等思政教育有很大的关系，教师可以在讲授专业知识的同时穿插思政教育内容，引用大量的具体事例，可以有效避免思政教育的枯燥乏味，提升思政教育质量。

（三）教学内容与资源

1. 教学内容

（1）和田玉的成因、产地和产状。

（2）和田玉的基本性质。

（3）和田玉的鉴定方法。

(4) 和田玉的质量评价方法。

2. 教学资源

(1) 智慧树学习平台：上海应用技术大学"珠宝玉石概论"，https：//hike.zhihuishu.com/aidedteaching/course/setCourse/10006709。

(2) 中国大学 MOOC：中国地质大学"宝石鉴定与欣赏"，https：//www.icourse163.org/course/ZGDZDXBJ-1206419805。

（四）教学过程与方法

1. 课前任务布置

学生提前1—2天在"智慧树"课程平台线上完成预习和对应思考题：和田玉的成因、产状和产地；和田玉的基本性质；和田玉的鉴定方法；和田玉的质量评价。

2. 课堂教学过程与方法

(1) 预习效果检查(3分钟)。

教师就本节基本知识点进行抽查提问，了解学生的预习情况和掌握程度。

(2) 重点难点串讲(15分钟)。

① 和田玉的成因：和田玉是由大理岩变质而成的。大理岩的主要成分为 $CaCO_3$，在适当的温度、压力条件下，$CaCO_3$ 逐渐被 Ca、Mg、Si 等取代，变成分子式为 $Ca_2Mg_5(Si_4O_{11})_2(OH)_2$ 的透闪石矿物，从而形成和田玉。

② 和田玉的产状：按产出状态，和田玉原料分为山料、山流水料、籽料三种类型(见图1)。

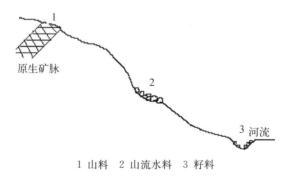

1 山料　2 山流水料　3 籽料

图1　和田玉产状示意图

山料：指从原生矿脉中开采出来的玉料。一般棱角分明、裂纹较多、质地较差。因为没有经过风化作用，因而不带皮(见图2)。

山流水料：原生矿脉出露地表后经受一定程度的物理风化作用而自然崩落，

后经冰川、季节性洪水等搬运一定距离,有一定的分选但不彻底。山流水料不像山料那样棱角分明,有一定的磨圆度,裂纹较少,质地一般比山料好(见图3)。

籽料:原生矿脉中的玉料经河流长距离搬运、分选,质地相对疏松、多裂的部分被逐渐磨去,变为磨圆度好、裂少的小块玉料,这种料称为籽料。籽料大多有褐黄、褐红或黑色外皮(见图4)。

图2 山料

图3 山流水料

图4 籽料

③ 和田玉的产地:我国新疆和青海以及俄罗斯、韩国。

④ 和田玉的基本性质:

颜色:白色、青白色、青色、绿色、黑色以及黄色;光泽:特征的油脂光泽;折射率:1.60—1.61;发光性:紫外光下呈荧光惰性;密度:2.95 g/cm³ 左右;硬度:摩氏硬度为 6.5 左右;韧性:韧性极好,敲击难以断裂。

⑤ 和田玉的鉴定:

颜色:和田玉可呈白色、青白色、青色、绿色、黑色以及黄色等。籽料、山流水料可见橙黄、褐红、灰黑色风化外皮(见图5)。

光泽:和田玉由极细小的透闪石、阳起石矿物交织成特有的毛毡状结构,因而表面细腻温润,具有特征的油脂般的光泽,这种现象在其他玉石中还未发现,可以作为鉴别标志。

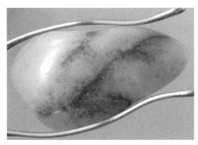
图5 风化外皮

图6 内部纹理

内部纹理：和田玉特有的显微结构宏观表现为特殊的内部纹理，具有鉴别意义。用强光电筒从侧面照射，肉眼即可发现内部纹理的存在(见图6)。

折射率测定： 1.60—1.61。

⑥ 和田玉的质量评价：分别从产地、产状、品种、质地(油性)、雕刻工艺和重量等方面进行评价。

产地不同，市场价值迥异。同等条件下，我国新疆料最优，俄罗斯料次之，然后是我国青海料，韩国料最差。

产状不同，市场价格差异极大。籽料价格最高，山料价格最低，山流水料位于两者之间，籽料的价格可达山料的数千倍。

品种不同，价格相差极大。白玉的市场价格最高，碧玉次之，青玉的价格最低。新疆和田籽料如果白度、油性达到一定程度，称为羊脂白玉，是和田玉的极品，可遇不可求，市场价值极高。

和田玉的油性越好，价格越高(见图7和图8)。

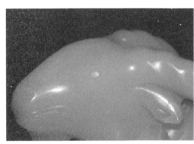 

图7　油性好　　　　　　　图8　油性差

雕刻工艺的好坏对和田玉的价值而言至关重要，占有相当大的比重，一块好的和田玉雕件的成本往往工料对半。雕工的评价因素有造型、刀工、抛光等。造型要刚劲挺拔、比例协调、栩栩如生；刀工要流畅自然，不能毛糙；抛光要光滑平整、自然过渡(见图9和图10)。

同等条件下，和田玉的重量越大，价格越高。和田籽料的价格以"克"为计价单位，每克可达万元以上。

(3) 课堂小组活动(7分钟)。

教师在完成重点难点讲解后，组织课堂小组活动。将全班学生分成8组，每组8位同学，开展小组活动，完成讨论的主题。每组选出一个小组长，小组长负责组织小组讨论、记录讨论内容，并负责选派代表上台展示小组讨论结果。

图 9　工艺好　　　图 10　工艺差

讨论的主题：籽料的形成过程、玉器的加工工艺及其对青少年健康成长的启示；从玉器行规来看思想道德的重要性；中国玉文化的起源、发展及其对中华民族精神的深刻影响。

讨论的注意事项：把线上所学知识运用到讨论中；可以一边查资料（教材及网上）一边参与讨论；每个同学都要参加；要形成讨论记录。

（4）小组展示讨论结果（10 分钟）。

教师从 8 组学生中随机抽取 3 组上台展示小组讨论结果，每组上台发言时间 3 分钟，教师简要点评（共 1 分钟）。

（5）小组间辩论和大讨论（7 分钟）。

在小组发言之后，开展小组间辩论和大讨论。教师要注意组织思维活跃的同学带头辩论，然后提高课堂活跃度，达到辩论的目的。同时要规范学生的辩论，要求结合专业术语、线上所学内容、课本知识等开展辩论。

（6）教师总结（3 分钟）。

籽料的形成，去其糟粕取其精华；璞玉的外观启示，人不可貌相，时刻保持谦虚谨慎；玉不琢不成器，挖脏去绺、因料就形，从教育的角度看要因材施教；玉器行规：诚信，不坑蒙拐骗、以假充真、以次充好，青少年要特别注重思想品德修养；君子以玉比德，玉有五德，即仁、义、智、勇、信；中国玉文化包含着伟大的民族精神，有"宁为玉碎"的爱国民族气节、"化干戈为玉帛"的团结友爱风尚、"润泽以温"的无私奉献品德、"瑕不掩瑜"的清正廉洁气魄、"锐廉不挠"的开拓进取精神等等。

3. 课后拓展训练

以小组为单位，在和田玉质量评价方法理论教学的基础上，选择某一类和田玉进行市场调研,撰写其质量分析报告。

(五)教学效果与反思

1. 参与式教学

通过课前练习、课堂引导和课后总结等环节,让学生共同参与课程教学过程,培养学生作业、测验收交时间的制度观念、作业完成过程的诚信观念,从作业要求开始培养学生的职业素养。

2. 线上线下混合式教学等教学方法

课程采用线上线下混合式教学,所有知识点的识记内容在线上完成,相关的思政元素的案例放在智慧树学习平台上,作业也通过平台提交。

对于较难理解和掌握的内容,由线下老师串讲,并由易到难逐一引导;由学生就相关拓展性问题或者自由选题充分收集资料、制作PPT并且课程汇报、讨论,突出对学生主动解决问题、克服困难的自信心、意志力的培养。

3. 理论教学与实践教学互为补充

让学生从课前预习、课堂学习、课后实践中各取所长、相互补充,把相应的知识点融会贯通,突出对学生创新精神与实践能力的培养,强调实事求是的态度、理性精神以及独立思考与合作交流能力培养。

4. 优化师生关系

注重师生关系协同,突出教与学的衔接,发挥教师的导向作用,突出学生的学习主动性。从不同的角度帮助学生形成正确的世界观、人生观、价值观,养成科学思维方式和创新的思维习惯,达到专业教育与思想政治教育同向同行、同频共振、全人教育的目标。

"社会保障国际比较"
课程思政教学案例

一、课程概况

(一) 基本信息

授课教师：戴建兵（人文学院）

课程名称：社会保障国际比较

学　　分：3学分

课程类别：专业教育课程

(二) 课程简介

"社会保障国际比较"是上海市重点建设课程、上海市一流本科课程。本课程旨在让学生了解世界各国社会保障制度的主要内容、基本特点以及体制性差异，掌握比较分析的基本工具，从而完成对不同国情的把握。本课程重在对不同福利体制下主要发达国家社会保障制度进行对比分析，并探讨全球化背景下社会保障制度面临的困境和出现的转型趋势，为我国社会保障制度的改革与完善提供借鉴，进一步引导学生从制度层面的学习上升到社会保障观念的建构，培养社会保障行业的职业伦理，树立为中国的社会保障事业做出贡献的远大理想。

二、课程蕴含的思政元素分析

本课程知识点与思政元素的结合情况如表1所示。

表1 "社会保障国际比较"知识单元、知识传授和
能力培养要点及价值塑造要点对应表

知识单元	知识传授和能力培养要点	价值塑造要点
1. 序章	**全球化背景下社会保障的发展轨迹** (1) 掌握社会保障发展黄金时期的轨迹及特点 (2) 掌握社会保障发展改革时期的主要思潮 (3) 掌握社会保障转型时期的转型思路	国际社会保障发展呈现的轨迹特征及其对我国社会保障制度发展的启示(包括对其他国家社会保障制度形成过程中所蕴含的社会价值观念的引介)
	全球化背景下社会保障的发展共识 (1) 掌握"积极的福利国家"共识的主要内容 (2) 掌握"社会投资"共识的主要内容 (3) 掌握"福利社会"共识的主要内容	注重对我国社会保障制度发展中的"国家主体"意识和"社会参与"意识的塑造
2. 全球化背景下社会保障的比较路径	**模式和体制的比较** (1) 掌握模式和体制的区分点 (2) 熟悉社会保障模式的主要类型 (3) 掌握体制比较的量纲 (4) 运用模式和体制的内涵对主要国家进行分析	探索国际新价值理念在社会保障模式转型中的作用和意义
	三种主要的福利体制 (1) 掌握自由主义福利体制的主要内容及其特征 (2) 掌握保守主义福利体制的主要内容及其特征 (3) 掌握社会民主主义福利体制的内容和特征 (4) 运用福利体制的比较量纲分析三种福利体制	注重运用辩证唯物史观分析国家社会制度在不同福利体制形成中的决定作用和影响
	福利体制的争论 (1) 理解"南欧"模式争论的主要方面 (2) 掌握"东亚"福利体制争论的核心点 (3) 运用模式和体制的相关知识分析争论的实质	重视比较不同福利体制争论的价值核心和焦点
3. 自由主义福利体制	**自由主义福利体制的内涵和特征** (1) 掌握自由主义福利体制的非商品化特征 (2) 掌握自由主义福利体制分层化特征 (3) 掌握自由主义福利体制的典型国家	自由主义思潮和新自由主义观念在自由主义福利体制形成中的作用;分析自由主义福利体制对我国社会保障制度的借鉴意义

（续表）

知识单元	知识传授和能力培养要点	价值塑造要点
3. 自由主义福利体制	**美国社会保障制度** (1) 理解美国文化在美国社会保障制度中的影响 (2) 分析新自由主义思想对美国社会保障制度形成的影响 (3) 分析社会达尔文主义和自由放任主义对美国社会保障制度的作用 (4) 掌握美国社会保障制度的主要内容及特征 (5) 分析美国为什么要进行社会保障制度的改革	探讨美国历届政府及其政策在美国社会保障制度变革中的导向性；探索"积极的福利国家"共识在美国社会保障制度发展中的影响作用
	加拿大社会保障制度 (1) 掌握加拿大社会保障制度的历史沿革 (2) 掌握加拿大社会保障制度的主要内容及其特征 (3) 分析加拿大社会保障制度的主要困境及其改革的成效	重视加拿大社会保障项目的全员性以及收入保障计划和医疗保障计划在促进民生方面的重大作用
4. 保守主义福利体制	**保守主义福利体制的内涵和特征** (1) 理解保守主义福利体制的非商品化特征 (2) 理解保守主义福利体制的分层化特征 (3) 熟悉保守主义福利体制的主要国家	理解新保守主义思想提倡的社会福利观，分析有选择的社会保障制度对我国社会保障制度发展的意义
	德国社会保障制度 (1) 掌握德国工人运动在德国社会保障制度产生中的作用 (2) 掌握德国社会保障制度的历史沿革 (3) 掌握德国社会保障制度的主要内容和特征 (4) 分析德国社会保障制度的困境 (5) 理解德国社会保障制度改革的路径	分析德国社会制度基础与我国社会制度基础的相同点和不同点，分析德国社会保障制度及其背后的价值依据对我国社会保障制度发展的启示和借鉴意义
	法国社会保障制度 (1) 理解法国社会保障制度产生的基础 (2) 掌握法国社会保障制度的历史沿革 (3) 掌握法国社会保障制度的内容和特征 (4) 分析法国社会保障制度的困境和改革路径	理解法国的国家干预性市场经济政策在其高福利中的价值，意识到经济基础与上层建筑之间的关系；分析我国国家政策与法国的相似之处，我国应如何借鉴法国的社会保障政策

(续表)

知 识 单 元	知识传授和能力培养要点	价 值 塑 造 要 点
5. 社会民主主义福利体制	**社会民主主义福利体制的内涵和特征** (1) 掌握社会民主主义福利体制的非商品化特征 (2) 理解社会民主主义福利体制的再商品化取向 (3) 熟悉社会民主主义福利体制的主要国家	重视社会公民权理论在社会民主主义福利体制形成中的作用；认识到社会民主党对社会福利形成的作用
	瑞典社会保障制度 (1) 掌握瑞典社会保障制度的产生基础 (2) 掌握瑞典社会保障制度的历史沿革 (3) 掌握瑞典社会保障制度的主要内容和特征 (4) 分析瑞典社会保障制度的困境和改革的策略	注重分析瑞典的全民福利和高福利与瑞典国情是分不开的
	英国社会保障制度 (1) 掌握英国社会保障制度产生的基础 (2) 掌握英国社会保障制度的主要内容及特征 (3) 理解英国社会保障制度的困境与改革	认识到贝弗里奇报告对英国社会保障制度及其欧洲社会福利的广泛影响、英国的社会保障传统对英国良好的福利的作用，认识到历史传统在社会保障中的价值
6. 东亚福利体制	(1) **东亚福利体制的内涵和特征** (2) 掌握东亚福利体制的主要内容 (3) 分析东亚福利体制与自由主义福利体制、保守主义福利体制、社会民主主义福利体制的联系和区别 (4) 熟悉东亚福利体制的主要国家	分析地缘关系在东亚福利体制形成中的作用；理解日本和韩国的快速崛起对我国经济发展的借鉴意义
	(1) **日本社会保障制度** (2) 掌握日本社会保障制度的历史沿革 (3) 掌握日本社会保障制度的主要内容和特征 (4) 分析日本社会保障制度的困境与改革路径	分析日本文化和日本的人口老龄化对日本社会保障制度特别是医疗、养老方面的影响
	(1) **韩国社会保障制度** (2) 掌握韩国社会保障制度的历史沿革 (3) 掌握韩国社会保障制度的主要内容和特征 (4) 分析韩国社会保障制度的困境与改革路径	重视韩国的乡村建设计划和"先增长后分配"理念的先导作用及对我国的启示

(续表)

知识单元	知识传授和能力培养要点	价值塑造要点
6. 东亚福利体制	(1) **新加坡社会保障制度** (2) 掌握新加坡社会保障制度的历史沿革 (3) 掌握新加坡社会保障制度的主要内容和特征 (4) 分析新加坡社会保障制度的困境与改革路径	理解新加坡的中央公积金制度在全世界范围内所具有的示范作用,以及我国可以参照的先进的做法
7. 全球化背景下社会保障制度的转型	**全球化社会保障制度转型的路径** (1) 掌握全球化背景下西方发达国家社会保障制度的改革思路 (2) 掌握全球化背景下澳大利亚社会保障制度转型的主要措施和特征	理解经济危机、经济放缓对社会保障的深刻影响,明白社会保障制度必须与经济社会发展相适应

三、一节代表性课程的教学设计——瑞典社会保障制度

(一)教学目标

1. 知识传授

(1) 能够复述社会民主主义福利体制的内容和主要特征。

(2) 能够描述瑞典的地理位置和主要经济社会指标。

(3) 能够说出瑞典社会保障制度的主要内容。

2. 能力培养

(1) 能够结合线上教学内容(教学视频、背景资料等)分析瑞典社会保障制度是如何体现社会民主主义福利体制的特征的。

(2) 能够运用所学知识(福利体制的内容)分析瑞典、德国、美国社会保障制度的差异性。

(3) 能够举一反三,再找一个国家分析它与瑞典的相似之处以及它是如何体现社会民主主义福利体制的特征的。

3. 价值塑造

(1) 能够认识到瑞典实行社会民主主义福利体制是与该国国情紧密联系在一起的,学会对不同国情的把握。

(2) 我国已经建成世界上规模最大的社会保障体系,应增强对中国特色社

会主义制度的自信。

（二）教学对象分析

本课程的授课对象为大三学生，他们已经掌握了社会保障方面的基础知识，具备知识运用和迁移的能力。同时，这个年龄段的学生思维活跃、充满激情，接受新知识和探索外界的热情高涨，愿意参与学习、愿意与同伴相互学习，学习的积极性、主动性都非常好，有自主学习的愿望，有探索的热情。

具体到所教学生，情况又有一些不同。班级学生来源相对复杂，两个班72名学生，有十几个是转专业或者专升本上来的。从理工科如理学院、计算机与信息工程学院等转过来的学生基本上没有相关的历史、地理知识，对不同福利体制国家的历史背景、地理方位、政治、经济、科技、人口、民族、宗教、文化、军事等知之甚少，大量背景知识欠缺；专升本的学生所学内容与本专业又有一定差异性，这都增加了教学组织的难度。

（三）教学内容与资源

1. 教学内容

（1）瑞典社会保障制度产生的基础。

（2）瑞典社会保障制度的历史沿革。

（3）瑞典社会保障制度的主要内容。

（4）瑞典社会保障制度的基本特点。

（5）瑞典社会保障制度与德国、美国社会保障制度的差异性。

（6）瑞典社会保障制度及其价值依据对我国的启示。

2. 教学资源

（1）授课用多媒体PPT课件(已存入超星平台课程资料库)。

（2）本节课的教学视频(见超星平台课程首页)。

（3）跟瑞典相关的背景资料(已存入超星平台课程资料库)。

（4）习题集(已存入超星平台作业库)。

（5）教学用案例：重新理解瑞典的社会福利制度。

（四）教学过程与方法

教学过程的基本结构如图1所示：

1. 课前预习

学生提前1—2天在超星课程平台线上学习：① 观看教学视频《5.2 瑞典社会保障制度》；② 阅读背景资料：《瑞典社会概况》《瑞典经济：现代混合经济

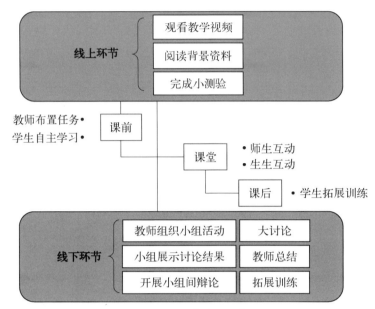

图 1 课程教学过程示意图

的理论与实践》《神秘瑞典》,以及《走近极光下的净土》(一至三)、《童话王国缔造世界顶级芭蕾》(一和二);③ 完成线上小测验。

2.课堂教学过程与方法

(1) 问题导入(1 分钟)。

导入语:同学们,你们在线上观看了教学视频,又阅读了跟瑞典有关的背景资料,你对瑞典有了一个什么样的认识?你想了解瑞典的社会保障制度吗?(以设问的方式引导学生思考、进入状态,引出本次课的讲授内容)

(2) 课程内容呈现(10 分钟)。

第一部分:瑞典概况。

瑞典是一个社会保障制度高度发达的国家,也是全球人类发展指数最高的国家之一。瑞典位于北欧斯堪的纳维亚半岛东半部,面积约 45 万平方千米,是北欧最大的国家。人口 1 037 万人,瑞典族占 90%。英语和瑞典语为通用语言。主要城市有斯德哥尔摩、哥德堡、马尔默等。

第二部分:瑞典社会保障制度产生的基础。

瑞典社会保障制度产生的基础包括:① 经济基础;② 政治基础;③ 社会基础;④ 社会保障理论背景。

第三部分：瑞典社会保障制度的历史沿革。

瑞典社会保障制度大致经历了四个阶段：① 萌芽阶段(1870—1910年)；② 发展阶段(1910—1939年)；③ 完善阶段(1945—1980年)；④ 改革阶段(1980至今)。

第四部分：瑞典社会保障制度的主要内容。

瑞典实行"从摇篮到坟墓"的社会保障制度，是一种涵盖儿童保障、失业保障、教育保障、健康保障、住房保障、家庭保障、老年保障等方面的社会保障体系。

① 养老保障制度。主体部分包括：基本养老金、雇员(补充)退休金、部分年金。奉行"全民养老"原则，凡是瑞典公民均可享受基本养老金。养老金待遇高，基本养老金一律以"基数"的96%给付。

② 健康保障制度。瑞典在医疗方面的保障分成两部分：一部分是国民健康保险，另一部分是国民卫生保健服务。瑞典健康保险针对瑞典所有公民实施，有三个主要特点：一是覆盖范围广；二是与收入相联系，缴纳的健康保险费越多，领取健康保险津贴的标准也越高；三是健康保险提供的是一种综合性津贴。瑞典的国民卫生保健服务几乎是免费的。

③ 失业保障制度。瑞典的失业保险制度既属于国家补助的自愿保险补贴制度，也属于失业援助。采取的形式是国家资助，工会主办，个人自愿参加，由工会成立失业保险基金会，向失业者提供失业津贴。失业者享受失业保险待遇，分失业津贴和失业救助两种，在失业期间可领取失业救济金，还享受就业培训、工作信息等服务。

④ 工伤保险制度。瑞典工伤保险的范围广泛，包括所有雇员、独立劳动者、为雇主到国外工作一年以上的瑞典公民、外国雇主派遣到瑞典工作一年以上的非瑞典公民。瑞典政府为工伤保险提供现金补贴，雇员个人不用缴费。瑞典工伤保险没有等待期，最初90天享受疾病保险待遇，可享受医疗费、病假津贴、终身年金和抚恤金。90天以后享受工伤保险待遇。可获得收入的100%，最高可达基数的7.5倍；因工伤长期丧失劳动能力的，可获得永久性伤残抚恤金。

⑤ 社会福利和社会救助制度。瑞典社会福利制度的范围非常广泛，包括儿童福利、家庭福利、劳工福利、残疾人福利和老年福利。瑞典有三种类型的儿童福利，构成完善的儿童福利体系；瑞典中小学实行完全的免费教育，大学也实行免费教育；瑞典十分重视残疾人福利；瑞典老人享有多种多样的老年福利；在住

房福利方面,瑞典通过住宅贷款利息补贴、住宅津贴两方面给予支持;在社会救济方面,瑞典实行现金形式的强制性救济,对低收入者提供帮助,救济金的标准高,定额津贴。

第五部分:瑞典社会保障制度的基本特点。

瑞典社会保障制度有以下基本特点:① 社会保障对象具有普遍性特点;② 社会保障内容全面,福利水平高;③ 实行积极的劳动力市场政策;④ 高税收和雇主缴费是福利制度赖以存在的基础;⑤ 社会保障法治化。

第六部分:瑞典社会保障制度背后的社会价值。

(1) 林德伯克提出"自由社会民主主义"价值理念。

(2) 瑞典早期社会民主主义思想家布兰亭主张建立普遍性社会保险制度,认为给予公众公民权是政府的责任。

(3) 课堂小组活动(15分钟)。

教师在做精要的讲解后,组织课堂小组活动。将全班学生分成9组,每组8名学生,开展小组活动,完成讨论的主题。每组选出一个小组长,小组长负责组织小组讨论、记录讨论内容,并负责选派代表上台展示小组讨论结果。

讨论的主题:① 瑞典社会保障制度是如何体现社会民主主义福利体制的特征的?② 瑞典社会保障制度与德国、美国的社会保障制度有何差异性?③ 瑞典社会保障制度对发展我国社会保障制度有什么启示?

讨论的注意事项:① 将线上所学知识运用到讨论中;② 可以一边翻书一边参与讨论,包括阅读教材中的教学案例;③ 要注意回顾前面学过的内容,特别是不同福利体制的特征;④ 每名学生都要参加,哪怕只说出一条看法;⑤ 要形成讨论记录。

图 2　小组讨论

(4) 小组展示讨论结果(10分钟)。

教师从9组学生中随机抽取3组上台展示小组讨论结果,每组上台发言时间3分钟,教师简要点评(共1分钟)。

(教师注意鼓励学生上台发言,如全班鼓掌;注意运用表扬的话简要点评;注意为上台发言的学生加平时分,并向全班宣布)

(5) 开展小组间辩论和大讨论(6分钟)。

在小组发言之后,开展小组间辩论和大讨论。教师要注意组织思维活跃的同学带头辩论,从而激发课堂活跃度,达到辩论的目的。同时要规范学生的辩论,要求结合专业术语、线上所学内容、国际前沿知识、课本知识等开展辩论,使辩论更加精彩。

图3　小组间辩论

(6) 教师总结(3分钟)。

瑞典社会保障制度内容广泛,涵盖养老保障、医疗保障、失业保障、工伤保障、儿童保障、住房福利和家庭津贴等,实现从"摇篮到坟墓"的社会保障制度,而且保障水平高。瑞典社会保障制度特征突出,具有普遍性的特点,社会保障内容全面,福利水平高,雇主缴费和高税收保障了瑞典的福利化水平,而且瑞典的社会保障均由法律加以规范,法治化水平高。

瑞典社会保障制度具有典型的社会民主主义福利体制的特征。非商品化程度很高,社会权利的享有是以公民资格而不是以缴费或参与劳动力市场就业为前提。全民性的保险和广泛而优厚的补贴制度,使得瑞典获得"福利国家橱窗"的称誉。

瑞典社会保障制度与德国的社会保障制度、美国的社会保障制度存在明显的差异性。重点可以从非商品化和分层化这两个比较的量纲进行区分,如表1所示。

表1 瑞典与德国、美国社会福利体制比较

国　家	福利体制类型	非商品化程度	分层化程度
瑞　典	社会民主主义福利体制	最高	最低
德　国	保守主义福利体制	中等	中等
美　国	自由主义福利体制	最低	最高

我们在理解一个国家的社会保障制度和保障水平的时候,要从这个国家的国情出发,要形成正确的价值观和认识内涵。中国在共产党的领导下,经过几十年的经济高速发展,有着和平稳定的社会环境,使得我国具备了建设高水平社会保障制度的条件和能力。党的十九届五中全会指出:我国已经建成世界上规模最大的社会保障体系。相信在党的领导下,我国将成为更加富裕繁荣的现代化强国,社会保障的水平将更高,我们应坚定中国特色社会主义制度自信。

(教师的总结内容可以板书在黑板上,教师总结不仅要把本节课的主要内容完整地反映出来,而且要提炼到一个高度,不仅要把瑞典作为社会民主主义福利体制的代表性特征完整地勾勒出来,而且还要在比较分析中坚持中国特色社会主义制度的自信,进行爱国主义教育和国情教育,进行思政教育)

3. 课后拓展训练

布置作业:要求学生举一反三,再找一个国家分析它与瑞典的相似之处以及它是如何体现社会民主主义福利体制的特征的。

(五)教学效果与反思

1. 教学效果

通过教师讲授、学生自主学习、课堂小组活动、小组间辩论和大讨论等教学环节的设计,提高了学生的认识,丰富了他们的思想境界,也提高了他们的能力和创新意识。重点达到了以下效果：

一是拓宽了学生的知识面，学生对瑞典社会保障制度的主要内容及其基本特点有了全新的认识，开阔了他们的国际视野。

二是通过小组活动、小组间辩论和大讨论提高了他们运用知识的能力，包括运用书本知识和线上所学知识的能力。学生分析问题、解决问题、知识迁移的能力都得到了提升；拓展训练有助于提升他们的创新意识和创新能力。

三是在课堂小组活动中，锻炼了他们的交流沟通能力、团队合作能力、创造性解决问题的能力、创新精神与批判性思维能力。

四是在对比分析中加深了对不同国情的把握，坚定了中国特色社会主义制度的自信，提升了学生的社会主义核心价值观和爱国情感。

2. 教学反思

第一，混合式教学的组织和设计必须结合学校定位，并以人才培养为目标。本课程重视线上和线下有机结合，重视知识、能力、素质三位一体的培养，有效地实现了学校高素质应用创新型人才的培养目标。

第二，混合式教学的最大特点是要实现线上和线下的有机融合。在设计过程中，线上的学习资源要能够恰如其分地运用到线下教学环节中。本课程重视线上教师精讲以及背景资源的开发和设计，19个教学视频和300多份背景资料，能够较好地帮助学生在课堂小组活动、课堂讨论中发挥基础性作用，有助于提高学生的应用能力和创新能力。

第三，"学生中心"思想的确立必须建立在翻转课堂的基础上。要通过把学生带入教学中心的教学方式改革，促进学生自主学习和知识体系的建构。本课程通过小组活动、小组间辩论、大讨论、拓展训练等教学方式创新，实现课堂教学的翻转。

3. 持续改进措施

第一，进一步加大网上教学资源建设，把它建设成网上精品课程资源库，并对外开放。一是进一步增加学生作品和拓展训练的案例，为更多的学生提供学习资源。二是持续改进教学视频，丰富教学视频库。三是丰富试题库、作业库、案例资源库，提供丰富的学习体验。四是整理学生决策咨询类课程报告，向上海市政府提出改进社会保障政策的建议。五是在网上创建学习讨论区。

第二，加大教学研究力度，以教促改。深入探讨混合式教学的利弊，以教促改，以教促建；及时发现教学过程中的问题，密切关注改进的可能性，深入研究，撰写教学改革论文，不断总结成果。

"海报设计"课程思政教学案例

一、课程概况

(一)基本信息

授课教师:戴晓玲(艺术与设计学院)

课程名称:海报设计

学　　分:2学分

课程类别:专业教育课程

(二)课程简介

通过本课程的讲授与设计实践,学生应了解广告和视觉传达的基本原理和内容,能够较好地运用图形语义、文字、色彩等视觉元素,将海报主题准确表现出来。海报具有社会宣传的性质,因此要让学生在学习设计要素时认识到海报的社会影响,在接受知识量的同时认清对社会的担当和责任。

二、课程蕴含的思政元素分析

通过海报设计主题的讲解,结合政治形势向学生传递以爱国主义为核心的民族精神和以改革创新为核心的时代精神,教会学生运用海报这个媒体宣传正能量,宣传社会主义核心价值观(见表1)。

表1 "海报设计"知识单元、知识传授和能力培养要点及价值塑造要点对应表

知识单元	知识传授和能力培养要点	价值塑造要点
海报设计概述	海报设计概述 (1)海报设计的起源与发展 (2)海报设计的目的与分类	海报设计分为商业海报、公益海报、文化海报等,所有海报形式均应弘扬正确的人生观、价值观

(续表)

知识单元	知识传授和能力培养要点	价值塑造要点
海报设计概述	结合实题实训,用海报宣传正能量、宣传社会主义核心价值观	以国家、上海最新规划、政策导向为依据,设计相关课题

三、一节代表性课程的教学设计——"初心之地,光荣之城"主题公益海报设计

(一)教学目标

1. 知识传授

学习公益海报的特点,分析主题"初心之地,光荣之城"的意义,介绍上海作为党的诞生地的历史,挖掘可用视觉元素。

2. 能力培养

学会理解主题并用图形语言创意地表达宣传主题,培养创新、插图、编排、色彩运用等方面的能力。

3. 价值塑造

通过设计实践"初心之地,光荣之城"的海报设计,了解中国共产党的历史,用符合大众审美的形式传达创作者的主题思想,使观看者也能感同身受,了解党的历史和上海作为光荣之城的意义,真正起到宣扬传播的作用。

(二)教学对象分析

我们的人才培养目标是培养学生成为应用型实践型人才,通过在课题设计中加入实题,使学生能够应对并完成所有相关课题的需求,学会图形创意、色彩搭配、编排等,并运用所学做出传递正能量的宣传设计。现在学生吸收各种信息和知识的途径非常多,很多没有经过过滤和筛选,他们辨别是非的能力也有限,所以需要教师的正确引导。教师的教育润物细无声,使学生在学习过程中能潜移默化受到较好的影响,学会去伪存真。学生通过对思政相关设计课题的深入思考和实践,可以学习党史、国史,培养爱党、爱国主义精神,为将来能成为有益社会的栋梁之材打下坚实基础。

(三)教学内容与资源

1. 教学内容

要求海报设计中利用红色资源、发扬红色传统、传承红色基因,积极弘扬上

海城市精神和城市品格,围绕党的诞生地、社会主义核心价值观、城市精神、文明修身等专题,生动展示新时代上海市人民群众奋楫争先的创新实践和共建共享人民城市的品质生活。

2. 校外学习基地

带领学生去上海市历史博物馆和中共一大会址纪念馆参观。

(四)教学过程与方法

(1)布置设计主题——"初心之地,光荣之城",并分析主题的意义。介绍中国共产党的历史,重点介绍几个关键阶段:"五四"运动时期;大革命时期;土地革命时期;抗日战争时期;新中国成立初期;社会主义建设探索时期;改革开放40年;中国特色社会主义新时代。分析这几个阶段的主要特征。1920年8月,中国共产党早期组织在上海正式成立。参加者有陈独秀、李汉俊、李达、陈望道、俞秀松等,陈独秀任书记。上海共产党早期组织成立后,实际上成为各地建党活动的联络中心,起着中国共产党发起组的重要作用。

(2)组织学生去上海市历史博物馆、中共一大会址纪念馆等地参观学习,深入了解国史和党史。

(3)提炼相关主题元素:中共一大会址、上海地域特征、上海过去与现在的发展对比、上海人民、代表人物、代表建筑、城市精神等等,通过对这些元素的提炼和解释,帮助学生运用视觉图形语言表达设计主题。

(4)学生完成设计草图,并和老师、同学交流设计思路,修改完稿。

(5)设计展示,通过海报展览展示与观众互动交流,传达"初心之地,光荣之城"主题信息。

(五)教学效果与反思

1. 教学效果

本节课,学生参与度、满意度非常好。在教师的引导下,学生自主思考、自主学习,同时通过参观学习和讨论,清楚地了解了设计需求,并能将其准确地表达出来。通过设计展示以及与观众互动交流,产生了很好的宣传效果和成就感。

2. 教学反思

对于结合设计主题讲述历史和政治这一环节,可以请历史或者政治专业老师讲述,会更加生动和深入,也能更好地启发学生思考。

"会展设计"课程思政教学案例

一、课程概况

（一）基本信息

授课教师：丁斌（艺术与设计学院）

课程名称：会展设计

学　　分：4学分

课程类别：专业教育课程

（二）课程简介

本课程为面向视觉传达设计本科生的专业必修课程，主要内容包括空间设计与表达、展示道具原理、展示照明设计、材料与搭建、会展视觉系统设计等。学生通过本课程的学习，将熟悉并掌握会展行业专业设计工作相关系统理论知识与主要专业技能，毕业后可在会展行业及相关创意设计机构从事设计师的岗位工作。

二、课程蕴含的思政元素分析

会展设计课程教学内容中蕴含的思政与德育元素分析详见表1。

表1　"会展设计"知识单元、知识传授和能力培养要点及价值塑造要点对应表

知识单元	知识传授和能力培养要点	价值塑造要点
1. 会展业/会展设计的创意与创新	**会展设计的概念、地位和发展** (1) 熟悉会展设计的概念和内涵 (2) 了解会展业对促进国民经济发展的重要作用 (3) 认识到创意与创新是会展设计的发展动力	从会展的发展历程和典型工程入手，让学生了解其源远流长和博大精深，用会展本身的魅力吸引学生，激发学生的专业自豪感及学习动力，增强**专业兴趣和大国自信** 典型工程：上海世博会中国馆、上海博物馆等

(续表)

知识单元	知识传授和能力培养要点	价值塑造要点
2. 会展设计	**空间设计与表达** (1) 熟悉并掌握空间的二重性原理 (2) 了解会展空间的时间性与流动性 (3) 熟悉会展空间规划的安全性原则 (4) 掌握人流线路设计的基本安全法则 (5) 了解空间无障碍设计的概念	以会展公共空间本身的安全经济、布局合理等设计原则以及设计者的巧妙构思为载体，从空间对人产生的行为心理学角度逐步让学生建立起**以人为本**的**设计思维**和**工程安全意识** 事故案例：火灾中的消防紧急逃生；出入口分离与安全通道；人流拥堵踩踏案例等
	展示道具原理 (1) 熟悉并掌握会展道具的四种分类与用途 (2) 了解会展道具的标准化与非标准化 (3) 贯彻绿色环保、可持续设计的概念	用当前会展搭建的标装和特装两种方式的对比，引入绿色设计和可持续设计的概念，让学生意识到一次性特装展台对工程材料和人力物力的浪费，提倡未来发展可重复使用的标准化展示道具，这也是一种全球化的**绿色环保**意识
	展示照明设计 (1) 熟悉并掌握理查德·凯利的三个照明层次原理 (2) 掌握威廉·林提出修正的三个需求 (3) 了解会展照明设计的七项基本法则 (4) 了解眩光的发生与消除的方法	从理查德·凯利提出的环境、焦点、戏剧化这三个层次的照明原理，发展到威廉·林提出的按照人的生理需求、心理需求和行为需求来进行照明设计，体现了当代科学与艺术从注重物质功能到关注人性的**人文关怀**的发展趋势
	会展视觉系统设计 (1) 理解并熟悉 VIS 系统的基本概念 (2) 掌握会展视觉设计的基本要求 (3) 熟悉并掌握标志设计的基本方法 (4) 熟悉并掌握文字设计的基本方法 (5) 熟悉并掌握图文编排设计的基本方法 (6) 熟悉并掌握动态图形设计的基本方法	根据会展视觉设计的信息传达这一主要功能需求，结合认知心理学"注意—记忆—理解"的认知形成过程，从人体工程学的角度来阐述如何通过视觉设计"吸引眼球"，再次揭示**"设计以人为本"**这个重要概念

(续表)

知识单元	知识传授和能力培养要点	价值塑造要点
3.设计师的职业与责任	**设计教育与自我提升** (1) 熟悉本专业的知识结构和课程体系 (2) 理解大学教育对毕业生的知识、素质与能力的培养途径	以行业内的著名设计师和身边会展行业的故事为例，让学生明白社会及岗位对人才的知识、能力和素质的基本要求，引导学生建立自我培养的意识，树立改革创新的自觉意识，明确个人努力与奋斗的意义，激发学习动力，促进个人的自我完善，重视**厚德精技**，将个人发展融入国家建设事业
	会展设计师职业教育 (1) 熟悉各类会展设计师的执业要求 (2) 掌握入职要求以及职业生涯的发展对个人知识才能素养的要求	从会展设计师的权利义务与责任的角度来分析**职业情怀**、**社会责任**与工程质量的关系，再阐释会展设计师的职业道德规范的价值观内涵。在此基础上，引导学生从"建设者"身上学习**爱岗敬业**、**精益求精**、**忠诚担当**、**实干进取**、**精诚团结**、**乐于奉献**的大国工匠精神，让学生树立"以实际行动践行社会主义核心价值观"的决心

三、一节代表性课程的教学设计——空间设计与表达

（一）教学目标

1.知识传授

学生掌握对空间概念及其原理的基本认识；了解不同类型空间对人产生的心理及行为影响；通过学习并掌握各种空间围合的方法与空间设计的原则，在课堂学习实践中体验并理解会展空间设计的本质在于达成信息完美沟通的含义。

2.能力培养

(1) 培养对艺术作品的鉴赏和理解能力。

(2) 培养对感性信息的分析与转换表达能力。

(3) 培养对空间尺度的感知和预判能力。

(4) 培养对空间造型语言的运用与综合材料表现能力。

3. 价值塑造

学生通过对艺术作品内涵信息的独立思考与个人感悟体验，敏锐地观察生活，增强对"人同此心"的共情感知，建立"悲天悯人"的忧患意识与家国情怀，从而获得艺术专业必要的感性教育，培养以人为本的职业情操。

(二) 教学对象分析

本课程的授课对象为视觉传达设计专业大二的学生，他们刚刚迈过了对学校、专业、大学生活既懵懂又好奇向往的门槛，经过大一的艺术基础教育后，正处于"初窥门径"的认识阶段，在学业上渴望了解专业内涵、行业发展、就业去向等问题，在身心发展上处于情绪性格、思考方式和行为习惯逐步成型的时期，在此时加以正确引导有助于学生形成正确的人生观和价值观。

(三) 教学内容与资源

1. 教学内容

(1) 空间原理：空间的二重性特征（积极空间与消极空间）、会展空间设计的四维特征（时间性与流动性）。

(2) 空间设计：三个评判标准（规模计划、配置计划与流线计划）。

(3) 会展空间设计的四个基本原则：

① 节奏性原则：有秩序感、有节奏的空间；

② 优先性原则：最好的位置一定要规划给最想呈现的展品；

③ 人性化原则：一切规划皆从人的需求出发，以人为本；

④ 安全性原则：出入口、紧急逃生通道、无障碍设计。

2. 教学资源

(1) 课程预习及授课用自制PPT课件，学生可以从课程微信群分享；

(2) 会展空间设计案例点评分析：柏林犹太人纪念馆空间设计案例、国际数字媒体出版博览会香港展区空间设计案例、中国高科技博览会香港展区空间设计案例、国际奢侈消费品博览会轩尼诗品牌展位空间设计案例、复旦大学校史馆展示陈列设计案例。

(四) 教学过程与方法

1. 前期交互——（自学＋导学阶段）——启发思考

教师通过微信群事先将PPT课件分享给授课班级的学生。教师课堂上对空间原理进行重点解析，引导学生对空间围合限定的各种方式进行解读。

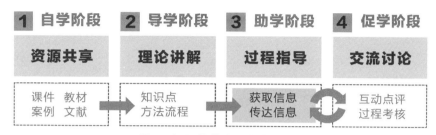

图 1　课程教学过程的基本框架

2. 体验教学——（助学阶段）——感知训练

通过将音乐听觉或其他艺术作品中所获得的审美体验，转换为二维平面视觉感受，学生可使用手绘设计草图等多种形式进行表达练习，这个阶段的训练首先解决从脑到手的表现能力与基本表现技法的训练。

3. 课题实践——（促学阶段）——能力培养

学生依据自己所绘制的草图，以不受限制的材料形式现场进行空间塑造，要对体验阶段所获得的审美体验通过现场创作的空间设计模型作品进行转述表达。教师进行点评。

图 2　授课照片

（五）教学效果与反思

本单元课程的重点是以体验教学为目的，在教学手段上采用"移情转述"的体验教学法，针对艺术教学偏重感性的人才培养特点，引导并加强学生对情感获知与表达能力的培养，以此激发学生挖掘自身潜力，领略空间艺术之美。

特色创新之处在于：通过"移情转述"——传情表意的体验来培养学生的艺术感知，训练空间表达能力。

具体做法是由教师引导学生通过将各种其他艺术形式如音乐、影视、绘画、雕塑、诗歌等作为感知对象，以个人感悟来捕捉作品所传达的信息，进而以会展空间设计所涉及的空间限定、立体造型、材料肌理、灯光照明等手法来尝试进行表达。

关键点——遵从个性化教学的原则，要求学生选择自己最喜欢的某种艺术形式。相比由教师去指定某种艺术形式来说，这种方式避免了心理上因强迫命令而产生抵触，更容易获得真实的感知体验。"兴趣是最好的老师"，因为是自己所喜爱的，所以能够吸引和激发每个学生在创作中的参与感、投入感。

本单元课程因为教学形式新颖独特，较受学生喜爱。总结归纳下来有以下几点经验和感受：

一是选题内容结合学生个人的兴趣爱好，创造了个性发挥的空间。课题作业是教师指定由学生选择一首自己最喜爱的音乐歌曲作为获取信息的对象，并将从中感受到的情绪信息转换为展示空间的形式来进行表现。分享是一种快乐，因此这种做法极大地激发了学生的主观能动性和参与积极性。

二是表现手段的多样性对挖掘学生多方面的艺术潜力有很大的促进作用。在表达阶段，由学生根据自己的创意，选择不受限制的材料进行实物模型制作成本课程的大作业，使学生对情感的感悟力和运用空间造型艺术的表现能力得到了多方面锻炼。最终提交的作业精彩纷呈，一方面学生的创意潜力充分得到了体现，另一方面学生也通过动手实践从中体验到了感性世界的丰富多样，对于人文情怀的感受也加深了，这是思政教育让艺术专业学生能够受益终生的东西。

图 3　课堂教学互动与点评

图 4　本课程部分学生的空间设计作品

"风景园林规划与设计"
课程思政教学案例

一、课程概况

（一）基本信息

授课教师：赵杨、邹维娜、杜爽（生态技术与工程学院）

课程名称：风景园林规划与设计

学　　分：3学分

课程类别：专业教育课程

（二）课程简介

本课程集艺术、技术和工程于一体，通过对园林形式与特征、园林规划与布局、园林设计与构成要素、居住空间园林设计等内容的介绍，让学生综合学习园林规划设计原理，构建设计语言的训练体系。本课程紧跟风景园林学科应用前沿，围绕设计师基础能力塑造，培养学生设计思维、实践能力和创新创意素养，引领风景园林、园林专业的规划设计课程群。

二、课程蕴含的思政元素分析

课程围绕设计师基础能力塑造，紧跟风景园林学科应用前沿，侧重于学生创新创意素质和应用能力的培养，将课程内容与思辨能力、审美情趣、实证意识、批判求真、职业责任等思政元素融合，以"挚爱真善美，关怀天地人"的视野和格局为核心，培养具有科学精神、国际视野、家国情怀、职业素养和团队合作精神的应用型人才，核心素养与授课内容知识点的互融情况如表1所示。

表1 "风景园林规划与设计"知识单元、知识传授和
能力培养要点及价值塑造要点对应表

知识单元	知识传授和能力培养要点	价值塑造要点
1. 课程导论	风景园林规划设计导论 (1) 熟悉风景园林的界定和作用 (2) 掌握风景园林设计的理论基础 (3) 熟悉风景园林绿地的形式	通过介绍目前存在的生态危机、遗产景观遭到破坏、社会发展不均衡、经济发展不协调等问题,讲授风景园林规划在可持续发展、生态修复、自然文化遗产保护与社会经济发展等相关领域起到的关键作用,反映风景园林规划设计外延广阔、影响深刻的潜力,引导学生树立专业情感与职业道德,激发学生的专业激情和兴趣 通过自然疗愈性景观、自然教育、日常景观的优秀案例介绍,引导学生关爱自然、关爱人、关注可持续发展,培养学生感受美、发现美的能力,坚守风景园林专业的初心与使命
2. 风景园林规划设计原理	风景园林设计基本方法 (1) 了解园林设计过程 (2) 掌握基地调查与分析 (3) 熟悉园林用地规划基本原则与方法 (4) 熟悉园林绿地指标 (5) 掌握设计制图与表现的常用方法	通过"基地调研",训练学生的严谨理性,突出批判性思维,塑造实事求是的科学精神,并且通过他们组织的问卷调查、半结构化访谈等社会学调查方法,使他们潜移默化地理解设计的前提是对事实和证据的尊重,培养学生实证意识和严谨的求知态度,能敏锐地观察、准确地归纳场地问题,能逻辑清晰地运用科学的思维方式认识事物、解决问题、指导行为等 使学生通过学习优秀的中国古典园林、现代园林、当代园林案例及营建理论和方法,树立文化自信
	项目学习(风景园林调研) (1) 口袋公园 (2) 社区公园 (3) 综合公园	围绕"风景园林应当具备哪些基本功能"这一问题,课前布置学生分组对三类公园项目优秀案例进行研究性学习,培养学生团队合作、责任担当的精神和社会责任感。教师在进行样例启发、修正思路、及时点拨过程中,培养学生的实证意识。通过这种过程启发式教学,引导学生认识到风景园林的自然文化保护作用、教育功能和社会责任

(续表)

知识单元	知识传授和能力培养要点	价值塑造要点
3. 风景园林设计要素	**山、水要素** (1) 掌握地形要素的设计：功能、骨架、视线、造景 (2) 熟悉水体要素的设计：功能、原则、设计要点、方法 (3) 具备独立完成地形坡度分析、竖向设计的能力	通过竖向设计基础理论和实践，引导学生认识到"师法自然"的专业哲学思想。解析优秀风景园林规划设计竞赛获奖作品，结合教学案例库，融入"绿水青山就是金山银山"的生态观、尊重自然的环境伦理观和可持续发展观的思想
	硬质与软质景观要素 (1) 熟悉园林建筑与小品要素的设计 (2) 熟悉植物要素的设计：原则、选择标准、艺术表现、种植设计 (3) 熟悉园路与铺地要素的设计	开展建材市场调研、优秀项目实际踏勘等教学实践活动，达到现场"浸入式"体验和学习的效果，认识理论来源于实践。认识到风景园林、生态学、美学等多专业整合是实现科学性、艺术性和文化性统一的前提
4. 简单风景园林项目设计	**居住区绿地规划设计** (1) 掌握居住区绿地组成结构及设计要点 (2) 在教师的指导下，能分组合作完成居住区绿地方案设计	通过设计实践进行真题假作或真题真作，让学生参与实践，形成完整的包括调研、设计、演示、研讨、讲授等环节的实操训练，突出专业特色的设计实践应用能力、创新素质能力培养和创新争先意识以及设计师"交流与合作"的能力；关注身边人、身边事
	校园绿地规划设计 (1) 掌握校园绿地组成结构及设计要点 (2) 在老师的指导下，能分组合作完成校园绿地设计方案	
5. 课程拓展学习	**校外专家讲座*** 了解风景园林规划设计相关的实务、优秀的实践案例等	企业实地参观和专家讲座相结合，引导学生逐步构建作为"高水平、应用创新型"风景园林人才所必备的家国情怀与思想格局，增强文化自信，树立符合社会主义核心价值理念、扎根实践一线，以专业素质建设美好中国的风景园林观
	跨年级相关课程交流学习* 学习高年级园林工程营建作品，熟悉后续课程	借明于鉴，激发学生自主学习的意识和潜能

(续表)

知识单元	知识传授和能力培养要点	价值塑造要点
5. 课程拓展学习	当代风景园林规划设计名作赏析 学习当代风景园林规划与设计的优秀案例,了解学科前沿动态	通过项目式学习与元认知监控,培养学生的社会责任、家国情怀和国际理解力

＊表示条件具备时建议增加本部分选学内容

三、一节代表性课程的教学设计——风景园林设计基本方法(基地分析和行为心理探究)

（一）教学目标

1. 知识传授

掌握覆盖基地自然基底、气象条件、人工设施、视觉质量、边界范围等多环境因子的基地分析的内容和方法；从人体工程学、环境视知觉与空间认知、不同尺度、密度空间下的心理感受与行为特征了解空间组织与行为之间的作用关系；掌握包含构思立意、利用基地条件、视线分析等内容的设计的基本方法。

2. 能力培养

培养学生严谨理性态度与知行合一的作风，提升学生运用科学方法独立思考、实地探究、发现问题、解决问题的综合能力。

3. 科学思维

塑造学生尊重事实与证据的科学精神，激发学生的实证意识和严谨的求知态度，启迪学生以事实为据、以体验感知为脉，层层演绎推进深层分析。

4. 职业使命

引导学生关注当代人、身边事，铸就朴实的"在地情怀"，深切理解"人民城市人民建，人民城市为人民"的重要理念，以人为本，以景创境，树立以设计风景园林为人民持续创造美好生活的社会责任感与职业使命感。

（二）教学对象分析

"风景园林规划与设计"课程的授课对象为园林、风景园林专业大二的学生，学生已经具备了素描、色彩等制图基础，了解了风景园林学的基本内容架构，并在"设计初步""建筑初步"及"植物学"等先导课程的培养下形成了一定的理论基础与实践能力，可以进一步构建风景园林规划设计知识体系，实现理论和实践结合的完整架构。在年龄和心理特点上，大部分学生出生于2000年以后，能深刻地感受到中国经济、社会的全方位高速发展，主人翁意识较强，对自然与社会的好奇心与求知欲普遍较高，对科技前沿与技术接受较快。此外，他们对网络虚拟世界认同感较强，对当代人、身边事的理解和感知有限。所以，在本课程中非常有必要融入实证意识、在地情怀和职业使命等思政价值观，强化独具特色的设计实践应用教学，引导学生建立专业情感与国情观念，形成风景园林实践观和景观生态文明观，提升学生交流沟通、团队合作、学习能力、创新精神、批判思维等多方面的能力。

（三）教学内容与资源

1. 教学内容

（1）基地调查与分析的内容和方法。

（2）环境与行为之间的互动关系。

（3）风景园林设计的基本步骤与技巧。

2. 资源

（1）授课用多媒体PPT课件。

（2）教学案例及图片：上海市人民广场；上海应用技术大学奉贤校区交通现状分析；网师园、环秀山庄平面图、实景照片；国内外现代校园景观设计（如韩国梨花女子大学、沈阳建筑大学等案例）。

（3）教学视频：《延时·中国——人民广场》《月到风来——苏州园林之网师园》《透迤奇崛——江南园林之环秀山庄》。

（四）教学过程与方法

1. 课程导入（5分钟）

以"调研调研，我们怎么调查、研究什么"这个往届学生普遍存在的疑问为切入点，分别展示彼得·卒姆托瓦尔斯温泉浴场与赖特流水别墅的方案和实景图片，指出两个项目详尽的基地调研对设计方案形成发挥的关键作用，分析基地条件到完美方案的演绎过程，让学生深刻体会到基地调研与分析是设计工作得以深入推进的前提。设计大师们尊重事实与证据的科学精神，能对学生提高职业素养形成感召力。

2. 基地探勘与调研的具体内容（10分钟）

采用图片和视频介绍的方式，指出基地分析的内容主要包含自然基底、气象条件、人工设施、视觉质量、边界范围等多环境因子。观看《延时·中国——人民广场》视频，以上海市人民广场为例，帮助学生分析基地在城市中的位置、基地与周围环境、基地功能定位的关系。同时，结合城市居民对公共空间使用的需求，从人民广场在上海市城市空间格局中的位置、作用等角度，展开讨论和发散性引导，让学生在理解时可以调动自己的相关感受和经验，启迪学生思考城市空间格局对城市社会、文化发展的影响，同时为其以后的进一步观察和思考做好铺垫。

在介绍基地分析方法时，介绍观察、访谈、问卷等定性调查方法，进一步讲解智慧城市大数据赋能景观设计基地调研的案例，指出在中国几代人的锐意进取下，"智能"已经接入现实，我们要以新一代信息技术与科学方法提升"中国设计"。

3. 环境与行为之间的互动关系（5分钟）

介绍彼得·卒姆托到周边矿山、村落、发电厂实地勘测的经历，生动地讲述他在充分调研的基础上，加上自身对现代主义绘画与音乐的热爱，最终完成了瓦尔斯温泉浴场的设计，引申出完善的基地调研是从经济、社会、指标走向体验、感觉、艺术，指出风景园林规划设计是科学、艺术、工程的集合体，设计师的工作是要把调查来的信息、甲方的要求，以及他们对基地的判断，依托某种贴切的意象，组织成为一个感人的"人—环境"整体。

4. 环境行为学基础知识（10分钟）

以提问互动的方式，让学生评价上海应用技术大学奉贤校区交通现状，让学生分析校园交通设计与潜在行为规律的关系。这个视角能让学生深入理解设计和相应真实的效果，并激发其在生活中感受美、发现美、创造美的热情，从局限性的自我关注转向关注自然、关注城市、关注大众。然后通过波士顿大学校园、沈阳建筑设计大学、中国美术学院象山校区、韩国梨花女子大学、北京四合院幼儿园、深圳海岸小学与深圳南山外国语学校高中部等教学案例和图片展示，从人体工程学、环境视知觉与空间认知、不同尺度、密度空间下的心理感受与行为特征角度，讲解优秀案例中的空间组织与行为之间的作用关系，进一步引导学生对生活环境的细腻、缜密观察以及对微小线索的敏感与留心，帮助学生建立尊重客观事实、扎根大地的"在地情怀"与社会关怀，这也是设计出以人为本的优秀风景园林作品的科学与价值观的基础。

5. 风景园林设计的基本步骤与方法（10分钟）

结合多媒体PPT的内容，介绍包含构思立意、利用基地条件、视线分析等内容的风景园林设计基本步骤与技巧,引导学生了解风景园林设计师规范、标准的工作过程。首先,让学生观看《月到风来——苏州园林之网师园》《透迤奇崛——江南园林之环秀山庄》两部微短片;然后,采用多媒体PPT图绘讲解的方式,分析、阐释两个案例的构思立意,以呈现中国古典园林"澄怀观道""天人合一"的哲学思想,感染学生建立文化自信与民族自豪感;最后,介绍运用现代的数据分析方法来分析景观视线设计和空间尺度设计的案例,更有说服力地体现风景园林专业的科学性、艺术性和文化性统一。

6. 课程内容总结与课后思考题(5分钟)

简要总结授课内容,并布置课后思考题:基地调查与分析的主要内容和方法是什么?环境和行为之间的关系主要体现在哪几个方面?风景园林规划设计的基本步骤与分析内容是什么?让学生在回味课堂知识内容的同时,体会"严谨实证""国情观念""爱国爱校""文化自信",达到"盐溶于汤""现实力量""文化浸润"的教学设计目的。

(五)教学效果与反思

1. 教学效果

(1)教学课件的研究性体验性增加,学生听课更加投入,课堂互动和课后思考分析作业的积极性有所提高。

(2)通过本堂课的学习和课后基地分析、设计方法应用,学生对理论内容的理解更为深入;课程思政教学对学生的国情观念、审美情趣、文化浸润、崇尚实践等基本素养的提升是隐性和缓效的,在近期难以评测。

(3)学生的基地分析作业反映出教学目标达成率约80%。

2. 教学反思

(1)在基地分析内容上,目前条件所限,对地形、光照等的分析还仅限于理论。以后可以通过软件分析、数字技术将其进一步形象化,通过夯实基础知识实现"严谨理性"的思政教育效果。

(2)目前设计构思方法的讲解主要基于理论结合案例,以后可以建设若干快速设计构思题库,在理论讲解后用1个学时,让学生抽取、分组讨论,并使他们用头脑风暴的方式实际体验、深入思考,从而激发学生的创造力。

"园林工程课程设计"
课程思政教学案例

一、课程概况

（一）基本信息

授课教师：吴威、李小双（生态技术与工程学院）

课程名称：园林工程课程设计

学　　分：1学分

课程类别：专业教育课程

（二）课程简介

本课程开展创意花园营造的互动体验式教学，创新性地改变了传统的教学中停留于图纸表现的课程设计教学方法，让学生根据园林工程课程完成的设计与施工图进行预算的编制、材料采购、花园营建、花园养护等，通过营建环节来掌握园林施工图设计以及园林施工实践方面的内容。

二、课程蕴含的思政元素分析

本课程围绕"EPC"人才培养模式，通过导入育德元素进行全过程评估，将"劳育"与"德育"相结合，重点挖掘了"培养学生国情观念、扩展学生的国际视野、提升学生对人文知识的积淀和审美情趣、提高学生的职业素养、工匠精神和科学精神"等课程思政元素，课程思政元素分布在课程实训和成果考核的各个环节（见表1和表2）。

表 1 "园林工程课程设计"知识单元、知识传授和
能力培养要点及价值塑造要点对应表

知识单元	知识传授和能力培养要点	价值塑造要点
1. 方案构思与施工图设计	方案构思 （1）掌握方案构思的科学性和可操作性 （2）掌握方案构思的文化内涵 （3）掌握方案构思的创意创新和艺术价值	坚定文化自信，在目前国际潮流下，深刻理解中国文化内涵的时代性。鼓励学生在方案选题时以中华传统文化为依托，对我国博大精深的园林艺术手法进行熟练的运用
	施工图设计 （1）熟悉施工图设计流程 （2）掌握现场勘察技术和能力 （3）掌握施工图设计规范 （4）熟悉常见的施工材料应用	了解目前国际上的最新动向和科技，关注面临的全球性挑战，运用设计手法具象地表达出当前世界的新科技、新挑战
2. 营建技能讲解	土方工程 （1）了解土的分类与特性 （2）掌握园林用地竖向设计 （3）掌握土方量计算和平衡调配 （4）熟悉土方工程施工	培养工匠精神，在定位放线、铺装铺砌、小品制作、植物栽植等方面精益求精 严谨的理论知识结合实践运用，努力成为理论扎实、本领高强的"技能型人才"
	铺装工程 （1）熟悉常见的铺装材料 （2）掌握铺装工程施工流程	
	水景工程 （1）熟悉园林水景的构成与水池的设计 （2）熟悉驳岸、护坡工程与人工湖工程 （3）熟悉喷泉工程形式和布置要点 （4）熟悉溪流瀑布跌水工程	
	挡土墙及绿化工程 （1）了解挡土墙的类型 （2）熟悉混凝土挡土墙工程施工技术 （3）掌握乔灌木栽植方法、大树移植方法、花坛栽植方法	

(续表)

知识单元	知识传授和能力培养要点	价值塑造要点
3. 概预算学习	园林工程概预算学习 熟悉园林工程施工图预算的编制和园林工程量清单报价的编制	强调"节约性""可持续性"的生态设计理念，在限定造价的基础上达到最佳的效果，材料的使用与组合经济合理
	费用估算 掌握施工图方案基础上编制成本预算表	
4. 材料准备	(1) 了解不同材料的特性和价格，对各自的方案进行"限额设计" (2) 熟悉环保材料和绿色材料 (3) 掌握创新手段对施工材料进行创意性设计	培养国情观念，倡导生态文明，通过自身的创意充分运用废弃材料 在选择材料时关注社会环境问题，倡导选用环保材料和绿色材料为主
5. 花园营建	(1) 土壤整平 (2) 放线定位 (3) 基槽开挖和硬装路面铺设 (4) 花坛施工 (5) 材料工具制作和幕布的悬挂 (6) 植物种植和花境营造	以小组为单位，在工程营建环节中，每位组员各司其职，分工合作，培养精诚团结、互帮互助、志愿服务的团队精神和合作意识 通过营建活动来培养保护生态、爱护家园、珍惜环境的理念

表 2　成果考核表

	评 分 项 目
1	设计创意新颖，能够反映我国传统文化内涵或者新时代生态文明建设的理念(15 分)
2	能够全方位地运用专业的知识，并将理论知识与实践能力相结合，在方案阶段就能够考虑到花园的落地性(15 分)
3	方案具有创新性、时代性、先进性，能够反映当前的社会问题、科技问题以及文化问题，创意具有一定的理论深度(10 分)
4	综合解决问题的能力，在实训场地随机应变地解决突发的问题，创新性地运用工程技能与材料达到设计创意(10 分)
5	强调"工匠精神"，定位放线、铺装铺砌、小品制作、植物栽植等方面精益求精(15 分)

(续表)

	评 分 项 目
6	强调"节约性""可持续性",在限定造价的基础上达到最佳的效果,材料的使用与组合经济合理,并且通过自身的创意充分运用了废弃材料(10分)
7	团队合作默契,互帮互助,组员之间分工合理,效率最大化,每位同学都充分发挥自身的能力(15分)
8	营造完毕后花园维护状况完好,对于铺装清理、植物养护、小品维护等方面都考虑周全,使得花园养护效果较好(10分)

三、一节代表性课程的教学设计——花坛砌体营建实训

（一）教学目标

1. 知识传授

运用一个实际项目,要求学生根据园林工程课程完成的设计成果进行概预算编制、土方工程、铺装工程、小品工程、绿化工程、花园养护等环节的学习与实践,融合风景园林专业的多门核心课程知识。

2. 能力培养

学生需要解决实际场地的设计创意、造价控制、建造复杂性等方面的问题,发挥自身的专业能力以及综合能力。这要求学生不能单纯进行图纸绘制,而要在图纸——预算——建造——养护这个全过程中,培养解决具体问题和复杂问题的能力、培养解决综合问题的应变能力、培养创造性的高级思维能力。

3. 情感认知

用中国元素讲中国故事,将整个课程设计的主题聚焦在国际化浪潮的时代背景下中国文化元素的弘扬与传承。让学生在中国文化、民俗特色、地域文化等内容中挖掘、提炼文化元素和文化内容来进行花园的打造。鼓励学生研究中国传统文化内涵,对我国博大精深的园林艺术手法进行熟练运用。

培养学生传承工程技艺、精益求精、砥砺知行、艺术审美的意识,使学生的专业技能和思政情操全面提升,将知识教育同价值观教育、能力教育相结合,将"劳育"与"德育"相结合。

（二）教学对象分析

本课程的教学对象为大三学生，学生已掌握"设计初步""建筑初步""园林规划设计""园林建筑小品设计"等专业课的基本知识。学生在经过两年的学习后，对风景园林在社会发展中的作用、自身将来的就业方向都有较为清晰的基本认识。课程对于引导学生做到精益求精、砥砺知行，提高艺术审美能力，完成专业技能和思政情操的全面提升具有重要的意义。

（三）教学内容与资源

1. 教学内容

（1）花坛砌体：学习花坛和砌体工程的相关原理及施工方法。

（2）技能实训：根据相关的理论以及演示讲解，培养具体的实训技能。

2. 教学资源

（1）授课用多媒体PPT课件。

（2）校内植物园实训场地（见图1）。

图1　校内植物园实训场地照片

（四）教学过程与方法

1. 问题导入（10分钟）

这节课主要围绕花坛砌体模块进行讲解和实训。学生在园林工程理论课程中已经系统地学习了相关工程原理以及施工方法，课程设计侧重于模块的演示以及实训环节。以提问的方式让学生回顾一下砌体工程施工全流程。通过问答，列出施工全流程的内容，导出本课程要讲解的内容。

2. 花坛砌体营建(80 分钟)

(1) 材料的准备(30 分钟)。

对模块可能会使用到的工具以及材料进行讲解,让学生可以掌握这些材料和工具的性征与使用,尤其会重点介绍一些当前选用的环保材料和绿色材料(见图 2)。

图 2　花坛砌体工具

(2) 施工步骤详解和演示(50 分钟)。

针对花坛砌体模块的施工步骤进行依次讲解,通过案例分析和演示,让学生产生直观的感受,并能够很好地理解工程原理和施工方法。在这个环节强调精益求精,培养学生追求完美、追求卓越的"工匠精神",要求学生对每个步骤的准确度进行量化界定(见图 3 和图 4)。

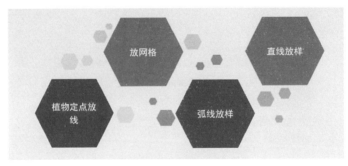

图 3　花坛砌体施工步骤

3. 花坛砌体技能实训(90 分钟)

在实训环节中,运用"行动学习法"的教学方法,以建成的花坛成果为目标,

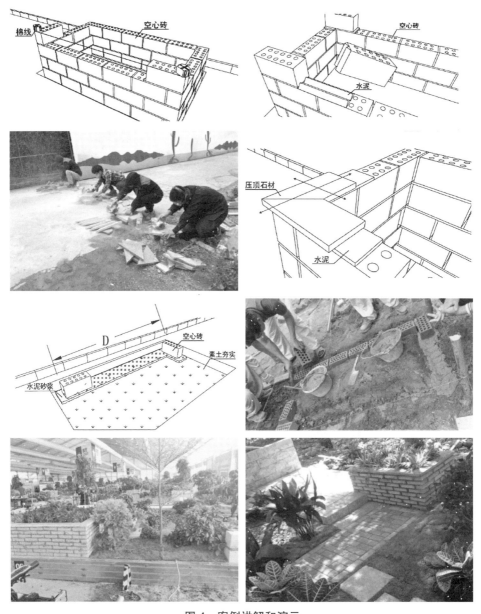

图 4 案例讲解和演示

将理论部分的知识通过实践来掌握,并且让学生以小组为单位进行课程技能实训。在此过程中,鼓励学生群策群力,分享知识与经验,最终在教师的指导下完成主题模块的实训练习,培养了学生精诚团结、互帮互助、志愿服务的团队精神和合作意识(见图5)。

图 5 学生团队在教师的指导下完成营建成果

（五）教学效果与反思

1. 教学效果

本节课介绍了花坛砌体工程的基本知识，课堂中采用了多媒体教学、实训展示、参与体现等方式，改变了传统施工图设计的教学模式，让学生直观地感受工程理论知识的运用，并且通过充分的互动，调动学生的主动性，多数学生积极参与课堂互动，学习氛围浓厚。在整个教学过程中，以融入式、嵌入式的方式将思政元素导入课程，启迪学生精益求精、砥砺知行，提高艺术审美能力，并完成专业技能和思政情操的全面提升。

2. 教学反思

现场教学受到场地的影响较大，下阶段将进一步借助"虚拟仿真"技术加强重要知识点的教学模式改革，同时逐步完善线上课程建设，将部分理论课程授课环节"搬"到线上，而线下主要以营造为主，最终将"园林工程课程设计"打造成一门线上理论授课＋虚拟仿真实验模块＋线下营造模块的课程。

"生态环境问题调查实践"
课程思政教学案例

一、课程概况

（一）基本信息

授课教师：李法云、王玮（生态技术与工程学院）

课程名称：生态环境问题调查实践

学　　分：2学分

课程类别：实践课

（二）课程简介

"生态环境问题调查实践"作为生态学专业学生首次全面接触生态学专业实践的教学环节，通过对长三角地区实际生态环境问题的调查实践，并对国内外典型生态环境问题展开分析，激发学生的专业学习兴趣，培养学生从社会、经济、法律和技术等多维度系统思考解决生态环境问题的方法，自觉践行生态文明思想。

二、课程蕴含的思政元素分析

本课程以生态文明思想为指导，强调在调查实践中培养学生解决实际生态环境问题的应用能力，引导学生通过调查实践提出问题，深入思考学好生态学专业应掌握的专业理论知识和必须具备的学科知识结构，掌握生态环境调查与数据分析方法和技能，从而激发学生对生态环境相关学科知识学习的浓厚兴趣和职业认识，全面提高学生对生态文明思想的系统思考能力和综合素养（见表1）。

表 1 "生态环境问题调查实践"知识单元、知识传授和
能力培养要点及价值塑造要点对应表

知识单元	知识传授和能力培养要点	价值塑造要点
1. 生态文明思想教育	(1) 通过世界八大环境公害事件，了解全球环境污染和生态平衡破坏问题 (2) 学习生态学和经济学的"Eco"同源性，掌握"人与自然和谐相处"的生态学基本知识理论 (3) 参观上海自然博物馆，理解保护生物多样性的重要性 (4) 听专题讲座："生态文明与环境管理：从课程到学科"（复旦大学包存宽教授）或"新时期社会经济发展与生态文明建设"（上海应用技术大学李法云教授）	(1) 辩证思考人与自然的关系 (2) 正确理解新时代生态文明建设的重要意义 (3) 了解发达工业国家"先污染，后治理"社会经济发展模式的弊端，多角度分析社会经济发展与环境保护的关系 (4) 爱护生态系统物种生命，关注人类发展命运
2. 生态安全认知	(1) 分析中国典型生态环境安全问题，理解生态安全韧性的含义 (2) 明确生态安全是国家安全的重要组成部分，提高学生对新国家安全观的认知和理解 (3) 参观上海化工研究院有限公司环境安全与健康毒理（GLP 和 CNAS 认证）实验室	(1) 了解我国生态环境与自然资源禀赋特征 (2) 牢固树立生态安全是国家安全重要组成部分的新观念 (3) 掌握国家计量认证实验室操作与数据处理规范和可检验特性
3. 土壤生态环境保护	(1) 结合中国农田土壤污染与环境修复案例，理解我国土壤生态环境保护的严峻形势和重要性，掌握土壤生态健康指数的含义 (2) 听专家讲座："我国农田土壤污染及其修复技术"（中国科学院南京土壤研究所吴龙华研究员），明确保护耕地和提高土壤环境质量的迫切性 (3) 参观上海化工研究院有限公司，学习上海市城区场地土壤污染与修复案例，激发学习生态修复技术的兴趣，增加保护土壤资源的责任担当	(1) 认识土壤污染复杂性和治理的艰巨性及长期性，树立不畏困难、坚持不懈探索土壤修复新技术的志向 (2) 掌握开展土壤生态修复需要具备的生物、化学、物理等多学科知识和环境生态工程思维能力 (3) 结合污染土壤修复案例，明确改善生态环境的崇高使命，树立绿色发展理念

(续表)

知识单元	知识传授和能力培养要点	价值塑造要点
4. 水生态环境保护	(1) 实地考察苏州河梦清园环保主题公园，了解苏州河的污染历程与生态治理经验，分析城市水生态建设存在的问题并提出相关生态治理对策 (2) 听专家讲座："我国地表水环境质量标准制定修订研究"（中国环境科学研究院吴丰昌院士），了解我国水环境质量管理政策和标准	(1) 了解苏州河社会经济发展与环境污染历史，理解河流生态环境质量与当地人民幸福指数的密切关系 (2) 熟悉梦清园环保主题公园生态景观设计理念，育成感知和欣赏自然生态美的价值取向 (3) 从苏州河环境综合治理需要克服理念、经济和技术等种种困难，养成砥砺前行的坚强意志品质
5. 大气环境保护	(1) 掌握大气环境质量数据收集和调查方法，提高学生对全球气候变化框架中发展中国家与发达国家博弈的理性认识 (2) 调查大气环境污染因子与人体呼吸系统疾病、心血管疾病的关系，对比分析城市不同功能区大气环境污染特征、雾霾天气的成因，提出上海市大气环境质量改善的对策与建议 (3) 听专家讲座："大气消耗臭氧层物质和温室气体高精度观测和应用"（中国气象局气象探测中心温室气体业务首席姚波）	(1) 理性思考我国经济快速发展与城市大气质量的辩证关系 (2) 了解我国作为《联合国气候变化框架公约》缔约国所承担的义务，理解温室气体排放与国家及人民利益的关系 (3) 运用科学的思维方式，认识大气环境保护是集生产、生活、管理等于一体的复杂系统工程 (4) 理解大气环境质量监测基本科学原理、方法和数据处理规范，养成严谨理性的求知态度
6. 中国传统生态智慧	(1) 引导学生自主设计并开发放古海塘保护与生态环境变迁调查问卷，掌握中国文化历史和生态环境变迁等相关知识 (2) 参观上海市奉贤区博物馆的海塘展厅，直观感受海塘遗迹，解读海塘对上海地区社会、经济发展的影响	(1) 了解奉贤华亭古海塘建造严格的质控与管理制度，培养忠于职守的责任担当意识和精益求精的工匠精神 (2) 了解古海塘所蕴含的中国传统生态智慧，科学认识古海塘在保护人民生命财产安全方面的重要功能 (3) 通过调查问卷设计与发放，养成良好的团队合作精神

(续表)

知 识 单 元	知识传授和能力培养要点	价值塑造要点
7. 调查数据处理分析	(1) 学习 Origin、SPSS、Google Earth Pro 等软件的使用,掌握数据调查与统计分析方法 (2) 学习不同社会调查方法,完成大学校园师生态环境意识调查与分析 (3) 学习中英文期刊数据库的使用,学会查阅文献资料,撰写调查报告	(1) 运用数理统计软件分析生态环境实践调查数据,自觉运用科学的思维方式认识事物和解决问题 (2) 从师生消费生态足迹角度,育成节约资源的良好品德 (3) 培养诚实、守信、严谨的人格素养,提高对"从实践中来,到实践中去"的科学认识

三、一节代表性课程的教学设计——上海化工研究院参观考察

(一)教学目标

1. 知识传授

从事生态环境工作的基本素质,如何学好生态学、生态学的意义和生态学未来从事的领域。

2. 能力培养

强调对学生应用能力的培养,使学生在理论与实践相结合的实践教学过程中,既能系统掌握生态环境学的科学理论,又能掌握生态环境调查与数据分析方法和技能。

3. 价值塑造

培养学生牢固树立劳动价值观和生态文明观,使学生对学习生态环境学科知识具有浓厚兴趣和基本职业认知,提高学生对生态文明建设思想的系统思考能力和综合素养。

(二)教学对象分析

本课程的教学对象为生态学专业大一学生,他们处于对学校、专业、大学生活的初步认知阶段,渴望了解专业发展、就业去向等问题,对他们进行正确引导有助于他们树立正确的世界观、人生观和价值观。实践课程也是生态学专业学生巩固基础知识、加强实践能力的重要环节,对培养学生野外调查研究能力、观察能力、分析和解决问题的能力具有重要的指导作用。

（三）教学内容与资源

1. 教学内容

（1）从事生态环境工作的基本素质要求。

（2）参观考察环境安全评价实验室和健康毒理实验室。

2. 教学资源

（1）生态学院与上海化工研究院有限公司建立长期产学研合作关系。

（2）实践环节采用专家讲座与实地参观考察相结合方式进行。

（3）超星学习通平台：上海应用技术大学"生态环境问题调查实践"，https://moocl.chaoxing.com/course/215056541.html。

（四）教学过程与方法

1. 课前预习

教师提前3—5天将实习单位专家的简介和检测中心的介绍上传到超星学习通平台，学生可以在线了解实习单位的相关内容。

2. 课堂教学

（1）创设情景，引起注意（4分钟）。

以提问的方式导入，随机提问两三名学生：① 谈谈你对生态学专业的认识。② 毕业后你希望从事哪些工作？③ 你了解到的与专业相关的工作有哪些？引出本次课程理论部分专家讲座内容：如何学好生态学、生态学的意义、学生态学未来从事的领域。

培养学生对学习生态环境学科知识的浓厚兴趣和基本职业认知，让学生理解"崇尚实践"的内涵，提高学生对"从实践中来，到实践中去"的科学认识。

（2）告知学习目标（2分钟）。

本节课的学习目标为：① 从事生态环境工作的基本素质要求；② 参观考察标准实验室。

教师提出要求，PPT上明确列出。

（3）刺激回忆学习过的相关内容（3分钟）。

以提问的方式让学生回顾生态学的基本定义和内涵，考查学生对已学过知识的掌握程度，教师再进行讲解。

（4）呈现本节课所学的新内容（32分钟）。

① PPT展示习近平生态文明思想和全国生态环境保护大会精神（3分钟）；分小组互动讨论：民众应具备的环境与生态素质（6分钟）；让学生理解"科学理

论"和"国情观念"。

② 在超星学习通平台播放美丽乡村建设和污染治理视频(5分钟);分小组互动讨论:家乡所在地生态环境保护措施(6分钟)。

③ 参观考察环境安全评价实验室和健康毒理实验室。学习标准实验室的管理流程,了解如何运用生态学知识向社会提供生态毒理测试服务和化学品环境安全评价研究服务(12分钟)。

图1 学生参观上海化工研究院有限公司环境安全与健康毒理(GLP和CNAS认证)实验室

图2 学生在上海化工研究院有限公司与生态环境领域专家面对面交流

(5) 总结(2分钟)。

教师总结生态环境保护是功在当代、利在千秋的事业,PPT展示要点回顾。

(6) 作业布置(2分钟)

思考题:

① 如何理解并践行"绿水青山就是金山银山"?

② 如何规划大学四年的学习生活?通过与专家面对面交流,获得了哪些专业和职业认识?

（五）教学效果与反思

1. 教学效果

邀请知名专家讲座，对培养学生的国情观念、人文情怀、技术运用和生态文明思想等具有促进作用。引导学生认识到环境学界要立足"中国国情、时代特征"的研究立场，坚持"以学术研究为本、满足人民群众美好环境需求为用"的学术取向，瞄准中国环境治理与制度变迁的重大理论与实践问题，开展研究、努力创新。在讲座中渗透思政教学，学生接受度高，评价反馈结果较好。

2. 教学反思

本课程强调对学生应用能力的培养，使学生在理论与实践相结合的实践教学过程中，既能系统掌握生态环境学的科学理论，又能掌握生态环境调查与数据分析方法和技能；培养学生对生态环境相关学科学习的浓厚兴趣和职业认识，提高学生生态文明建设的综合素养。

"生物地球化学"课程思政教学案例

一、课程概况

（一）基本信息

授课教师：侯梅芳、吉喜燕（生态技术与工程学院）

课程名称：生物地球化学

学　　分：5学分

课程类别：专业教育课程

（二）课程简介

"生物地球化学"是一门以追踪化学元素的迁移转化为线索，研究生命与环境相互关系的课程。本课程基于量、群、流、场这四个概念重点讨论元素在地球系统中的丰度、形态、运动及各种驱动力场，探究自然环境如何影响生命的起源、进化和生存状况，分析生命改变自然环境的过程。本课程中还包括基于化学动力学和化学热力学机制所建立的一个生物地球化学模型DNDC及其详细的科学原理和应用。学生只要具备中学化学知识就可以很好地理解本课程中的内容。

二、课程蕴含的思政元素分析

（一）专业兴趣，为人民服务，坚守初心

以我国典型地方性疾病的发生、调研、病因探究、治疗为切入点，使学生了解生物地球中元素循环和变化对人类环境与健康的重要影响。用我国学者积极投身各种地方性疾病研究的伟大奉献精神来激发学生的专业自豪感及学习动力，使学生深刻理解在任何危险时刻，党和国家始终将人民的健康和安全放在第一位，以此激发学生的民族自信和爱国情怀。

对应知识点1：硒元素的生物地球化学变化。

（二）科学思维，实事求是

以地方性疾病的出现、环境质量模型的建立、地方性疾病病因元素的追寻以及相关元素的生物地球化学循环过程为载体，让学生逐步建立起科学的思维方式及"实事求是，先调查，再研究，小心验证"的严谨思维模式。

讲解生物地球化学的基础研究方法和技术流程，引导学生充分思考生物地球化学与生态环境、人类健康之间的关系和作用。

对应知识点2：元素和环境空间模型的建立。

（三）"天人合一"的古老哲学思想

生命的发展以及元素之间的生物地球化学耦合的过程，体现了我国"天人合一"哲学思想；我国是全球环境的一个组成部分，我国环境的改变必定受全球的影响，而全球环境的改变又是各区域环境改变的综合体现。

对应知识点3：元素耦合的意义及有机物质产生的本质。

本课程还有诸多的课程思政结合点，巧妙融入我国优秀传统文化、哲学精髓和智慧（见表1）。

表1 课程思政元素汇总列表

章节题目	课程思政融入结合点
第1章 生物地球化学发展简史	伴随着世界生物地球化学研究的发展，我国几代研究者也在地球元素分布、环境元素迁移方面做出了努力，并取得了优秀成果，这正是中华民族团结向上、敢于科研攻坚精神的体现
第2章 中国克山病故事	中国对克山病的调研、发现、治疗，体现了我们党和国家始终把人民群众生命安全和身体健康放在第一位
第3章 自然选择与生物地球化学丰度	生态环境因素对物种的选择以及地球元素丰度随历史的变化体现着"人类社会处于物竞天择的竞争之中，人要生存、发展，就必须用心力去斗争"的精神；要生存和发展，就必须冲破陈规旧律，顺应历史进化的潮流，不断创新，继续前进
第4章 生命能源和生物地球化学耦合	生命的发展以及元素之间的生物地球化学耦合过程，体现了我国"天人合一"哲学思想；我国是全球环境的一个组成部分，我国环境的改变必定受全球变化的影响，而全球环境的改变又是各区域环境改动的综合体现
第5章 新陈代谢和生物地球化学循环	生物地球化学循环过程体现着"人类—生物地球化学循环"的概念。人类参与自然，改变原有的地球化学平衡，形成新的生物地球化学过程，这是地球生态系统进化的质变，它对人类在地球上的生存提出了挑战，因此，以国家、以人类的生存发展为己任是现在青年必须拥有的责任担当

(续表)

章 节 题 目	课程思政融入结合点
第6章 环境冲击和生物地球化学场	现代生物地球化学的发展,在很大程度上是由于日益增多的生态环境问题产生的压力。人类对自己未来命运的担忧,但缺乏预测环境影响的能力。人类希望知道,当任何一种环境冲击来临时,地球生态系统将如何变化,而人类又将如何应对。在地球历史中,曾发生过多次重大环境变化,地球生命也数度处于危机之中。回顾这些历史事件的前因后果也许有助于我们展望未来
第7章 生物地球化学模型的特征	DNDC模型是一个目前在中国和世界范围内应用较多的生物地球化学计算机模拟模型。这个模型通过对碳、氮和水在生态系统中的耦合与循环来模拟植物生长、土壤固碳、温室气体排放、营养元素淋失等基本生物地球化学过程。这些过程都是关系到农业及地球资源环境可持续发展的核心问题。我国著名学者李长生教授在此方面做出了世界瞩目的贡献。正是由于诸如李长生教授这样的杰出科学家的不断努力和探索,生物地球化学才能迅速拓展它的基础理论和方法论,以协助人类去应对日益复杂和严重的生态环境问题。这种精神和科学探索的勇气正是青年人应引以为傲的。以天下为己任,更是当代青年人应有的担当
第8章 DNDC模块之一:输入界面	
第9章 DNDC模块之二:生物地球化学场	
第10章 DNDC模块之三:核心过程	
第11章 DNDC模型的验证	
第12章 DNDC模型的应用	

三、一节代表性课程的教学设计——硫元素的生物地球化学循环

(一)教学目标

1. 知识传授

正确理解硫元素生物地球化学循环相关的基本概念和过程;理解硫元素生物地球化学循环的意义。

2. 能力培养

提高学生理解生物地球化学学科发现的能力,将保护我国人民的生命健康安全作为生物地球化学相关领域研究者及从业者的基本职责,培养学生正确的

世界观、人生观和责任担当意识。

3. 情感认知

引导学生感悟和思考,使学生从内心深处产生心系国家和人民的家国情怀以及对本学科相关领域职业的敬畏感、责任感和职业道德感。

(二)教学对象分析

本课程的教学对象为生态学专业大三学生,学生处于对专业知识学习的重要阶段,渴望学习和了解更多的专业相关技术和行业发展现状与前景等知识,正确有效的引导方式将有助于本专业学生建立起正确的世界观和人生观。

(三)教学内容与资源

1. 教学内容

(1)硫元素生物地球化学循环的含义。

(2)硫元素的生物地球化学循环过程。

(3)硫元素生物地球化学循环的启示。

2. 教学资源

(1)学生预习、教师授课用多媒体 PPT 课件。

(2)硫元素生物地球化学循环过程相关资料视频:① 我国杰出青年科学家关于硫元素的重大研究成果视频;② 硫元素生物地球化学循环过程调研。

(3)分析演示:① 硫元素化学形态变化过程演示;② 土壤中硫元素流失过程演示;③ 硫元素生物地球化学循环全过程演示。

(四)教学过程与方法

1. 课前预习

提前一周在班级学习交流群中为学生布置预习任务,让学生带着问题进行预习并及时在班级学习群中反馈预习中遇到的疑难问题。

2. 课堂教学过程与方法

(1)问题导入(2分钟)。

导入语:上节课学习了生物地球化学的早期应用及其与生态环境、人类健康之间的密切关系,大家认为这种密切的关系到底体现在哪里?生物地球化学对生态环境、人类健康的重要程度如何?(以提问的方式切入本节课的学习内容,引导学生进行延伸思考)

(2)讲授内容、实际案例、提问互动等(43分钟)。

第一部分:硫元素丰度与分布调查与研究(18分钟)。

内容：硫元素的生物地球化学循环的含义是什么？硫元素在大气、水体、土壤环境中的丰度、分布及转化情况介绍。

案例：青年科学家姜雪峰突破硫化学难题，以"无机硫向有机硫转化"理念，构建了"3S"(Smelless、Stable、Sustainable)绿色硫化学。

互动：对硫元素的生物地球化学循环有哪些理解？如何看待绿色硫化学的发展？

第二部分：硫元素生物地球化学循环的重要性(6分钟)。

内容：介绍硫元素生物地球化学的重要性。

案例：以水体环境中硫元素对水生生物的生长及水体污染物的去除过程的影响为例，介绍硫元素及其生物地球化学循环的重要意义。

互动：二氧化硫在有机功能分子里非常重要，比如药物中"砜"的结构，看起来好像是通过二氧化硫嵌入，如果我们能把空气中的二氧化硫转换成药物中的重要功能分子，就可以将二氧化硫这种污染物变废为宝了。

第三部分：硫元素的生物地球化学循环(15分钟)。

内容：介绍地球土壤圈中硫元素的来源；讲解硫元素流失的化学过程及硫元素的生物地球化学循环。

演示与互动：进行硫元素化学形态变化过程、土壤中硫元素流失过程、硫元素生物地球化学循环全过程模拟与演示。学生分组讨论对上述过程的理解与认识，加强课堂学习效果并提升主观能动性。

第四部分：硫元素生物地球化学循环的启示(2分钟)。

内容：学生学习我国科学家对元素生物地球化学研究的宝贵奉献精神。认识生物地球化学领域对研究及工程技术人员的要求，树立职业责任感和道德感。

案例与互动：有哪些体现为人民奉献精神和当代青年大学生责任担当的事迹？

总结：展示我国科学家在硫元素研究领域取得重大突破并造福人民健康的视频与图片，引导学生认识到推动科技进步、保障人民生命和财产的安全重要性和责任感。

(3) 结束语(2分钟)。

提问：对"心怀家国，使命担当，敬业奉献"如何理解？

总结：引导学生首先学会做人，学会做事，学会严谨治学，做一个勇于担当历史使命、心怀国家的人。

3. 课后作业

（1）在学习交流群中完成本章测试题。

（2）其他作业：进行其他化学元素生物地球化学循环过程的学习。

（五）教学效果与反思

1. 教学效果

本节课实现了教学设计的思路，授课教师讲课思路清晰并与学生互动良好，课堂氛围积极活跃。本节课采用了大量实际案例，对学生的感染力强，成功吸引了大多数学生积极参与课堂学习讨论，从学生表情可看出本节课的学习不仅使学生获得了知识，更使学生有了较好的感情共鸣和体验感。从课堂互动的情况可以看出学生树立了心系国家和人民、勇于担当的家国情怀，也树立了正确的价值观和职业道德观。

2. 教学反思

课堂讲授过程中要注意选取正反两方面的实际案例，让学生理解生态环境中元素的适量性，引导学生理解我国传统文化中"过犹不及，物极必反"的道理。要启发学生学会"发现问题——调查问题——解决问题"的科学思维。本节课涉及的内容较多，授课教师需在有限的课堂时间内掌握好进度，更进一步突出讲授内容的重点，同时注意课后作业要适量。

"园林植物景观设计"
课程思政教学案例

一、课程概况

（一）基本信息

授课教师：刘静怡（生态技术与工程学院）

课程名称：园林植物景观设计

学　　分：3学分

课程类别：专业教育课程

（二）课程简介

本课程是风景园林专业必修课，通过植物景观功能、植物景观设计的发展历程、植物景观设计的基本原理和原则、设计程序以及不同园林绿地的植物景观设计要点等内容的介绍，培养学生园林植物分析和设计能力，提升学生营造优美人居环境的能力，使学生树立生态文明观和可持续发展思想，为未来植物景观设计工作打下扎实基础。

二、课程蕴含的思政元素分析

本课程依据学校思想政治核心素养32个基本点和"ASciT（爱科技）"9大关键能力重点强调价值引领的课程思政元素，让学生牢固树立生态文明观，强化家国情怀，拓展国际视野，提升审美情趣，激发创新意识，培养工匠精神。对应6大核心思政要素中的国情观念、家国情怀、文化积淀、审美情趣、厚德精技、精益求精、遵从伦理、团队合作这8个基本要点。

授课教师不仅在平时作业和课程项目中注重引导学生（团队）加强这些方面

的训练,而且将其列入考核内容。本课程大纲中与课程思政结合的具体要点如表 1 所示。

表 1 "园林植物景观设计"知识单元、知识传授和能力培养要点及价值塑造要点对应表

知识单元	知识传授和能力培养要点	价值塑造要点
1. 绪论	(1) 植物景观设计与城乡绿色发展 (2) 植物的主要功能 (3) 植物景观设计的原则 (4) 园林植物种植图分类及其要求	强调建设生态文明是中华民族永续发展的千年大计,教育学生牢固树立国情观念,理解中国国情,树立生态文明观,将个人学习、职业发展与美丽中国建设、建设青山绿水联系起来。拓展"国际视野",关注人类面临的全球性挑战 通过比较上海解放前至今不同时期的园林绿地指标、以及"十二五""十三五"上海绿地系统规划理念的变化,帮助学生了解上海园林绿化事业发展历程,更深层面地了解国情,激发学生生态文明建设的热情和爱国主义情感 通过分析不同设计阶段、不同内容的园林植物种植图的制图规范,引导学生遵从工程伦理,树立科学精神和精益求精的工匠精神
2. 园林植物表现技法	(1) 乔灌草地被的表现技法 (2) 平面图/立面图/效果图的表现技法	通过分析中西方不同植物表现技法体现的美学表现形式,引导学生拓展美学视野,提升生态审美水平,培养学生的人文素养
3. 美学特性和配置原则	(1) 园林植物的形态特征 (2) 园林植物的色彩特征 (3) 植物的其他美学特征 (4) 植物的文学特征 (5) 植物造景的美学法则	介绍中国古典园林植物设计理论和案例,使学生更好地理解中国"天人合一"哲学思想和传统美学精髓 通过介绍新中式园林中植物设计的造景手法和经典案例,让学生理解创新的内涵和价值,引导学生感受中国经典传统文化在当前时代背景下的演绎,在文化传承中体悟美学创新的魅力
4. 植物种植设计程序	(1) 植物种植设计的基本流程 (2) 各设计深度的基本要求 (3) 图纸绘制规范	通过讲解各个设计深度的要求,植物景观配置设计的基本流程,介绍园林设计工程过程中遇到的各种工程问题及解决问题的方式,引导学生理解园林设计和工程技术伦理和工程伦理的道德规范,让学生更加崇尚实践,遵从工程技术伦理

(续表)

知识单元	知识传授和能力培养要点	价值塑造要点
5. 园林植物景观的创造	(1) 植物造景的原则 (2) 植物配置方法 (3) 园林植物景观设计方法	讲解园林中地形、水、植物、建筑的关系和运用手法,融入"绿水青山就是金山银山"的生态观和可持续发展理念
6. 各类绿地植物景观设计	(1) 居住区的植物景观设计要点 (2) 城市公园的植物景观设计要点 (3) 城市道路的植物景观设计要点 (4) 案例解析	通过解析世博公园、浦江郊野公园等园林案例,介绍近年来上海园林绿化的巨大成就;介绍近年来我国首批十大国家公园的建设进展,激发学生家国情怀,加强学生文化自信和自豪感
7. 要求学生掌握上海常见园林植物	(1) 乔木 100 种 (2) 灌木 100 种 (3) 草花地被 100 种	要求学生掌握华东地区特别是上海地区的常见园林植物,加强学生对家乡自然环境的了解,培养学生家国情怀和对国民身份的认同
8. 平时作业		通过课堂引导和课后练习培养学生作业收交时间的制度观,作业完成过程的诚信观,从作业要求开始培养学生的职业素养
9. 校内工程营建	花境营造(约 9 m²)	通过对花境设计要点的讲解,介绍自然式植物造景形式,引入生态文明建设、美丽中国和乡村振兴等国家战略的发展需求等理论;在实际的案例分析中,培养学生树立正确的国情观念,学会运用生态的思维方式解决园林生态设计中遇到的问题 要求学生多人合作。培养学生具有"崇尚实践""团队合作"的职业素养。培养学生精益求精、勇于创新、勤于实践的精神和工匠精神。培养技术创新活动时必须遵从人类社会的道德伦理和团队合作精神

三、一节代表性课程的教学设计——绪论

(一)教学目标

1. 知识传授

学生能够理解植物景观设计发展的历程,把握植物景观的功能,分析植物景

观设计的基本原则,概述近年来国内外的优秀经典案例。

2. 能力培养

学生能够运用本章节所学内容,分析植物景观设计在我国城乡绿色发展和生态文明建设中发挥的作用,总结上海城市绿地系统发展的主要历史过程,辨析在不同城乡绿地案例中园林植物发挥的主要功能,批判植物景观设计的常见误区;根据课后作业要求,收集各组资料信息,讨论PPT大纲和内容,归纳总结最终形成PPT成果。

3. 价值塑造

学生进一步熟悉我国城乡绿色发展的国情,建立国际生态绿色视野,树立生态文明观念和可持续发展思想,形成园林绿化建设的主人翁意识和责任感,提升科学理性的思维方式和独立思考能力。

(二)教学对象分析

本课程的教学对象是风景园林专业大三学生,他们已学习过"风景园林导论""城市公园设计"等课程,具备基本的园林规划设计理论和设计能力。能够进行概念性植物设计,追求图面视觉效果,对植物在城乡环境保护、绿色发展中所发挥的作用理解不够深入,需要在课上通过相关理论和实例重点补缺。

学生在植物种植设计原理、规范以及实际应用方面的认识不全面,需要通过真实案例、真实工程中出现的问题加以具体阐释,以提升工程伦理和科学思维,培养实事求是的作风和创新精神。

(三)教学内容与资源

1. 教学内容

(1)植物景观设计与城乡绿色发展。

(2)植物的主要功能。

(3)植物景观设计的原则。

2. 教学资源

(1)超星学习平台:上海应用技术大学"园林植物景观设计",https://mooc1.chaoxing.com/course/206633446.html。

(2)中国大学MOOC:北京林业大学"植物景观规划设计导论",https://next.xuetangx.com/course/BJFU11111001490/1510817。

(3)延伸资料:学生可通过互联网、公众号或专业期刊,搜集植物种植设计的案例、论文、视频、讲座或电子图书。

(四)教学过程与方法

1. 课前阶段

(1) 让学生了解本节课的预习要求,包括教学安排和课前预习要求。

(2) 学生根据预习要求,完成指定章节 MOOC 的学习,完成 MOOC 课后作业和思考题。要求学生将"植物景观规划设计导论"MOOC 学习笔记上传超星平台,预习成绩占平时总成绩 5%。

2. 课堂教学

(1) 问题导入(5 分钟)。

以两段新闻作为切入点,引出"绿水青山就是金山银山"的理念。

向学生提问:① 上海有哪些郊野公园? ② 郊野公园与普通城市公园的区别是什么?

通过播放两段近年来上海郊野公园建设成就的新闻视频介绍上海以郊野公园为重点的大型游憩空间和生态环境建设的战略部署,引出"绿水青山就是金山银山"的理念,并加以阐释。

(2) 植物的主要功能(15 分钟)。

内容讲解(5 分钟):讲解植物的生态环保、空间构筑、美学观赏、经济四大功能。

案例解析和思政启迪(7 分钟):通过解析两个经典案例(采用上海绿道专项规划、美国中央公园等案例的图文资料,需根据每年行业热点更新数据和案例),引导学生树立良好的生态环境是最普惠的民生福祉的理念,形成加强生态保护、促进绿色发展思想。通过简要介绍疫情期间火神山、雷神山医院的植物种植设计方案和施工建设者的施工奋战过程,引导学生思考抗疫过程中植物设计的重要作用,以及园林工作者们过硬的专业能力和工程奇迹背后坚强无畏的英雄精神。

学生互动和教师点评(3 分钟):学生列举他们身边植物景观设计体现"生态文明""美丽中国"发展理念的实例,教师进行点评和引导。

(3) 植物景观设计的原则(20 分钟)。

内容讲解(8 分钟):讲解植物景观设计的自然性、生态性、文化性、美学性原则。

案例解析和思政启迪(7 分钟):通过解析三个常见植物景观设计的误区(园林植物乔灌草比例不科学、大树进城等,需根据每年行业热点更新案例),引发学生对当代环境、城市、人民生活的观察和思考,树立探索改善人居环境、建设美丽中国的理想信念。

学生互动和教师点评(5分钟):学生列举分析他们身边植物景观设计误区的实例,教师进行点评和引导。

(4) 课程小结和作业布置(5分钟)。

简要总结授课内容,并布置课后作业:① 分组搜集抗疫植物景观设计项目——武汉火神山医院、雷神山医院植物景观设计、施工、建设资料;② 结合本节课内容,分析医院植物景观设计思路和方案特点;③ 预习下一次课的内容"4. 园林植物种植图分类及其要求",分析疫情背景下该项目各阶段植物景观设计、建设、管理等环节的要点。

(五) 教学效果与反思

(1) 本次课程选取了疫情期间火神山、雷神山医院园林绿化建设的项目,学生反响热烈,教学效果超出预想。通过案例解析,学生发现植物景观设计也能为抗疫做出贡献,从而进一步坚定了学好专业知识的决心,激发了投身园林建设事业的热情。由此可见,课程思政案例的选取既要与授课内容密切相关,又要紧贴当下时事热点,保持鲜活性、正能量,这样学生才能听得懂、学得进、记得牢,与案例产生共鸣,否则学生不感兴趣,教学效果达不到预想效果。

(2) 讲课中工程案例选取要准确,反面案例讲解要把握好"度",通过原因分析和讲解引导,让学生自然想到自己应该做什么人。每个案例展现不同的"关注点",重在引导学生理解"明德""明学"才能"明事"的道理。

(3) 绪论课的内容较多,讲解可深可浅,课时有限,课堂上比较考验教师对时间的掌控能力,需要提前合理设计好每部分内容的讲授要求。课后作业量要适度。

(4) 进一步完善学生对授课内容的反馈与评价系统,如借助在线授课平台交流、调查问卷等方式及时关注学生对课程思政授课效果的反响与意见,以便更好地改善教学手段、提高教学水平。

"德语阅读 2"课程思政教学案例

一、课程概况

（一）基本信息

授课教师：徐林峰（外国语学院）

课程名称：德语阅读 2

学　　分：2 学分

课程类别：专业教育课程

（二）课程简介

"德语阅读 2"属于德语专业基本技能课，目的在于训练学生的阅读技能，培养学生细致观察语言的能力以及推理判断、分析归纳等逻辑思维能力，同时了解阅读材料中涉及的文化背景知识。该课程思政教学改革的要旨是，通过凝练专业知识中的育人价值，帮助学生培养文化自信、批判性思维，塑造理想人格、礼貌教养，并形成正确的价值观。

二、课程蕴含的思政元素分析

本课程内容与思政元素的结合点如表 1 所示。

表 1　"德语阅读 2"知识单元、知识传授和能力培养要点及价值塑造要点对应表

知 识 单 元	知识传授和能力培养要点	价 值 塑 造 要 点
1. Beruf und Arbeit 职业与工作	围绕"敬业"一词展开讨论，熟练掌握所学的德语语言知识及基本语言技能，了解德国社会与文化，具有良好的德语运用能力	树立正确的就业观、择业观以及良好的职业道德

(续表)

知 识 单 元	知识传授和能力培养要点	价 值 塑 造 要 点
2. Traditionelle Feste Chinas und Deutschlands 中德传统节日	了解中西方传统文化,在学习德国特色文化的同时,能用德语介绍我国传统文化,在文化对比中体会两种文化的特色	对比中德传统节日,感受中华悠久文明,传承中国文化
3. Familie und Gesellschaft 家庭与社会	掌握与家庭和社会有关的德语语言知识及基本语言技能,培养社会责任感	营造健康和谐的家庭关系和社会风气
4. Menschen im Netz 网络中的人	学会思辨与创新,提升运用德语专业知识与现代信息技术的能力	正确利用网络作为获取和传递信息载体的功能,增强是非判断能力
5. Umweltschutz und ich 环保与我	掌握与生态环境有关的德语语言知识及基本语言技能,培养社会责任感	关心环境问题及其对每个人的影响,爱护环境从小事入手
6. Sinn der Zusammenarbeit 合作的意义	掌握与团队工作相关的德语语言知识及基本语言技能,提升交流与合作能力	加强团结协作,培养合作精神,建立和谐的人际关系
7. Jugendliche 年轻一代	掌握与年轻一代的思想、言行等相关的德语语言知识及基本语言技能,培养社会责任感和爱国情怀	担负社会责任,树立正确的世界观、人生观和价值观
8. Deutschlandbild 德国形象	了解德国社会与文化,掌握相关德语语言知识、国别与区域知识	了解德语国家文化,熟悉中德文化差异,树立文化自信
9. 时文阅读	充分了解社会主义核心价值观与中国文化价值观,并用德语进行介绍与阐释	对照社会主义核心价值观和中国文化价值观,充分开发思政教学资源,从习近平讲话德文版、德语传媒报道与评论等中补充融德语语言教学和思政教育于一体的语言教学素材
10. 阅读报告	归纳提炼阅读文章核心思想并用德语进行阐释,提升自主学习能力和合作意识	以小组为单位,要求学生到图书馆查资料,完成口头和笔头阅读报告。培养学生的实践能力和团队合作精神

三、一节代表性课程的教学设计——Familie und Gesellschaft（家庭与社会）

（一）教学目标

1. 知识传授

通过课堂教学，学生应较好地掌握阅读素材中的语言知识点，包括词汇和语法知识，能用自己的话总结文章核心思想和精神内涵。

2. 能力培养

实现德语阅读教学的知识目标、能力目标和素质目标的统一，学生通过本课程的学习，提升德语阅读和德汉翻译能力以及综合文化素养。

3. 价值塑造

学生应传承和发扬中国人民同心同德、艰苦奋斗的精神，作为中国新时代下的青年，应当与国家同呼吸、共命运，提升自己的社会责任感和民族使命感。在讨论环节，学生要进一步反思自己作为新时代的青年，应如何做到真正爱国、如何才能成为一名具有社会责任感的合格青年。

（二）教学对象分析

本课程的教学对象是德语专业大二的学生，他们已学习过基础德语、德语语法与词汇等课程，具备基本的德语阅读知识与技能。经过一年的本科阶段学习，学生思考问题和辨别是非的能力有很大提升，能够认识到当前国家的强大、人民物质生活水平和公民素质的显著提高，作为国家建设接班人的使命感也有所增强。在这个基础上还应进一步培养学生实事求是的态度、理性思维，让他们能够客观理性地辨别中德文化差异，提高独立思考与合作交流的能力，以达到情感态度与价值观、知识与技能、过程与方法的三维课程目标的统一。

（三）教学内容与资源

1. 教学内容

（1）掌握本节课阅读文章中的德语语法和词汇知识点，通过讲解与练习结合的方式提升学生的阅读技能。

（2）就文章主要内容进行分析讨论，在了解德国家庭模式与观念的同时，思考中国和德国的家庭和社会形态的异同，鼓励学生对此进行跨文化思辨，能够辩证地看待中国传统文化和西方文化差异，尊重双方经过长期历史发展而形成的适应本国国情的社会制度和家庭模式,形成跨文化思维,能够做到求同存异、和谐发展。

(3) 由"和谐"关键词无痕过渡到社会主义核心价值观的富强、民主、文明、和谐,扩展知识内容,融入政治素养教育。在这个过程中将所要传授的知识,尤其是所要培养的态度、情感以及价值观念等化整为零,潜移默化地融合、渗透于课程的介绍与讲解之中。

(4) 节选一些与爱国主义教育、传统美德教育、时事热点新闻中相关的阅读素材在课堂上进行阅读和讨论,如选取德国媒体对中国热点问题的实事新闻报道进行分析讲解,引导学生思考中国与德国不同意识形态下媒体的符号功能,辩证地看待文化差异和政治立场,在阅读中能够理性思考、去伪存真,保持清醒的头脑和理智,明辨是非。

2. 教学资源

(1) 授课用多媒体 PPT 课件。

(2) 教学图片与视频:反映德国城市与农村中具有代表性的家庭居住和生活情况的图片,以及处于老、中、青、幼等不同年龄阶段的德国人日常生活的视频。请来自不同省市的同学们自行收集与展示反映中国不同地区家庭风貌和不同时期中国社会发展变化的图片与视频。

(四) 教学过程与方法

1. 课前准备

要求学生对"Familie und Gesellschaft"一课的阅读材料进行课前预习,尝试分析文章深层次上的文化内涵。同时要求学生找到介绍中国社会和家庭的阅读材料进行对比分析。课堂上分组对预习内容进行专题汇报,培养学生自主学习能力,使学生养成善于思考、善于分析的思维习惯。

2. 学生展示(15 分钟)

此阶段以学生陈述为主,教师提问为辅。教师在课前布置任务,可要求学生以"中德家庭与社会对比"为题做课堂报告,报告包括内容简介、推荐原因及提问环节。内容简介部分以学生陈述为主,图片和视频片段为辅。在完成陈述之后的提问环节包含两方面,一方面做报告的同学就其所讲述的内容向其他聆听者进行提问,另一方面教师对做报告者所陈述的内容进行提问。在此过程中不仅可以调动学生的主观能动性,还可以进一步提升学生思考问题的能力。在提问过程中教师要引导学生就报告里体现出来的能够与社会主义核心价值观契合的内容展开讨论,使学生进一步思考作品中的深层含义,挖掘作品中的真善美,从而让学生在潜移默化中审视价值观,对学生进行文化熏陶。

3. **课堂讲解**(16分钟)

此阶段教师首先对学生的预习内容进行补充说明,在对文章进行分析总结及传授阅读技巧的同时,将思政元素融入课堂,引导学生对不同的主题进行跨文化思辨,使其辩证地看待传统民族文化与外来文化、中国特色的社会主义制度与国外意识形态、国际社会面临的挑战与机遇等。学生在了解德国的家庭模式的同时,跟中国的家庭模式进行对比分析,从而形成跨文化思维,做到求同存异、包容并存。此外教师节选一些与主题相关的时事热点新闻,作为补充阅读材料,丰富阅读课思政教育的素材,使学生在学习德语专业术语的同时,逐渐接触和学习国家的方针政策、社会主义特色的相关内容,在潜移默化中对学生进行知识传授和价值塑造。

4. **课堂讨论**(14分钟)

针对"家庭与社会"这个主题,教师选择合适的切入点,设置问题,如"个人与社会的关系是怎样的""30年后的中德家庭模式各自是怎样的""怎样看待德国媒体对中国社会的报道"等,引导课堂讨论。教师在设置问题时尽量由浅入深、由表及里,从而使阅读课形成研讨性、批判性的立体阅读效果。在讨论过程中,教师要注意把握课堂节奏,在充分调动学生的研讨积极性的同时,对学生进行适当引导,在讨论的过程中使学生进行自我教育和自我约束。通过此环节不仅可以提升学生的思辨能力,而且能够培养学生良好的人文素质和科学的思维方法。

5. **课后拓展**

由于课堂时间及课堂阅读素材的限制,教师难以在课堂上进行较为充分的思政教育,因此可以充分利用课外时间,设置不同形式的阅读任务,例如利用我国本土的公众号如人民网德语视界、同济大学中德人文交流、CRI德语、德语世界等以及德国的主流媒体平台,选择合适的文章作为课后的阅读材料,使课堂阅读与课外阅读有机结合起来,使阅读课成为一种辐射性的课程,设置"中德经典文化诵读""名人著作""经典诗歌""演讲访谈"等板块主题,鼓励学生用德语讲好中国故事,介绍中国传统文化故事,鼓励学生摘抄文中优美的句子和词组,并在课堂上分享。在提高学生阅读水平的同时,进一步提升学生的文学素养。

6. 第二课堂实践

第二课堂实践作为课后拓展，是课堂的延续，具有重要的意义。通过举办各种丰富多样的课外活动激发学生的学习兴趣。在第二课堂实践中将听说读写结合起来，并融入思政元素。如举办翻译、朗诵、演讲、国情知识等比赛，设置政治、经济、文化、社会和生态不同的模板，不同的模块素材可以结合不同年级学生的语言水平，同时注重素材的时效性，选取合适的双语素材，在比赛中促进学生的学习积极性，增强学生的文化自信心、民族自豪感和爱国主义情怀。

（五）教学效果与反思

与精读课不同，德语阅读属于泛读课，因此教师在授课时不能采取逐字逐句讲授整篇阅读文章的办法，不能局限于对文章的语法讲解和翻译，而是要让学生了解德语国家文化，同时引出中国优秀传统文化，为学生培养良好的思辨精神和人文素养提供引导。

本章阅读教材内容涉及文化教育、政治经济、家庭与社会等方面，体现了家庭伦理、社会道德，蕴涵着深厚的人文精神，具有比较鲜明的教育作用。教师在挖掘教材中的道德思想元素及其美育和情感功能时，能够找到切入口，充分考虑学生的身心发展特点和目前社会环境的影响，对学生进行引导和潜移默化的教育。今后还应该更加注重因材施教，从学生现阶段的现实问题入手，针对学生存在的对社会主义制度优越性了解不充分、缺乏学习动力和奋斗精神、心理素质不够过硬、不擅长表达情感等问题，有针对性地进行教育和启发。

"英文报刊阅读"
课程思政教学案例

一、课程概况

（一）基本信息

授课教师：徐晗（外国语学院）

课程名称：英文报刊阅读

学　　分：2学分

课程类别：公共基础课

（二）课程简介

本课程是大学英语第二学年拓展阶段的公共基础必修课。自2007年起开设，课程曾用名为"报刊英语"，2018年修订人才培养方案时更名为"英文报刊阅读"。2019年本课程获批校级线上线下混合式教学改革项目，2020年被学校认定为第一批校级线上线下混合式教学示范课程，并获2020年度上海高等学校一流本科课程(线上线下混合式课程)。

二、课程蕴含的思政元素分析

"英文报刊阅读"课程中蕴含的思政元素主要体现在两大模块：一是学生小组项目研究中蕴含的思政元素，以学生小组为单位开展"新闻热词播报"＋"新闻小报编撰与分析"；二是教材中蕴含的思政元素，结合课程所使用教材各单元新闻文章的主题及内容，在知识讲授的基础上，充分挖掘教学主题中蕴含的德育意义，实现对学生思维方式及价值观念的熏陶，从而发挥课程教学的育人功能，并培养学生的"中国心""世界情"。具体分析如下：

（一）学生小组项目研究中蕴含的思政元素分析

本课程要求学生在学期内以小组为单位完成两个项目研究：一是学习 *China Daily* 官方网站"热词"栏目，每周由1个小组搜集、整理、学习新闻热词及报道8—10条，并制作成课件上传至线上平台，经教师审核修订后，进行线下展示播报，每位同学均要参与播报，播报展示后由教师拓展讲评；二是结合国内外各大主流新闻网站的报道，以小组为单位，阅读新闻、查阅资料，制作新闻小报2份，每份收录、编辑3—5篇反映中国快速发展等主题的报道文章，并进一步对小报中收录的新闻事件进行深度分析，比照不同新闻视角，形成2篇学习报告。源自《中国日报》的新闻热词反映了全球当下发生的新闻热点时事，基于国内外主流网站编辑的以"中国发展""中国发现"等为主题的新闻小报聚焦了我国各行各业发展的前沿动态及成果等。学生在主动完成这些学习任务的同时，结合教师的拓展讲解，契合我校"ASciT(爱科技)"核心能力素养培养的目标。在目标导向的主动学习和自主学习中，学生不仅可以培养自身的创新精神、团队合作能力等，同时有助于拓宽国际视野，培养全球意识和开放心态，增强民族自豪感，培养大局意识及家国情怀。

（二）教材中蕴含的思政元素分析

结合教材中各单元新闻文章的主题及内容，教师坚持将知识传授、能力培养及价值引领相结合，在培养学生语言能力的同时，坚持对学生进行思想政治教育，做到既能帮助学生树立正确的世界观、人生观、价值观，又能培养学生的爱国情怀及民族自豪感，增强民族自信心。本课程内容与思政元素的结合点如表1所示：

表1 "英文报刊阅读"知识单元、知识传授和
能力培养要点及价值塑造要点对应表

知识单元	知识传授和能力培养要点	价值塑造要点
1. 间隔年	(1) 掌握间隔年的含义、起源 (2) 熟悉间隔年多样的形式 (3) 分析、阐述间隔年的利弊	丰富多样的间隔年活动对于拓宽学生的视野、丰富阅历、实现人生目标及价值具有积极作用，引导学生树立正确的世界观、人生观、价值观
2. 电子商务	(1) 掌握电子商务的含义及类型 (2) 熟悉电子商务的发展历程、国内外主流电子商务平台、电商发展趋势 (3) 分析、阐述电子商务对个人及社会生活的影响	了解跨境电商的发展历程，掌握国家"一带一路"倡议的深层内涵，融入习总书记构建人类命运共同体的理念，培养学生的大局意识和政治意识

(续表)

知 识 单 元	知识传授和能力培养要点	价 值 塑 造 要 点
3. 汽车及自动化世界	(1) 掌握汽车行业发展背景及历程 (2) 掌握新能源汽车与无人驾驶技术的发展历程、现状、前景 (3) 分析、阐述发展新能源汽车的原因及意义 (4) 分析、阐述无人驾驶技术的发展现状及瓶颈	学习习总书记2019世界新能源汽车大会贺信中的主要精神及2008—2020年《政府工作报告》中有关新能源汽车发展的要求,结合我国在新能源汽车及无人驾驶技术领域取得的前沿成果,增强学生的环保意识,培养学生的创新精神,使学生树立致力于生态文明建设的志向
4. 网络安全	(1) 掌握网络安全的含义、常见的威胁网络安全的形式 (2) 掌握网络实名制的含义及实名制推行过程中取得的成果和遇到的困难 (3) 分析、阐述如何从政府、企业、个人角度保护网络安全	学习《中华人民共和国网络安全法》,增强学生的网络安全意识,引导学生正确利用网络,提升辨识网络信息的能力,远离"网络骗局",不散布网络谣言,培养学生的法治意识
5. 纸质阅读VS电子阅读	(1) 掌握纸质阅读与电子阅读的发展历程与趋势 (2) 辩论纸质阅读与电子阅读模式的利弊 (3) 分析、阐述如何提升大学生的阅读数量与质量	学习古今中外与阅读有关的经典格言名句,提倡经典诵读,提升大学生的阅读质量、文学素养,引导学生树立正确的价值观,形成健全的人格,提升学生综合素质
6. 食品安全	(1) 掌握食品安全的含义 (2) 掌握有机食品的发展历程 (3) 分析食品安全方面存在的问题 (4) 阐述如何从政府、企业、个人角度保护食品安全	结合有关食品安全的新闻热点事件,引导学生正确认识食品安全与人民生命安全和身体健康的关系,激发学生的社会责任意识、担当意识、法律意识等,增强民族自信心
7. 智能手机	(1) 掌握智能手机发展历程与趋势 (2) 熟悉我国在智能手机及5G技术领域取得的成果 (3) 分析、阐述智能手机对个人及社会整体产生的影响	我国在可折叠屏手机及5G技术等方面取得的前沿成果,并拓展至我国在人工智能领域取得的成就,引导学生树立工匠精神,增强爱国主义情怀

三、一节代表性课程的教学设计——Unit 5　Auto-world　Text A The Future of the Car

（一）教学目标

1. 知识目标

学生能读懂较长篇幅、反映新能源汽车及无人驾驶技术发展的相关文章，理解汽车行业发展的背景、趋势，以及我国新能源汽车和无人驾驶技术发展的动态。

2. 能力目标

学生通过阅读教材文本、播报展示与新能源汽车、无人驾驶技术有关的新闻热词、研讨与总结 U 校园智慧教学云平台自建课"英文报刊阅读"本单元补充阅读材料，培养信息搜索、概括、迁移及对事实与观点的判断能力，培养深度分析问题的能力和高级思维。

3. 素质目标

学生通过学习有关我国在汽车行业发展最新前沿动态及科技创新成果的相关报刊文章、总书记 2019 世界新能源汽车大会贺信的主要精神、2008—2020 年《政府工作报告》中有关新能源汽车发展的要求等，培养环保意识、创新意识，增强国家意识、文化自信及民族自豪感，树立致力于生态文明建设的志向。

（二）教学对象分析

本课程面向非英语专业本科二年级（B 班）学生开设，覆盖全校各个专业的学生。学生经历了第一、二学期"大学英语 1"和"大学英语 2"的学习，以及第二学期针对大学英语四级考试进行的训练，多数学生在进行本课程学习前能通过大学英语四级考试，学生能掌握基本的听力、口语、阅读、写作、翻译技能的学习策略、方法与技巧，具备基本的英语表达能力和自主学习能力。但是前期课程并未以阅读为核心，在结合学生专业学习方面也有所欠缺，学生缺乏深度阅读和批判性阅读的意识与能力，因而本课程聚焦报刊文章阅读，并结合上海应用技术大学一线工程师的人才培养目标以及香料香精化妆品和绿色化工、功能材料和智能制造、设计文创与创新管理三大学科群的建设要求，在学习教材英文报刊文章、《中国日报》新闻热词报道等之外，利用 U 校园智慧教学云平台，线上线下有机结合，依据授课班级的学生专业，适当补充与学生专业有关的阅读材料，并由教师进行拓展讲解，以期培养"会语言""爱国家""通领域"的人才。

（三）教学内容与资源

1. 教学内容

（1）掌握新能源汽车与无人驾驶技术的发展历程、现状和前景。

（2）掌握我国在新能源汽车与无人驾驶技术方面的科技创新成果。

（3）熟悉习近平总书记 2019 世界新能源汽车大会贺信的主要精神、2008—2020 年《政府工作报告》中有关新能源汽车发展的要求。

（4）分析、阐述新能源汽车发展的原因及意义。

（5）分析、阐述无人驾驶技术的发展现状、瓶颈及趋势。

2. 教学资源

（1）本单元导入微课视频：教师制作并上传 U 校园智慧教学云平台。

（2）教材：Text A　The Future of the Car 文本及课后练习。

（3）本单元补充阅读材料（U 校园平台）：取自 *China Daily*、*BBC News*、*The Guardian* 等与汽车行业发展主题有关的五篇文章。

（4）*China Daily* 官网"热词"栏目与新能源汽车及无人驾驶技术相关的新闻热词报道。

（四）教学过程与方法

1. 线上学习

发布学习任务清单，要求学生根据任务清单完成 U 校园平台指定的学习任务，结合本单元导入微视频及补充阅读材料，了解并掌握新能源汽车、无人驾驶技术的发展背景及趋势，我国在相关方面取得的科技创新成果，并积累相关词汇。

2. 线下检验线上学习情况

线下课堂，教师通过 U 校园发布测试题、提问导入微视频及补充阅读材料内容要点、学生总结概括平台阅读材料的文章大意等教学活动，检测学生线上资源学习情况。

图 1　线下 U 校园手机端测试

图 2　学生新闻热词播报展示

3. 学生新闻热词播报

学生通过 China Daily 官网"热词"栏目,检索并学习与新能源汽车、无人驾驶技术等有关汽车行业发展的新闻热词,汇总制作成 PPT,进行课堂播报展示,教师进行拓展讲解。

图 3　新闻热词样例　　　　图 4　U 校园投票活动——投票结果

4. U 校园投票及课堂互动讨论

U 校园发布投票活动一:Do you want to own a car? 了解学生是否想买车;U 校园发布投票活动二:If you want to buy a car, would you choose a new energy vehicle? 了解学生是否会购买新能源汽车,并组织学生以小组为单位讨论购买或不购买新能源汽车的原因。

5. 教师讲解教材重难点

教师通过问答、英汉互译等方式引领学生对 Text A　The Future of the Car 进行深度阅读,结合文章主旨大意及遣词造句解析作者的观点与态度,并对文章中提及的汽车行业两大发展趋势进行进一步拓展,进而通过教材配套问答练习、填空练习等,归纳总结全文要点。

6. 课程思政拓展

学生以英汉互译的方式学习 2019 世界新能源汽车大会相关新闻报道及总书记贺信中传达的主要精神,学习 2008—2020 年《政府工作报告》中有关新能源汽车发展的相关要求,学习我国在新能源汽车及无人驾驶技术方面取得前沿科技成果的相关新闻文章,了解我国的科研优势,培养创新意识与民族自豪感,树立致力于生态文明建设的志向,倡行构建人类命运共同体的理念。

7. 教师提问并组织讨论

教师提问：通过 U 校园补充材料及课外拓展资料的学习，你了解到我国在无人驾驶技术方面取得的成果有哪些？畅想高科技时代，汽车未来的发展趋势如何？我国在汽车行业乃至人工智能领域的科研优势及成果对你有什么启示？让学生谈谈对中国精神、中国力量和中国速度的理解。

8. 作业

（1）搜集、整理有关我国在环境保护方面采取的各类措施及取得成就的相关英文报刊文章，如节能减排、垃圾分类等。

（2）反思作为"小我"，如何为环保贡献一份力量，践行绿色低碳生活方式，履行节能减排义务。

（3）反思如何培养并提升个人的创新意识。

（五）教学效果与反思

1. 教学效果

线上线下混合式教学有助于提升学生学习的主动性、积极性与创造性，线上学习不受时间、空间的限制，学生可以根据自身掌握知识的情况和个性化需求，结合课前学习任务单，明确本节课的学习任务，了解本节课的知识、能力及素质培养目标，有序地完成指定学习任务，明确学习成果，同时线上拓展资源的学习能打破教材学习的局限性，增加学习的挑战性。

以小组为单位展开的项目研究，能培养学生阅读、学习英文报刊的习惯，培养其搜索、概括、迁移信息及深度分析问题的高级思维能力，从而提升学生的自主学习能力和团队合作能力。

线下课堂以师生、生生互动为主，师生共同探讨，可以提高学生的学习兴趣及参与度，鼓励学生"想说、敢说、会说"，同时促进师生间的情感交流，从整体上提升学生的获得感。

课前通过 *China Daily*、U 校园平台学习的有关我国在新能源汽车及无人驾驶技术方面取得的科技创新成果，课堂通过国家政策、习近平总书记讲话精神的学习，课后通过作业形式反思如何践行绿色低碳方式，引发学生加强对生态文明建设和构建人类命运共同体理念的思考。贯穿始终的思政元素润物细无声地教育了学生，提升了学生的民族自豪感和社会责任感，激发了学生的爱国情、强国志。

2. 教学反思

上传到 U 校园平台的与汽车行业发展有关并能反映相关前沿的补充学习

资源体现了新闻的时效性和鲜活性,但应保持动态更新,持续突出教学内容的时代性与创新性。

线上补充材料的阅读、新闻热词的学习播报、线下深度拓展的话题讨论能拓展课程内容的广度及深度,提升学生阅读及批判思维的能力。为了进一步促进线上学习任务与线下课堂教学的深度交互,保证学生线上学习的效果,应优化学习任务清单的设计,设定任务完成期限,并定期提醒学生,将学生任务完成情况进行公布,以增加任务完成的竞争性。

教材重难点讲解帮助学生深度理解话题,讲解形式可转向以学生为中心,由教师主讲、提问学生等形式转为部分内容让学生以小组为单位进行讨论,进而由学生进行讲解,提升学生学习的挑战性,加强学生的语言实践能力,同时师生角色互换,提高学生的参与度。

丰富过程评价形式,不仅由教师针对学生小组新闻热词播报情况进行点评,同时要求学生小组间进行互评;增加过程评价的趣味性,如设置有奖竞猜、演讲等,提高课程的趣味性及学生的参与度。

深入挖掘与本单元话题有关的思想政治教育元素,通过引导学生学习反映国内外在新能源汽车、无人驾驶技术方面取得成果的相关英文报刊文章及学习国家、上海等最新有关规划、政策,拓宽国际视野,增强民族自豪感。

"大学物理"课程思政教学案例

一、课程概况

（一）基本信息
授课教师：谭默言（理学院）
课程名称：大学物理
学　　分：7学分
课程类别：公共基础课

（二）课程简介
"大学物理"是高等理工科院校重要的公共基础理论课，主要研究物质世界的发展演化规律，其基本理论渗透到自然科学的众多领域，是工程技术创造及革新的基础。同时在培养人的科学思想、科学精神和科学品质方面也具有特殊的教育功能。

二、课程蕴含的思政元素分析

大学物理知识内容包括力学、热学、电磁学、光学、近代物理几大部分。

（一）力学
教师在力学内容中加入中国古代科技文明的贡献，增强学生的爱国情怀和文化自信。教师讲授动力学的定理定律时，结合中国近现代的世界领先科技和科学家事迹，使学生正确认识时代责任和历史使命，树立为中国特色社会主义共同理想奋斗的信念和信心。

（二）热学
教师在热学内容教学中引导学生通过抽象模型、统计平均、建立宏观量与微观量的联系,阐明宏观量的微观本质,培养学生掌握唯物主义科学方法论,明确宏观现象具有其微观本质,应透过现象看本质的科学理性的研究方法,明晰客观物质世界中事物的演化具有规律性,加深对辩证唯物论的认识。

(三)电磁学

教师在电磁学的授课过程中,使学生深刻认识实物和场都是物质存在的形式,帮助学生深化对物质世界的客观认识,同时对电学和磁学的定理定律进行类比讲授,培养学生形成辩证的理论思维方式。

(四)波动光学

教师在波动光学的教学过程中加入中国古代对于光的属性的认知等中国古代科技文明的贡献,增强学生的文化自信。通过对光的波粒二相性本性之争的历史背景、成因、现象等的分析,培养学生树立认真钻研的科学精神、掌握科学的研究方法。

(五)狭义相对论

狭义相对论主要研究高速状态下物体运动的描述和动力学问题,其中包含对时空观的深刻思考,这也是哲学世界观的重要组成部分。教师讲授本章内容时要带领学生从经典力学机械唯物世界观进入相对论时空观,利用物理原理的分析归纳推演应用,加深学生对辩证唯物主义的认知。

(六)量子物理基础

量子力学基础属于近代物理内容,其中重要的一个概念就是"量子"。教师从光的波动性与粒子性两种属性的分析入手,引出实物粒子也可以既是实物又是波,是二相性共存,使学生通过实例更加明确"对立与统一""偶然与必然"的辩证唯物主义哲学思想,对学生进行"创新精神与批判性思维能力"的培养。

三、一节代表性课程的教学设计——热力学的定律、方向性和条件

(一)教学目标

1. 知识传授

以热力学的定律、条件、发展方向为主线,分别从微观和宏观两个层面入手,分析讨论热学第一定律、第二定律和熵增原理,使学生明晰热力学过程不但要满足能量守恒,而且热力学过程的发展是具有方向性的。本节课的教学可以加深学生对事物演化是具有规律及条件的马克思主义哲学基本观点的认知。

2. 能力培养

让学生认识到要成为具有专业技术能力、能够创造性解决问题、追求卓越的应用技术型人才,首先必须以唯物主义的认识论与方法论为基础,严谨理性、实证求真。在热学领域,追求热机效率的极值,一直是人类孜孜不倦努力探寻的目标。学生通过本节课的学习,在热学领域确定设计方案、解决实际工程问题时,将具备辨析可实现的设计方案与不可实现的第一类及第二类永动机方案的能力,科学理性思维能力也将得到加强。

3. 价值塑造

(1) 科学精神培养:在组织学生应用热力学第一定律、第二定律及熵增原理讨论分析时,引导学生加强对适用条件的重视,将定律方向性和条件进行分析归纳推演应用,培养其科学思维的严谨性。

(2) 人文精神培养:在熵与熵增原理的讲授中,结合我国近代科学家的生平事迹,增强学生的爱国情怀和文化自信,从情感上激发学生的民族自信心和认同感,引导学生树立为国家和人民奋斗的人生观和价值观。

(二) 教学对象分析

本课程的教学对象为理工科大一学生,他们正处于大学生活的起步阶段,同时按照学校的人才培养目标也是迈向应用创新型卓越工程师的起步阶段。教师在他们已具备对物质世界具有初步认识和基本观点的基础上,带领学生进一步对物质及其演化规律进行更深入学习和领会,这能够进一步培养学生的科学素养、逻辑缜密的思维方式,使学生掌握研究问题的自然科学的方法,为其今后学习专业知识并有效地应用其专业知识进行工程问题的解决和创新打好必要的基础,同时将课程本身蕴含的德育基因与科学知识教育有机结合,可以潜移默化地引导学生树立辩证唯物主义科学世界观,帮助学生提高认识客观世界、改造客观世界的能力,培养成为合格的创新型卓越工程师所必备的工匠精神。

(三) 教学内容与资源

1. 教学内容

(1) 热力学第一定律(热力学过程满足能量守恒)。

(2) 热力学第二定律(热力学过程具有方向性)。

(3) 熵增原理(热力学过程向熵变大的方向进行)。

2. 教学资源

(1) 迈耶、焦耳、开尔文、克劳修斯、胡刚复等物理学家的生平资料。

(2) 第一类永动机示意图。

(3) 教学用多媒体PPT课件。

(四) 教学过程与方法

1. 教学过程

(1) 引入新课(5分钟)。

复习热力学第一定律：热力学过程的能量守恒定律。

结合热传导过程、热与功转化过程的实际现象，启发学生思考：是否满足了热力学第一定律的过程就一定能实现？

(2) 讲授新课(20分钟)。

讲授热力学第二定律：热力学过程是具有方向性的，一切与热现象有关的实际宏观过程都是不可逆的。

讲授熵增加原理：孤立系统的熵值不会减少，一切自发过程总是向着熵增加的方向进行的。一个不受外界影响的孤立系统，其内部发生的过程总是向无序度增加的方向进行，意味着孤立系统的能量分布趋于平均。

(3) 分析讨论(15分钟)。

提出问题：孤立系统总是倾向于熵值越来越大，分子热运动越来越无序，可以使用的能量越来越少，那么宇宙的命运将会怎样？课前已布置学生查资料，课上进行分组讨论，自由发言、陈述观点，得出结论：宇宙的熵值虽然在不断增大，但是它离平衡态愈来愈远，宇宙充满了由无序向有序的发展变化，宇宙会更加生机勃勃。

(4) 总结梳理(5分钟)。

教师总结：马克思主义哲学基本观点告诉我们，世界是物质的，物质是运动的，运动是有规律的。事物演化具有的规律是有其适用条件的。掌握这些规律和条件，由此明确事物发展方向，可以更好地指导我们认识世界、改造世界。

2. 教学方法

(1) 启发式教学：利用学生已具备的知识——热力学第一定律，结合实际的热传导过程、热与功转化过程，提出问题，引发思考。

(2) 讨论式教学：灵活运用本节课的新知识内容——热力学第二定律和熵增原理，分析能量品质、宇宙命运。在讨论分析时注重引导学生加强对定理定律的适用条件的重视，培养科学严谨分析问题的态度。

3. 思政教学实施

(1) 汉字"熵"的创造者是我国科学家胡刚复。通过对其生平事迹的展示，激发学生的爱国情怀,同时让学生通过感受中国文字简洁表意之美,增强文化自信。

(2)一切宏观的热力学熵值都在增加,从微观视野分析明确熵增是系统的无序度增加。在讲授和分析过程中,引导学生透过宏观现象明确其微观本质,加深对马克思主义哲学基本观点的理解和运用。

(五)教学效果与反思

1. 教学效果

本节课的教学从微观和宏观两个层面入手,围绕热学的定律、条件、发展方向展开授课,设置课堂讨论环节,引导学生利用学到的理论知识分析实际问题。师生互动良好,学生表现活跃,学习氛围浓厚。学生对教学的评价反馈显示本节课形式鲜活生动,内容切合实际,学生对本节课中思政元素的设置和实施喜闻乐见,对其中的辩证唯物主义内容印象深刻,受到了我国科学家爱国热情的感召。

2. 教学反思

本节课以热学中的定律、条件、发展方向为主线,将热学的微观现象进行统计分析并与做功及热量传递之间的宏观现象相结合进行讲授,同时在物理知识教学中加入我国热学研究领域近现代科学家的事迹。在授课环节中注重师生教学协同,激发学生学习的主观能动性,给学生充分的参与课堂讨论的机会,使学生更清晰深入地掌握了热学现象的物理本质。同时对学生进行爱国情怀的感召和潜移默化的引领,达到了科学素养培养与人文精神培养相统一的教学目标。在今后的教学中,要进一步完善学生的教学反馈,更加及时地掌握学生的学习效果,以便有的放矢地改善教学手段、提高科学育人水平。

"食品工艺学 3——乳品工艺学"
课程思政教学案例

一、课程概况

（一）基本信息

授课教师：周小理、周一鸣（香料香精化妆品学部）

课程名称：乳品工艺学（食品工艺学 3）

学　　分：2 学分

课程类别：专业教育课程

（二）课程简介

"食品工艺学 3——乳品工艺学"是食品科学与工程专业的核心课程。该课程涉及生物学、营养学、食品机械等多学科知识，重点介绍液态乳、乳粉、发酵乳、冰激淋、干酪等乳制品加工的工艺、设备及品质控制的基本原理，并通过课内实验，培养学生设计制作产品的创新思维和综合实践能力。该课程曾先后获国家精品课程和国家精品资源共享课程。

二、课程蕴含的思政元素分析

结合《"健康中国 2030"规划纲要》精神，引导学生将事业理想和道德追求与食品产业发展相融合，以国家富强、人民健康幸福为己任，增强学生投身食品产业的专业志趣和职业情怀，培养学生全面掌握国内外先进的乳制品加工技术，具备研发新型乳制品和解决复杂工程问题的创新意识、实践能力，熟知行业规范、遵从工程伦理，具备精益求精、追求卓越的工匠精神以及深厚的人文情怀，从而实现培养高素质食品工程技术人才的育人目标。

表1 "食品工艺学3——乳品工艺学"知识单元、知识传授和
能力培养要点及价值塑造要点对应表

知识单元	知识传授和能力培养要点	价值塑造要点
1	**第一章绪论**：国内外乳制品工业的发展历程，尤其是新中国成立以来中国乳品产业的发展历史 案例1：从公元前5000年时我国游牧民族最早制作的简易酸乳到今日全球风味各异、营养多元化的酸奶面市 案例2：实地参观中国乳业博物馆和上海益民一厂博物馆，了解光明、蒙牛、伊利等我国骨干乳企的奋进发展史	**政治认同(发展道路)、国家意识(家国情怀)** 新中国乳业发展历程所彰显的社会主义制度优越性；"2030健康中国"战略体现的"以人民为中心"的理念。引导学生站在新时代的历史方位，全面认识乳制品工业在食品工业体系中的地位与作用，感悟中国乳业的丰功伟绩 **人文精神(文化积淀)** 以我国从古到今乳业发展所闪烁的"天人合一"思想和科技进步的光芒，启迪学生，增强学生为创造乳制品产业美好未来努力学好专业知识的原动力
2	**第二章乳的性质**：乳的定义及组成、乳的物理和化学性质、加工特性、营养价值及功能特性	**人文精神(人文情怀)、明德修养(感恩大爱)** 从母乳是人类出生后第一种食物，引出沂蒙山红嫂用乳汁救活八路军伤员的血乳交融故事。乳制品是除母乳以外营养最为均衡的全价食品，它蕴含着浓浓的中华优秀传统文化。以人的成长离不开母乳的哺育，更需要精神文化的滋养，培养学生感恩母亲的伟大，养成"小孝尊老，中孝敬业，大孝报国"的家国情怀和社会责任感
3	**第三章原料乳及加工处理方法**：异常乳，乳中微生物，牛乳贮藏过程中的变化，原料乳的质量标准、验收与预处理、储运技术，以及最新国家乳业政策法规	**职业素养(遵守法规、忠诚担当)、企业文化(企业责任)** 培养学生养成把好乳原料质量关的"铁肩担道义"的职业操守，以及尊重生命、维护生命安全、自觉遵守职业规范的意识
4	**第四章液态乳产品**：液态乳的概念、种类及加工工艺原理，包括巴氏杀菌乳、ESL牛乳、超高温灭菌乳以及再制乳等	**科学精神(严谨理性、批判质疑)** 培养学生能够解释乳制品加工过程的核心问题，并能够创造性地提出乳制品加工技术改造、生产系统更新、效能改进的初步方案
5	**第五章浓缩乳产品**：乳的浓缩技术、乳糖结晶以及炼乳的制作工艺与原理	**实践创新(崇尚实践、技术运用)** 坚持走中国特色自主创新道路，实施创

（续表）

知识单元	知识传授和能力培养要点	价值塑造要点
6	第六章干燥乳产品：国内外乳粉产业和产品标准、乳粉生产原理和质量问题的成因与解决办法	新驱动发展战略。通过创新品牌和味道，激发学生向前辈学习，助力乳业产业转型升级，在铸就上海特色、上海品牌的新征程中砥砺前行，勇攀技术高峰
7	第七章发酵乳及乳酸菌饮料：发酵乳及乳酸菌饮料的工艺及设备，近十年来益生菌促进人类健康的最新研究成果	**职业素养（爱岗敬业、团队合作）** 提升学生分析问题和综合解决实际问题的能力以及团队协同作战的沟通能力。培养学生养成自主学习、终身学习的习惯，为将来成为优秀的乳业一线工程师打下坚实基础
8	第八章冰激淋和雪糕：冰激淋雪糕工艺技术及原理	
9	第九章：世界干酪的分类及加工原理	
10	在冰激凌和酸奶中试生产线上分组开展乳制品新产品设计以及酸奶和冰激淋的综合实验	**科学精神（精益求精、实证求真）** 培养学生勤奋踏实、大胆尝试、坚持不懈地寻求有效解决问题方法的探索精神，以及精益求精、追求卓越的工匠精神 **实践创新（遵从伦理、价值求技）** 培养学生能够从伦理、民族、文化、原料、经济、环境等角度，选择适宜的工艺技术路线，制定**具有社会价值和经济价值的新品技术方案**

三、一节代表性课程的教学设计——国内外乳粉分类、质量标准以及乳粉生产原理

（一）教学目标

1. 知识传授

学生充分认识乳粉在各国乳业中的地位以及对人类健康的作用，重点学习近十年我国乳粉业的发展历程和成功经验；知晓和熟悉国际乳粉分类、质量标准的制定原则和基本概念；掌握现代乳粉生产基本原理、先进的加工工艺流程和生产设备性能。

2. 能力培养

学生以 2008 年我国乳粉产业所发生的"三聚氰胺事件"为案例,学习我国近十年加强乳粉业一系列重要措施后所取得的重大成果,养成把好乳原料质量关的"铁肩担道义"的职业操守,以及尊重生命、维护生命安全、自觉遵守职业规范的意识,树立正确的职业价值观,能够基于乳粉制造科学原理并采用科学方法对乳粉生产过程的工程问题进行研究,以得到合理有效的结果。

3. 价值塑造

学生深切认识到乳业遵守法规、忠诚担当的企业责任,油然产生作为未来乳业人的使命感和对职业的敬畏感。

(二)教学对象分析

本课程的教学对象为大三学生,已具备食品化学、机械基础、食品工程原理、食品生物化学等相关自然科学和工程科学的基本原理知识,为运用基本科学原理思考乳业生产过程的问题并加以分析和解决奠定了基础。学生急需将所学知识和所关心的问题相结合,做到活学活用,实现学习的价值。本节课将因势利导,通过课堂讲解+讨论互动+线上学习的方式,将学生的感性认识与理性认识相结合,培养学生不仅能够用科学原理解释乳制品加工过程的核心问题,而且能够创造性地提出乳粉加工技术改造、效能改进的初步方案,最终实现本节课教学目标与学生毕业要求指标点的达成。

(三)教学内容与资源

1. 教学内容

(1)国内外乳粉产业发展现状和趋势。

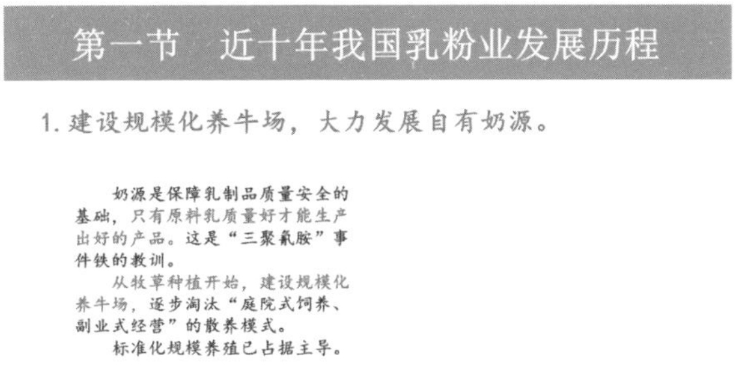

第一节 近十年我国乳粉业发展历程

1. 建设规模化养牛场,大力发展自有奶源。

奶源是保障乳制品质量安全的基础,只有原料乳质量好才能生产出好的产品。这是"三聚氰胺"事件铁的教训。

从牧草种植开始,建设规模化养牛场,逐步淘汰"庭院式饲养、副业式经营"的散养模式。

标准化规模养殖已占据主导。

图 1 近十年我国乳粉业发展历程 PPT 截图

（2）国内外乳粉分类及乳粉的质量标准。

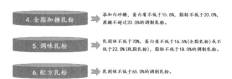

图 2　乳粉的质量标准及分类 PPT 截图

图 3　乳制品工艺学课程上课情况

（3）乳粉加工原理、乳粉加工工艺和设备及生产原理。

2. 教学资源

（1）中国大学 MOOC：上海应用技术大学"乳品工艺学-食品工艺学 3"，https：//www.icourse163.org/spoc/course/SIT－1450168168。

（2）中国大学 MOOC：江南大学"食品工艺学"，https：//www.icourse163.org/course/JIANGNAN－1001753341。

（四）教学过程与方法

本节课教学过程与方法如表 2 所示。

表 2　教学过程与方法

阶段		教学方法及组织形式	需要使用的资源和技术	学习成果评估方式
课前预习	1 周	提前一周通过微信群发布预习思考问题	(1) 中国大学 MOOC 课件 (2) 从图书馆借阅的相关书籍 (3) 从网上查询的乳品企业网站信息	(1) 独立写出预习报告 (2) 以平时成绩计入，占总成绩的 30%
课堂教学	25 分钟	(1) 案例导入：深刻剖析乳粉产业"三聚氰胺事件" (2) 案例分析：你认为三聚氰胺事件给我们带来的重要启示有哪些？引发学生思考并以口头和文字形式发表见解、共同分享	课件中以图表、数据等形式表述乳粉加工原理、工艺流程、设备及操作要点，力求清楚易懂	(1) 独立思考分析，有明确观点 (2) 以平时成绩计入，占总成绩的 20%
	10 分钟	学生互评、教师点评		
	45 分钟	以启发研讨为主要方式，讲授基本原理，讲解重难点。突出工程问题的破解、工艺流程及操作参数对乳粉品质的作用，做到授人以渔		
	10 分钟	对课程进行小结，布置课后思考题		
课后作业	1 周	(1) 喷雾干燥过程历经哪几个阶段？每个阶段对产品的作用原理是什么？ (2) 乳粉为什么容易结块？如何解决？ (3) 从三聚氰胺事件到近十年中国乳业质量的提升，谈谈你的感想（从政府、乳品企业、消费者三个角度阐述），特别是作为未来的食品产业一员，如何不忘初心、勇于担当？ 要求以小组（3—5 人）为单位完成		本次作业占平时总成绩的 50%

(五)教学效果与反思

1. 教学效果

作为一名专业教师,肩负着培育堪当民族复兴大任时代新人的历史使命。如何通过课程教学,点亮学生心中的理想信念,用信仰的力量引领学生在成长中执着攀登、收获精彩,是教师的神圣使命和永远的初心,也是该节课思政教学设计的宗旨。

教师在本节课程设计时秉持OBE理念,以产业需求和学生发展为导向,引导学生立志成为有灵魂的乳业工程师,努力做到"两结合"和"四融入"。两结合:一是与知识传授和能力培养核心要点相结合;二是与学校所凝练的应用型人才思想政治八大核心素养、32个思政元素基本点和"ASciT(爱科技)"9大关键能力相结合。四融入:一是融入国内外乳粉加工先进技术、产品标准等大数据,帮助学生树立"四个自信";二是融入具有科学性、时代性、民族性的五个典型企业案例和最新技术成果,引导学生养成"崇尚实践勇于创新"的科学态度;三是融入行业规范及乳粉企业文化精髓,引导学生养成"敬业守信、精益求精"的大国工匠精神;四是融入道德与审美的中华优秀传统文化,引导学生养成"热爱生活、感恩社会"的人文情怀。

通过上述课堂教学设计,课堂教学取得了良好的教学效果,主要体现在学生的眼神、学生的发言和课后作业的文字描述中,这表明生动的案例真正触及了学生的心灵,在他们的脑海中留下了深深的记忆。学生们深切认识到了作为未来乳业人的使命感和对职业的敬畏感。同时,课堂真正成了师生相互交流的良好平台,通过将学生的感性认识与理性认识相结合,培养学生不仅能够用科学原理解释乳粉加工过程的核心问题,而且能够创造性地提出乳粉加工技术改造、效能改进的初步方案,增强了学生为创造乳粉产业美好未来努力学好专业知识的原动力,较好地实现了本节课的教学目标,达成了学生毕业指标点的要求。

2. 教学反思

(1)守正创新、正道致远,继续采用精准的教学策略。

通过教学实践,教师更加深刻地认识到要上好一节课,关键是让学生动起来、让课堂活跃起来。只有坚持寓教于乐,引入典型人物、科学进展、重大事件和时政热点等学生喜闻乐见的内容,将课程思政内涵渗透于课程目标、内容、实施、评价的全过程,才能做到"润物细无声"。

（2）行源于心、力源于志，继续做好自身的言传身教。

习近平总书记说：教师重要，就在于教师的工作是塑造灵魂、塑造生命、塑造人的工作。教师的言谈举止本身就是思政教育的鲜活教材，将深刻影响学生的道德养成。而教师要成为塑造学生的"大先生"，给学生一杯水，自己要先成为"源头活水"。只有不断研究课程、认真备课，不断挖掘课程知识背后的历史和故事，并将最新科研成果反哺到课程案例中，才能做到言传和身教相统一，教书和育人相统一。

（3）持之以恒、追求卓越，继续做好有效的持续改进。

学生的获得感和认同度是评价课程思政建设成效的关键。本节课教学方案的设计还需要进一步完善，如教学案例要更加前沿、鲜活、具有吸引力；教学手段和语言要更加适应学生学习方式的转变，更具有亲和力；课程评价方式要从引导学生深入思考、实现思想启迪和价值引领的角度考虑，更多元化。总之，只有深刻把握思想政治工作规律、教书育人规律、学生成长规律，深入挖掘课程中的育人元素，才能使每一节课都迸发出蓬勃的活力。

"食品安全与品质控制"
课程思政教学案例

一、课程概况

（一）基本信息

授课教师：周一鸣、周小理（香料香精化妆品学部）

课程名称：食品安全与品质控制

学　　分：2学分

课程类别：专业教育课程

（二）课程简介

"食品安全与品质控制"是食品科学与工程专业重要的必修课程，重点讲授"从农田到餐桌"全程食品安全控制的理论体系，包括国内外食品安全现状，食品中各种危害物质的来源、性质、对人体健康的危害及其控制方法，GMP、SSOP、HACCP体系、ISO22000标准等食品安全控制体系的建立与实施，培养学生掌握控制和消除食品危害的基础知识和综合实践能力。

二、课程蕴含的思政元素分析

"民以食为天，食以安为先。"引导学生将事业理想和道德追求与国家食品安全相融合，以保障国家食品安全、提高人民健康水平为己任，增强学生食品安全重于泰山的责任意识，使学生不仅全面掌握国内外食品安全控制体系建立的先进理念，而且熟知国家标准和行业规范，能够运用其理论提升实施控制和消除食品危害复杂问题的分析问题、解决问题的能力和综合素质，具备一丝不苟、精益求精的治学态度以及深厚的人文情怀，从而实现培养高素质食品工程技术人才的育人目标。

根据课程内容的内在逻辑,对应学校凝练的应用型人才培养思想政治8大核心素养、32个思政元素基本点和"ASciT(爱科技)"9种关键能力,列明课程知识传授和能力培养要点及其所蕴含的课程思政教学要点(见表1)。

表1 "食品安全与品质控制"知识单元、知识传授和能力培养要点对应表

知识单元	知识传授和能力培养要点	价值塑造要点
1	第一章 食品质量概念 (1) 国内外食品质量及食品安全现状 (2) 国际食品安全管理体系及食品安全评估程序 (3) 建立我国食品安全质量保障体系的重要性及措施	政治认同(发展道路)、国家意识(家国情怀) 我国新版食品安全法实施条例充分体现了国家对食品安全的高度责任感,将食品安全知识纳入国民素质教育,彰显出法治为根和社会共治的基本原则。引导学生以保护消费者生命和安全健康为己任,牢固树立食品安全的法治观念和科学精神
2	第二章 HACCP与食品质量控制 (1) HACCP的概念和基本原理 (2) 各国实施HACCP的相关法规 (3) HACCP在我国的应用现状及相关法规	国家意识(国际视野) 培养学生具有全球意识和开放的心态,了解世界食品安全体系发展动态,关注人类面临的全球性食品安全挑战,理解人类命运共同体的内涵与价值
3	第三章 食品企业建立HACCP系统的基础和前提条件 (1) 良好操作规范GMP、卫生标准操作程序(SSOP)、HACCP与GMP、SSOP和ISO9000的关系 (2) 食品产品的标识、追溯和回收 (3) 食品设备与设施的预防性维护保养,食品企业教育与培训	职业素养(遵守法规、忠诚担当)、企业文化(企业责任) 良好的食品行业和企业操作规范是保障食品安全的基石。培养学生养成把好产品质量关的"铁肩担道义"的职业操守,以及尊重生命、维护生命安全、自觉遵守职业规范的意识
4	第四章 食品中的危害 (1) 生物性危害 (2) 化学性危害 (3) 物理的危害	科学精神(严谨理性、批判质疑) 培养学生能够分析和识别出食品加工过程的关键危害点,并能够创造性地提出食品安全品质控制管理的有效方案 实践创新(遵从伦理、价值求技) 培养学生能够从工程伦理、民族文化以及经济环境等角度,选择和制定最优的工艺技术路线和食品安全技术方案

知识单元	知识传授和能力培养要点	价值塑造要点
5	第五章　HACCP 体系的建立和实施 (1) 制定 HACCP 计划的预备步骤 (2) 建立 HACCP 计划 (3) HACCP 体系的实施 (4) HACCP 体系的审核	**职业素养(爱岗敬业、团队合作)** 在食品企业 HACCP 体系建设中,培养学生分析问题和综合解决实际问题的能力以及团队协同作战的能力。培养学生养成自主学习、终身学习的习惯,为将来成为优秀的食品一线质量品控和监督人员打下坚实基础
6	第六章　HACCP 体系的应用 (1) HACCP 在食品工业中的应用范围 (2) HACCP 在食品工业(饮料、乳品、冷冻食品、发酵食品、焙烤食品)中应用实例	**实践创新(崇尚实践、技术运用)** 坚持走中国特色道路,激发学生向前辈学习,勇攀技术高峰,助力建立更加科学完善的食品安全保障体系 **科学精神(精益求精、实证求真)** 培养学生刻苦勤奋、脚踏实地、追求创新,不断寻求食品品质控制的有效路径
7	第七章　食品标准与食品质量控制 (1) 标准和标准化 (2) 食品标准 (3) 食品标准的制定与贯彻实施 (4) 常用食品标准	**国家意识(宪法法治)** 帮助学生树立法治意识,增强法治观念,以标准为准绳,提升我国食品质量,保障人民身体健康

三、一节代表性课程的教学设计——食品质量概念

(一)教学目标

1. 知识传授

学生充分认识食品安全与品质控制在全球食品产业中的地位以及对人类健康的作用,重点学习近十年来我国食品安全体系建设的发展历程和成功经验;知晓和熟悉国际食品法规和食品品质控制体系、质量标准的制定原则和基本概念;掌握 HACCP 体系建立与实施的基本原理和途径。

2. 能力培养

以近十年全球食品安全典型事件为案例,培养学生养成把好食品质量关的"铁肩担道义"的职业操守,以及尊重生命、维护生命安全、自觉遵守职业规范的意识,树立正确的职业价值观。同时培养学生能够基于 HACCP 体系的科学原

理和科学方法,对各类食品加工过程的关键控制点进行研究,以获得最优化的产品品质控制方案。

3. 价值塑造

每一次食品安全事件都牵动着消费者的心,都会对全球食品市场带来巨大的冲击,要让学生深深懂得:作为未来的食品人,只有从我做起,坚守食品质量的底线,才能为推动食品产业的高速发展、满足人们日益增长的食品消费需求做出贡献。让学生深切认识到食品安全的重要性,培养学生的规则意识和责任意识,树立职业使命感和敬畏感。

(二) 教学对象分析

本课程的教学对象为大三学生,他们已具备食品工艺学、食品工程原理、食品生物化学等相关自然科学和工程科学的基本原理知识,为进一步运用科学的产品品控原理,构建和思考HACCP体系在我国各类食品制造过程和品质改善中的作用打下了基础。学生急需将所学知识和所关心的问题相结合,做到活学活用,实现学习的价值。本节课力图通过课堂讲解+讨论互动+线上学习的方式,培养学生能够基于HACCP体系的科学原理和科学方法,对各类食品加工过程的关键控制点进行研究,以获得最优化的产品品质控制方案,从而实现本节课的教学目标,达成学生毕业指标点的要求。

(三) 教学内容与资源

1. 教学内容

(1) 国内外食品安全质量管理体系的建设现状和发展趋势,以及我国食品安全体系建设的发展历程。

图1 我国食品安全体系建设的发展历程PPT截图

(2) 世界食品安全体系发展动态、HACCP体系的基本原理和发展过程,以及其建立与实施对食品安全保障的意义和作用。

图 2　HACCP 体系的基本原理及发展过程 PPT 截图

2. 教学资源

(1)《食品安全与质量控制》,尤玉如主编,中国轻工业出版社 2008 年版。

(2)《食品安全学》,纵伟主编,化学工业出版社 2016 年版。

(3)《食品安全与品质控制原理及应用》,周小理编著,上海交通大学出版社 2007 年版。

(四) 教学过程与方法

本节课的教学过程与方法如表 2 所示。

表 2　教学过程与方法

阶　段		教学方法及组织形式	需要使用的资源和技术	学习成果评估方式
课前预习	1 周	提前一周通过微信群发布预习思考问题	(1) 从图书馆借阅的相关书籍 (2) 从网上查询的食品安全网站信息	独立完成预习报告,以平时成绩计入,占总成绩的 30%
课堂教学	25 分钟	(1) 案例导入:深刻剖析近年来国内外食品安全事件所造成的危害 (2) 案例分析:身边所见所闻的食品安全事件给食品产业和人民健康带来的不利影响引发学生思考并以口头和文字发表见解、共同分享	(1) 课件中以图片、数据及事件发生时的媒体报道,明晰食品安全事件起因及严重影响 (2) 借助课件用图表等形式清晰讲解 HACCP 体系的建立与实施方案	独立思考分析,有明确观点,以平时成绩计入,占总成绩的 20%

(续表)

阶段		教学方法及组织形式	需要使用的资源和技术	学习成果评估方式
课堂教学	10分钟	学生互评、教师点评		
	45分钟	以启发研讨式为主，讲授HACCP体系建立与实施对食品安全保障的意义和基本原理，讲解重难点。突出对各国食品安全体系的比较		
	10分钟	(1) 课程小结 (2) 布置课后思考题		
课后作业	1周	(1) 到图书馆借阅有关食品安全方面的参考书，第3周前每人交读书报告1篇 (2) 查找食品安全网并汇总网址 (3) 查找近三年国内外重大食品安全事件，谈谈作为未来的食品产业一员，你对食品安全重于泰山的认识和关于如何担当的思考 要求以小组（3—5人）为单位，以PPT形式完成上交		本次报告占平时总成绩的50%

（五）教学效果与反思

1. 教学效果

本节课讲授采用案例导入分析的启发研讨法，引导学生站在未来食品一线生产和质量管理者的角度思考并分析问题，较好地实施了课程设计思路。课程所举出的近十年国内外食品安全事件案例感染力强，深深打动了学生，吸引了大部分学生深度参与课堂，并适时互动，学生获得良好的体验感。学生自觉感悟出自身所肩负的历史使命和责任。

同时，课堂真正成了师生相互交流的良好平台，通过将学生的感性认识与理性认识相结合，学生能够用科学原理解释和理解HACCP体系建立与实施对食品安全保障的意义和作用。通过美国、加拿大、日本、欧盟等国家和地区食品安全体系与我国食品安全体系的比较,以他山之石,激发了学生努力学好专业知识的原动力,较好地实现了本节课的教学目标,达成了学生毕业指标点的要求。

2. 教学反思

(1) 通过本门课程的教学实践,教师更加深刻认识到要上好一节课,关键要加强课堂上师生间的协同互动。要坚持 OBE 理念,以产业需求和学生发展为导向,突出学生的主体作用,发挥教师的导向作用,做好教与学的有效衔接。

(2) 本门课程为校企合作课程,要坚持与企业专家共同研究课程、认真备课,挖掘课程知识背后的历史和故事,并将行业最新科研成果反哺到课程案例中,使课堂所学真正能反映食品安全的最新动态,使教学内容更加新鲜,更加吸引学生。

(3) 随着全球一体化建设的发展,要进一步培养学生以开放的心态,关注人类面临的全球性食品安全挑战,养成科学的思维方式和创新的思维习惯,以更好地实现课程教学目标,为学生未来职业发展打下良好的基础。

"化妆品工艺学"课程思政教学案例

一、课程概况

（一）基本信息

授课教师：张婉萍（香料香精化妆品学部）

课程名称：化妆品工艺学

学　　分：3学分

课程类别：专业教育课程

（二）课程简介

"化妆品工艺学"是化妆品技术与工程专业的一门核心主干课程，以"原料——配方结构——配方设计——制备工艺"教学逻辑，通过基础理论知识的介绍，结合产品的性能评价，使学生在配方识读、配方设计、工艺确定等方面具备扎实的理论基础，为化妆品制备实践技能的培养奠定良好的基础。

二、课程蕴含的思政元素分析

结合"化妆品工艺学"课程内容与特点，所挖掘的思政元素见表1。

表1 "化妆品工艺学"知识单元、知识传授和能力培养要点及价值塑造要点对应表

知识单元	知识传授和能力培养要点	价值塑造要点
1. 绪论	**化妆品的定义、分类及市场发展趋势** （1）掌握化妆品的定义 （2）掌握化妆品国家标准分类法 （3）掌握化妆品生产许可证实施分类法 （4）了解化妆品行业市场发展趋势	从化妆品定义明确化妆品实际使用性能，而化妆品在宣传过程中其"宣称"有夸大的现象。化妆品广告宣传的虚假与对消费者购买的误导是专业人士应该避免的，以此对学生进行"诚信"教育

(续表)

知识单元	知识传授和能力培养要点	价值塑造要点
1. 绪论	化妆品的性能 (1) 掌握各类化妆品的产品性能 (2) 了解化妆品的市场宣称	以化妆品产品"使用性能"与"宣称",引出万事万物"外在表象"与"内在本质"协调统一的哲学道理
2. 毛发洗护产品	洗发水配方框架及原料选择 (1) 掌握洗发化妆品的使用性能 (2) 掌握洗发化妆品的配方结构 (3) 掌握洗发化妆品原料选择及作用 (4) 了解洗发化妆品的市场发展趋势	以"无硅油"洗发水为例,解读化妆品市场推广概念的伪科学性,启发学生思考如何运用科学技术开发具有市场竞争力的化妆品产品
3. 皮肤护理产品	乳霜护理产品的配方结构及设计逻辑 (1) 掌握乳霜护理产品的使用性能 (2) 掌握乳霜护理产品的配方结构 (3) 掌握乳霜护理产品配方设计逻辑 (4) 了解乳霜护理产品市场发展趋势	结合产学研实例,解读新产品开发思路与理念,传授给学生:每一个原料添加都有据可依、科学的"安全"配方的开发理念,用产学研反哺教学
4. 化妆品行业的技术发展动态及趋势	化妆品行业的新型技术及发展趋势 (1) 掌握化妆品行业的新技术 (2) 了解化妆品行业的技术发展趋势	以国外品牌与国内品牌技术差距为切入点,引出化妆品产品配方技术为核心,通过原创性技术提升民族品牌产品品质,进而提升产品的市场竞争力,培养学生的民族情怀

三、一节代表性课程的教学设计——第五章 乳霜护肤类化妆品

(一) 教学目标

1. 知识传授

(1) 描述乳霜类皮肤护理产品性能及分类。

(2) 明确乳霜类皮肤护理产品配方结构原料类型。

(3) 理解乳霜类皮肤护理产品乳化剂的类型及作用机理。

(4) 清晰乳霜类皮肤护理产品黏度的影响因素。

(5) 解读乳霜类皮肤护理产品配方。

2. 能力培养

（1）分析市场产品使用性能及原料组成。

（2）分析市场产品原料选择逻辑。

（3）识读市场产品全成分标识。

（4）选择原料并设计产品配方。

（5）确定设计产品的制备工艺。

（6）制备产品并评价产品质量。

（7）开发化妆品产品配方及工艺。

3. 价值塑造

（1）了解化妆品护肤产品市场分布及趋势，提升对民族品牌的认识，培养民族情怀。

（2）理解市场产品性能与宣称之间的差异，具备开发新产品的科学思路。

（3）理解国际品牌与民族品牌之间品牌文化、包装设计、技术品质等方面的差异，培养开发新产品的全面设计理念。

（二）教学对象分析

在人才培养定位方面，结合学校"培养具有创新精神及国际视野的卓越一线工程师"的人才培养定位，本课程旨在培养学生具备化妆品产品开发、设计能力。综合考虑学生的知识、能力、素养培养，重点在于系统知识点的传授以及培养学生产品开发能力，难点在于能够"知其然且知其所以然、形成化妆品原料选择逻辑、化妆品产品开发设计思路"。

学习本课程的学生是具备一定的自主学习能力的高年级化妆品专业学生，对化妆品行业有一定的了解且非常热爱，具有一定的化妆品原料识读能力和化妆品产品使用性能分析能力，但尚不能按照化妆品产品开发思路与逻辑设计产品配方，也不能开发满足市场需要的产品。

（三）教学内容与资源

在教学环节，根据学校厚德精技的高素质人才要求，在课程体系中融入了多方面的思政元素，包括**新监管条例下的技术创新**、**哲学道理**、**科学态度**、**产学研反哺教学**、**民族情怀**等方面的思政元素，使学生在学习专业技术课程过程中，提升自己的综合素养。

化妆品工艺学作为专业核心课程，以**"胶体与界面化学"**为理论基础，辐射上游课程**"化妆品原料学"**及下游课程**"化妆品分析与品控""化妆品安全与功效评价",同时作为多门与化妆品产品设计相关的综合实验的理论支撑,以一门核心课程全面辐射延伸,带动了**整个课程体系知识的系统掌握与综合能力培养**。

针对传统教学存在的问题——学生仅掌握理论知识,不具备适应化妆品快速发展的创新性思维,在线上线下混合式课程设计过程中,以"**学生为中心、教师为主导**",打造层层进阶任务链,培养学生产品开发过程中所需的各项能力,形成以"产品性能→配方结构→原料选择原则→配方设计思路→制备工艺"为主线的教学体系,建立集知识、认知、技能实践及态度评价于一体的挑战性考核评价体系。

通过线上、线下、线上线下混合的方式分别完成了学生"低阶目标"与"高阶目标"培养,引导、启发学生逻辑思路的形成、综合能力的培养,同时建立了全面的考核评价体系,包括总评成绩、教师教学质量、学生主观评价及行业评价。

教学的学时分配为:线上环节12学时、线下环节32学时、创新环节4学时。

(四)教学过程与方法

本门课程以"**学生为中心、老师为主导**"的理念进行教学设计,改变了按照学科逻辑构建内容体系的方式,从按照知识点组织教学改为**按照能力培养组织教学**,打造层层进阶的任务链。每一条任务链都是围绕一项关键能力的培养为核心,串联起相应的目标、知识和实践活动,并围绕任务链展开教学实施和评价过程,实现教、学、评一体化,使学生不仅具有洁肤、护肤、洗发、护发、彩妆及特殊用途类化妆品的配方设计思路,更具备解决生产一线真实产品开发过程中所遇问题的高阶能力。

1. 课程流程设计

线上线下混合式教学课程流程设计方案如图1所示。

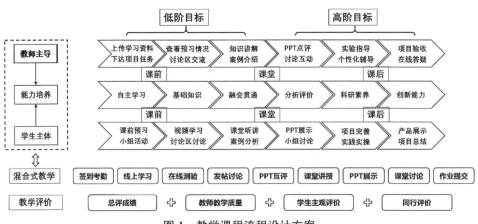

图1 教学课程流程设计方案

2. 课前线上教学

（1）市场调研：学生通过美妆资讯了解化妆品产品市场现状。

（2）知识点自主学习：学生通过 SPOC 平台线上学习相关知识点。

（3）课前测试：在学生视频学习完成之后设置测试题，检验学生的预习效果，监督学习过程，并从测试结果中收集学生的学习信息，在线下教学过程中针对错误较多的知识点进行重点讲解。

（4）讨论区讨论：学生针对课前预习内容展开主题讨论。讨论内容主要围绕线上知识点进行扩展，涉及原理阐述、原料介绍、配方识读、行业热点等多方面。

（5）小组活动：通过小组讨论、市场调研，完成市场产品分析及成分识读。

（6）PPT 初步制作：针对市场产品进行产品分析，初步完成 PPT 作业。

3. 课中线上线下教学

（1）知识点融会贯通：将不同的知识点融会贯通，使得学生具备系统的知识体系，而不是堆积的碎片化知识。

（2）原料选择原则的逻辑培养：学生已具备化妆品原料的基础知识，将原料知识与应用性能相结合，培养学生原料选择逻辑。

（3）产品配方设计的思路形成：在原料选择逻辑的基础上，解读不同类型原料之间的相互影响，使学生形成产品开发思路。

（4）产品开发案例分析：通过产学研反哺教学或邀请企业导师，引入校企合作真实项目——化妆品产品设计案例，明确化妆品产品开发思路。

（5）融入思政元素，提升综合素养：在化妆品工艺学教学的不同环节，分别引入国家监管制度、哲学道理、科学态度、产学研实例及民族情怀等思政元素，培养学生的综合素养。

（6）课堂讨论：根据产品开发案例涉及的各种问题，借助慕课堂展开主题讨论，进一步深化理解、梳理思路。

（7）小组 PPT 展示：各小组派代表展示配方设计思路。

（8）PPT 互评点评：小组 PPT 展示环节后引入小组互评机制，从而提升学生的参与度和学习热情；教师通过点评学生的配方设计思路，对学生出现的常见错误进行分析讲解，从而化解本次课的教学难点。

4. 课后线上线下教学

（1）课后作业：产品开发设计作业。

（2）主题讨论：通过小组讨论，优化产品开发设计思路。

（3）PPT优化：学生上传PPT，教师邀请企业专家对学生提交的方案进行点评，学生完善方案，并最终确定产品设计思路。

（4）产品制备：根据产品设计思路确定配方及工艺，并通过实践环节制备得到最终产品。

（5）完成项目报告：通过项目总结报告的撰写过程，进一步提升学生对已有知识点的应用能力。

（五）教学效果与反思

本课程在不断改革创新过程中，得到了校内校外的肯定与认可：2017年获上海市精品课程；2019年被认定为上海市线下一流课程；2020年入选校级课程思政领航计划。

1. 教学效果

培养学生具备清晰的开发设计思路，平均每年有3—5组学生（约20—30人）参加全国化妆品配方竞赛获奖。

校内学生对这门课的总体评价：① 在以消费者的角度认知化妆品之后，通过学习，掌握了化妆品产品设计思路与逻辑，让他们更科学地认知化妆品产品，启发自己以科学的态度开发产品，以科学的方式宣传产品。② 通过学习"化妆品工艺学"课程，了解了化妆品的真实性能与宣称之间的差异，了解了民族品牌与国外品牌的差异，领悟了产品开发的科学性，对国货产生了民族情怀。③ 通过学习"化妆品工艺学"感受到了化妆品市场的快速发展，激发了对化妆品的热爱与对化妆品行业的热爱。

毕业学生对本课程的评价：通过学习本课程，我们具备了扎实的理论知识及很强的综合能力及素质，具备了产品开发能力，在工作岗位上得到了行业的认可。

行业专家评价：相宜本草、伽蓝集团、珀莱雅化妆品等企业对上海应用技术大学化妆品专业毕业学生给予了极大的肯定，包括适应工作岗位要求、具备系统理论知识、具备产品开发设计能力等。

2. 教学反思

本课程在以下方面尚需进一步完善：

（1）线上课程体系。

（2）激发学生互动式学习热情。

（3）学生学习评价体系。

"食用香精工艺学"课程思政教学案例

一、课程概况

(一)基本信息

授课教师:肖作兵(香料香精化妆品学部)

课程名称:食用香精工艺学

学　　分:3学分

课程类别:专业教育课程

(二)课程简介

"食用香精工艺学"是香料香精技术与工程专业核心课,该课程立足食用香精制备原理,着眼于甜味香精和咸味香精,使学生能够理解香原料的化学结构与香气特征的相关性,学习食用香精的制备方法,从闻香、辨香和创香三个层面锻炼学生对食用香精的调配能力,培养学生实践创新能力。该课程曾先后获上海市精品课程和上海市课程思政领航课程。

二、课程蕴含的思政元素分析

2017年9月,上海市政府发布《关于推进上海美丽健康产业发展的若干意见》,明确美丽健康产业(已经将"香料香精化妆品"纳入)作为上海大健康产业发展的重要支柱,围绕上海建设具有全球影响力科创中心和全球卓越城市的战略目标,促进美丽健康产业跨越式发展。结合美丽健康产业政策精神,本课程从学生培养的德智体美劳多维度出发,将丰富的科学技术和调香艺术展现给学生,一方面激发学生对调香技能的探究和热情,培养追求完美、永无止境、追求卓越的工匠精神;另一方面,培养学生具有道德醇厚、品格高尚、技术精湛、技艺精通的人文科技素养。引导学生把事业理想和道德追求与美丽健康产业发展相融合，着力打造培养"零适应期"香料香精技术人才，带动各环节人才培养体系的形成，为美丽健康产业输送具备综合能力、综合素质的人才。

表1 "食用香精工艺学"知识单元、知识传授和能力培养及价值塑造要点对应表

知识单元	知识传授和能力培养要点	价值塑造要点
1. 香料香精发展历史与行业现状	绪论 （1）熟悉香料香精的发展历史 （2）掌握香精生产过程及步骤 （3）掌握香料香精行业现状	介绍香料香精工业作为我国的朝阳产业，是国民经济中不可缺少的配套性行业，但目前行业技术与国外先进水平相比较，在品种数量和调香技术上还有较大的距离，高端产品被欧美发达国家垄断，**引导学生将所学的知识应用在文化创新创造中，培养学生的家国情怀和社会责任感，提升他们的文化自信，引导他们主动学习，培养创新能力，使学生所学为美丽健康产业所需**
2. 食用香精的安全性	食用香精的安全性 （1）掌握 FDA、FEMA、COE、IOFI 的管理措施 （2）掌握中国食用香精安全法规 （3）探讨食用香精安全事件典型案例	道德诚信是中华民族的传统美德，也是每个社会公民应该恪守的责任义务。食品加工者更应该具备道德诚信，只有我们良心加工，用心生产才能让消费者吃得放心，用得安心。**引导学生深刻认识到一个食品行业从业者只有具备良好的品德，才能生产出让人放心的产品，培养学生的诚信道德和社会责任感**
3. 食用香精的配方结构	食用香精的配方结构 （1）掌握甜味、咸味香精的基本概念 （2）掌握甜味、咸味香精的配方结构、香韵结构与香气特征 （3）理解酶解、美拉德反应原理 （4）掌握高新技术在食用香精中的应用	通过理论知识与代表性香原料嗅闻相结合，讲述香草、巧克力等甜味香精以及猪肉、鸡肉等咸味香精的调配技巧，达到逼真效果，使学生掌握选用每种关键香原料的科学依据，讲述选用相应的修饰香原料达到令人愉悦的艺术效果的经验。鼓励学生注重**艺术知识、技能与方法的积累，培养学生发现、感知、欣赏、评价美的意识和能力**

(续表)

知识单元	知识传授和能力培养要点	价值塑造要点
4. 食用香精调配实验	(1) 根据五种甜味香精的香韵组成,设计香精配方,独立调配甜味香精 (2) 根据三种咸味香精的香韵组成,设计香精配方,独立调配咸味香精	通过实验教学,将理论知识直接联系实际,使学生能全面理解和掌握前期所学的食用香精工艺学基本理论,并加强调香技能的训练。引导学生在原有配方的基础上加以改进和创新,**培养学生勤奋踏实、大胆尝试、坚持不懈地寻求有效解决问题方法的探索精神**。秉承香料香精行业特色,更好地将人才培养与企业技术人才需求有机结合,与美丽健康产业形成"零距离"对接

三、一节代表性课程的教学设计——食用香精的安全性与咸味香精调配技术

(一)教学目标

1. 知识传授

学生通过本节课的学习,系统全面地了解香料香精的发展历史;知晓食用香精行业现状、存在的问题、解决问题的有效对策和行业发展趋势;掌握食用香精的安全性和国内外食用香精的管理;理解酶解、美拉德反应原理;理解微胶囊技术的原理,掌握制备方法。

2. 能力培养

通过理论知识的学习使学生知晓中国食用香精的安全法规,使学生谨记道德诚信是中华民族的传统美德,也是每个社会公民应该恪守的责任义务。对于食品加工者更应该具备道德诚信,引导学生深刻认识到一个食品行业从业者只有具备良好的品德,才能生产出让人放心的产品,培养学生的社会责任感与家国情怀。

3. 价值塑造

启发学生对"嗅觉美"的思考和打造卓越品质香精的追求理想,以利于学生形成集"内在美"与"外在美"为一体的大学生形象。引导学生将所学的知识应用在文化创新创造中,提升文化自信,引导学生主动学习,培养创新能力,从而为美

丽健康产业输送具备综合能力、综合素质的人才。

（二）教学对象分析

本课程的教学对象为香料香精化妆品学部本科生，学生基本掌握"有机化学""分析化学""物理化学""感官分析"等基础课程相关内容后，较易掌握食用香精的基本理论知识，对香料香精行业在社会发展中的作用、自身将来的就业方向都有较为清晰的基本认识，学生对在授课过程中的社会主义核心价值观引导易于产生情感共鸣，有助于为香料香精行业输送具备综合能力和素质的人才。

（三）教学内容与资源

1. 教学内容

从休闲食品角度向学生介绍香精产品，以互动形式让学生嗅闻香精样品，使学生充分了解、认知香精。以香料香精的发展历史作为切入点，介绍香料香精工业作为我国的朝阳产业，是国民经济中不可缺少的配套性行业。教学过程中注重突出学生的主体地位，积极调动学生对目前香料香精行业现状的独立思考、探索的兴趣与动力。真正实现由单纯接受知识转变为接受与探索相结合、由培养知识型人才转变为培养技能型人才。

理论知识的学习使学生了解FDA和FEMA、COE、IOFI的管理，知晓中国食用香精的安全法规。

通过理论知识与代表性香原料嗅闻相结合，讲述猪肉、鸡肉等咸味香精的调配技巧，理解酶解、美拉德反应原理以及微胶囊技术的原理。通过第一、第二部分的问题导入，学生已经对食用香精有了全面认识，引导学生从消费者角度感受香精的应用效果，了解消费者对香精香型的需求与期望。在学生学习的过程中，从专业人士角度分析，产品性能受不同加香体系、工艺等影响，从而科学地优化香精配方结构。基于已学香精基本知识，利用提问互动方式，引导学生了解香气舒适、留香持久的高品质产品，使学生认识到如何实现香精与基质间香气有效协同及可控释放已成为轻工食品行业发展的关键难题。采用启发式教学模式使学生了解目前国内自主开发的调配型香精产品往往存在香气不协调、天然感不足、留香时间短及稳定性差等问题，引导学生思考今后应针对香精行业较为突出的香气协同技术和纳微缓释香精设计等技术难题开展研究。

2. 教学资源

中国大学MOOC：苏州大学"解密食品添加剂"，https://www.icourse163.org/course/SUDA-1206149804。

（四）教学过程与方法

本课程的教学过程与方法如表2所示。

表2　教学过程与方法

阶　段		教学方法及组织形式	需要利用的资源和技术	学习成果评估方式
课前预习	1周	提前一周通过微信群发布预习思考问题	网上查询食用香精行业相关信息	课堂提问
课堂教学	20分钟	**问题导入**：从休闲食品角度向学生介绍香精产品，以互动形式让学生嗅闻香精样品，使学生充分了解、认知香精。以香料香精的发展历史作为切入点，介绍香料香精行业现状与趋势	(1) 授课用多媒体PPT课件 (2) 咸味香精代表性香原料	独立思考分析、有明确观点，以平时成绩计入，占总成绩的20%
	25分钟	**食用香精的安全性**：通过理论知识的学习使学生了解FDA和FEMA、COE、IOFI的管理，知晓中国食用香精的安全法规。引入案例深入剖析并让学生发表见解，引导学生深刻认识到一个食品行业从业者只有具备良好的品德，才能生产出让人放心的产品，培养学生的诚信道德和社会责任感		
	35分钟	**咸味香精**：通过理论知识与代表性香原料嗅闻相结合，讲述猪肉、鸡肉等咸味香精的调配技巧，理解酶解、美拉德反应原理以及微胶囊技术的原理。培养学生勤奋踏实、大胆尝试、坚持不懈地寻求有效解决问题方法的探索精神		
	10分钟	课堂小结		

（续表）

阶　段		教学方法及组织形式	需要利用的资源和技术	学习成果评估方式
课后作业	1周	查阅食用香精安全问题，聚焦食用香精领域新技术。以小组形式完成，并在下次课上以PPT形式汇报	网上查询食用香精领域新技术相关信息	占平时成绩的20%

图1　教师与学生探讨食用香精安全事件案例

图2　教师讲述美拉德反应与酶解反应概念

（五）教学效果与反思

1. 教学效果

通过课堂引导和课后总结，使学生理论知识基础与实践技能提升，通过引入我国香精行业发展现状，培养学生的家国情怀和社会责任感；通过介绍食用香精的安全性，提升学生的诚信道德；通过咸味香精的学习，树立学生发现、感知、欣赏、评价美的能力。培养学生在校学习期间的行业发展意识和香精技术开发过程中的社会责任与道德认知，以及自己在香料香精行业的职业发展规划。从问答交流过程中可发现，学生在香精技术开发过程中的社会责任和对香料香精行业发展的信心与热情有大幅度提升。将课程与学校凝练的应用型人才培养思想政治8大核心素养、32个思政元素基本点和"ASciT（爱科技）"9大关键能力相结合，以食用香精制备原理为主旨，立足"专业热爱之情、爱国主义情感和敬业奉献之情"的德育三核心，从师（师长楷模）、时（时事热点）、史（发展史科）、势（发展趋势）4个维度将课程思政贯穿教学全过程，实现课堂教学中的渗透教育，做到"润物细无声"。

2. 教学反思

（1）加强知识与现代信息技术的结合。

改进教学手段，以提高学生就业岗位适应能力和终身发展为宗旨，通过将人工智能、大数据和虚拟现实等现代信息技术与专业知识相结合，重塑教育教学形态、将人文艺术和时尚修养融入课程体系，从"食用香料辨析，食用香精配方设计和配制及全自动化工艺"角度全方位构建以工程能力、创新能力及人文素养综合能力为核心教学培养模式。

（2）加强学生实践能力的培养。

依托国家香料香精化妆品质量监督检验中心、国家都市轻化工业实验教学中心和香料香精及化妆品教育部工程中心的优质资源，发挥国内外知名高校及合作企业优势，全方位开展涵盖"香料香精专业知识、技术能力和创新创意"的教学资源建设，加强学生实践能力的培养。

（3）加强课堂思政元素的挖掘。

加强课堂思政元素的挖掘，更好地培养学生的创造能力和学习能力，真正实现"授"与"受"相统一。辐射上下游香料原料、感官分析，更好地将丰富的科学技术和调香艺术展现给学生，使学生课后回味课堂内容，激发学生对调香技能的探究和热情，培养学生追求完美、永无止境、追求卓越的工匠精神，具备道德醇厚、品格高尚、技术精湛、技艺精通的人文科技素养。

(4) 加强课堂教学效果的反馈。

通过课后教师自评、学生评价、院系领导评价的方式,建立学院领导、教学管理部门、教学督导、教师、学生多方参与的监控、评价、反馈和改进机制。对课程思政教学目标、教学方法、教学质量等多方面监控,及时分析反馈存在的问题和不足,持续改进,确保高质量的课堂教学。

"风味化学"课程思政教学案例

一、课程概况

（一）基本信息

授课教师：田怀香（香料香精化妆品学部）

课程名称：风味化学

学　　分：1.5 学分

课程类别：专业教育课程

（二）课程简介

"风味化学"是面向食品科学与工程、香料香精技术与工程、生物工程三个专业的学生开设的特色公共平台共享课，旨在帮助学生理解食品风味物质的香气类型、味觉特点以及食品香原料之间的风味相互作用，学习风味物质的分析方法，掌握风味物质的来源途径，学会食品风味调整的基本原理与法规，为掌握食品风味调控的技术和能力打下基础。

二、课程蕴含的思政元素分析

"民以食为天"，食品产业是国民经济重要的支柱产业，产值持续位居各工业部门之首。现代食品产业两大主流发展趋势是健康功能化和风味多样化，其中食品风味调控和创新是现代食品工业中最能满足人民对美好生活向往的产业重要需求领域。上海应用技术大学食品科学与工程专业的办学特色依托学科优势，重点培养适应食品产业需求的应用创新型人才，"风味化学"是食品科学与工程专业的必修课，也是上海应用技术大学香料香精化妆品学部的特色平台课，为香料香精技术与工程专业和生物工程专业学生的选修课，可为学生未来从事食品相关产业产品研发、质量调控和市场推广打下坚实基础。

本课程结合行业和产业的发展需求,引导学生以满足人民对美好生活向往为目标,树立扎根行业的远大理想和职业情怀;在教学内容上通过展望当前国际国内食品风味研究发展前沿,培养学生的国际视野和民族自信;注意结合专业其他课程如食品工艺学和食品化学等,帮助学生提高解决复杂工程问题的创新意识和实践能力;在教学方法上力求创新改革,教导学生崇尚实践注意技术应用;在教学要求上,一丝不苟设计内容,培养学生具备精益求精、追求卓越的工匠精神。

表1 "风味化学"知识单元、知识传授和能力培养要点及价值塑造要点对应表

知识单元	知识传授和能力培养要点	价值塑造要点
1. 绪论	讲述食品风味化学的研究对象、意义以及食品风味的研究分析方法,让学生初步了解食品风味化学的产生、发展历史、现状及其应用前景。 **教学案例1**:分析世界食品风味研究的历史和发展现状,世界各国的饮食文化和风味多样性,我国传统食品的特色和优势。 **教学案例2**:随着人们对食品风味的要求不断提高,风味多样化和品质提升成为现代食品工业发展的创新动力和内在需求,风味导向为基础的食品加工技术已成为当今世界最具有活力的食品加工新方向	**政治认同(发展道路)**:阐述风味研究的国际发展趋势,总结凝练研究关键技术的差距,号召有为青年奋发图强 **国家意识(家国情怀)**:我国食品独具特色,传统食品不仅风味独特更具各地文化底蕴,传统食品工业化进程关键共性难题是如何保持其独特风味 **人文精神(文化积淀)**:帮助学生理解和尊重世界不同饮食文化和传统食品风味的差异性和多样性
2. 味感和呈味物质	讲授酸甜苦咸鲜等味觉现象与呈味物质,让学生了解味感的生理基础及影响因素。 **教学案例**:以授课团队教师的科研成果为案例,基于食用菌鲜味肽、浓厚感肽和美拉德反应肽的味觉贡献以及提取、分离、鉴定和感官评价技术,关键技术和产品可广泛用于降盐、减糖等食品领域。 **课题研讨**:布置学生研讨课题,围绕授课主要内容,展开多次课内和课后小组讨论,题目自拟。通过难题探究研讨解决方案形成交流方案来考察团队合作能力,提高学生勇于担负任务、责任的担当意识	**爱国情怀、国际视野**:在味觉的前沿发展中,以鲜味的发展为切入点,了解市场发展的繁荣,消费者的需求,国外的市场竞争和科研前沿基础研究,意识到我们国家起步晚,核心技术缺乏,激发学生提升关键技术的热情 **职业素养(爱岗敬业、勇于担当、团队合作)**:通过布置研讨课题,提升学生分析问题和综合解决实际问题的能力以及团队协同作战的沟通表达能力,养成自主学习、终身学习的习惯

(续表)

知 识 单 元	知识传授和能力培养要点	价值塑造要点
3. 嗅感与嗅感物质	嗅感的基本概念及其生理学基础、嗅感分子的构性关系及食品中嗅感物质形成的基本途径。 **教学案例1**：以授课团队教师的科研成果为案例，以发酵乳中重要的风味物质丁二酮为研究对象，建立高产丁二酮乳酸菌高通量筛选方法，筛选出高产丁二酮菌株，阐明发酵乳在发酵过程不同阶段风味物质的多样性及动态变化规律，揭示发酵过程中与特征风味物质相关的功能基因表达差异，使得发酵乳风味物质得到内源积累，探讨内源增效机制。 **教学案例2**：以实际应用体系为例，讲授关键香气化合物之间的协同增效作用，介绍研究技术手段，教会学生研究方法和思路	**爱国情怀、国际视野**：在嗅觉物质的研究中，以学校的特色优势学科香料香精为例，讲述当前最前沿的研究课题、产香菌的产香机制和风味调控前景、关键香气化合物协同增效机制、香气化合物的形成和稳定机制等，讨论国际大公司的前沿技术和优势产品，分析国内产业的差距和高速发展的趋势 **科学精神（精益求精、实证求真）**：培养学生勤奋踏实、大胆尝试、坚持不懈地寻求有效解决问题方法的探索精神
4. 风味分析技术	介绍国际前沿的风味物质分析技术的基本原理、主要优缺点、应用注意事项和影响结果的主要因素。 **讨论互动**：同时蒸馏提取法、溶剂辅助风味蒸发、顶空固相微萃取法、搅拌棒吸附萃取法、稳定同位素稀释分析法等各种目前国际前沿风味物质分析技术的不同特点、影响因素和应用注意事项，帮助学生加深理解，结合样品检测要求学会选用合适的分析技术手段，得到最佳的应用效果	**国际视野、实践创新**：学习风味物质的多种先进分析方法，以固相微萃取方法为例，核心技术的纤维头始终为进口，国产化不能实现，在高新技术方面与国外依然有一定差距，以此激励学生创新技术手段，提升国家的竞争力。 **技术运用**：要求学生课后参与到教师科研和科技创新，借助学科优势平台，实验室参观实践，将所学的基础理论知识加以运用
5. 感官科学技术与应用	讲授人工感官评价的分类、方法、应用领域和数据处理方法，介绍电子感官的发展历史、科学原理、关键技术、交叉学科和应用前景。 **教学案例**：以教师的科研项目成果为例，通过光明乳业酸奶生产过程中的关键控制点，对相应样品的色、香、味、形，即色泽、香气、味觉、质构利用多指纹图谱分析技术进行测	**实践创新、技术运用**：分析人工感官科学与多学科交叉的研究现状和趋势，阐述电子感官的最新进展，与人工感官的相互补充，以光明乳业的发酵乳色、香、味、形的控制标准制定项目研究内容给学生讲述研究思路和主要技术手段，在生产实践中形成质量控制规范解决实际工程实践问题

(续表)

知识单元	知识传授和能力培养要点	价值塑造要点
5. 感官科学技术与应用	定,寻找关键影响要素,建立各控制点的色泽指纹谱库、香气指纹谱库、味觉指纹谱库和质构指纹谱库;采用化学计量学和数理统计学方法建立质控模型,形成相应的评价标准草案和完善系统的感官质量控制体系,实现对酸奶生产过程中的感官质量的即时、快速、准确控制,为其他食品的感官质量控制提供科学评价的技术支撑	**精益求精、严谨认真**:到学校人工感官评价室现场感受光照、通风和控制等细节要求,学习严谨认真的工作态度
6. 食品风味的调整	通过讲述食品风味的控制和增强,让学生了解风味调整的原理和技术。 **教学案例**:利用皮克林乳液制备、微胶囊包埋技术、抗氧化复合增效等多种活性保持和递送关键技术对易挥发及降解的柠檬醛进行包埋和处理,保证其过程稳定并控制其缓慢释放,将产品应用于紫泉饮料产品开发,实现最终产品的香气稳态化和一致性,达到风味品质标准化。 **市场调研**:食品加工有的需要美拉德反应,如面包的制作;有的是不希望褐变的存在,如蛋白质粉的制作。制作过程中就需要控制条件获得希望的产品。引导学生辩证地看待问题,利用有利方面从事食品的生产、贮藏,同时避免不利的因素	**厚德精技、技术运用**:针对食品加工过程中风味损失问题,提出风味调控的方案,并给学生以风味调整的案例,要求学生做到严谨认真,掌握基础知识并加以灵活运用 **严谨理性、实证求真的科学精神**:通过市场调研和相关展会参观等形式,让学生有机会对感兴趣的课程内容进行实践考证,加深对课程理论知识的理解与融会贯通,培养学生坚持不懈的探索精神,大胆尝试、积极寻求有效的解决方法的科学精神

三、一节代表性课程的教学设计——3.5 食品中嗅感物质形成的基本途径

（一）教学目标

1. 知识传授

在前期介绍嗅觉的定义及分类、嗅觉的生理基础、呈香物质及香气活力值等

基本概念的基础上，通过产香菌的筛选与应用的介绍，对嗅感物质的形成基本途径进行科学解释，探讨发酵与酿造风味形成及调控等前沿科学理论。

2. 能力培养

提高学生对食品风味化学及风味形成的理解，培养学生团队协作意识和解决问题的能力，培养他们正确的人生态度和道德意识，帮助他们树立正确的职业价值观。

3. 价值塑造

介绍以国产产香菌为主的微生物选育，让学生从中体会如何主动地让微生物为我们人类所用，增加学生的民族自豪感，以此培养学生具有国家意识，提高对所学专业的信心，从内心建立起正确的人生态度、工程意识和家国情怀，促进全面发展。

（二）教学对象分析

本课程的教学对象为香料香精化妆品学部食品科学与工程等三个专业的学生，他们已学习过"生物化学""食品化学"等课程，具备基本的生物学相关知识。本课程建立具有价值塑造、能力培养、知识传授三位一体的教学新模式，使学生由单一的知识掌握与运用扩展到内生情感态度与专业知识相融合，培养学生"绿色＋生态＋人文＋创新"为导向的工程思维模式，同时充分发挥学生的想象力、主观能动性，注重学生之间的交流与合作，不断提升学生的专业水平和思想道德素养。

（三）教学内容与资源

1. 教学内容

阐明食品中嗅感物质形成的基本途径，以各种食品中重要组分为前体的生物合成途径，如以氨基酸为前体的生物合成、以脂肪酸为前体的生物合成、以羟基酸为前体的生物合成、以单糖和糖苷为前体的生物合成、以色素为前体的生物合成等。

分析以食品加工中热反应为主的加工模式对食品风味物质的形成机制，重点阐明热处理方式与气味的形成、基本组分的相互作用、基本组分的热降解、非基本组分的热降解、射线和光照形成嗅感物质的机理。

以产香菌的筛选与应用的介绍为案例，重点阐明生物合成途径，传递给学生以结合食品加工内源产生和影响风味绿色天然形成的观点，建立以风味创新为导向的食品加工理念。

2. 教学资源

(1) 授课用多媒体 PPT 课件。

(2) 需要利用的教学资源。

① 中国大学 MOOC；

② 学堂在线；

③《食品风味化学》，冯涛、田怀香、陈福玉主编，中国标准出版社 2013 年版。

④《食品风味化学》，王永华、戚穗坚主编，中国轻工业出版社 2015 年版。

(四) 教学过程与方法

1. 问题导入(5 分钟)

通过图片的方式介绍嗅觉的定义及香气分类，让学生了解嗅觉的生理基础，介绍呈香物质及香气活力值的概念，让学生自我感受香气及嗅觉的特点，理解关键香气化合物的重要性，结合食品加工的要求，倡导绿色天然健康理念，阐述食品中嗅感物质形成的基本途径，引导并激发学生的学习积极性。

2. 内容讲解(35 分钟)

系统讲授食品中嗅感物质形成的基本途径，重点讲述其中的生物合成内源产生途径，结合食品加工的要素解释食品中关键嗅感物的形成途径，为工业化应用指明方向。授课教师以自己的科研成果为例，介绍如何以中国传统食品为主要载体，建立高通量筛选方法，筛选出具有产香特性、功能特性和生产特性的乳酸菌；利用多种组学手段，研究产香菌的产香机理；通过菌种的合理搭配组合，利用微胶囊制备技术、冷冻干燥技术制备乳酸菌发酵剂，生产高品质无添加的风味功能发酵食品。通过上述讲解，引导学生更加热爱自己的专业，把学习的技术用于生产实践，更加热爱生活，感恩自然。教师运用研讨式教学模式，培养学生团队协作意识和解决问题的能力。这种教学模式可以引导学生主动思考，提高教学效果。

3. 课程内容总结与课后思考题(5 分钟)

简要总结授课内容，并布置课后思考题：① 什么是香气活力值？它与食品风味的感知关系是怎么样的？② 为什么要筛选产香菌？其特点是什么？具有什么优势？

(五) 教学效果与反思

1. 教学效果

本节课达到了预期的效果。教师结合自己的科研成果，以产业需求和学生

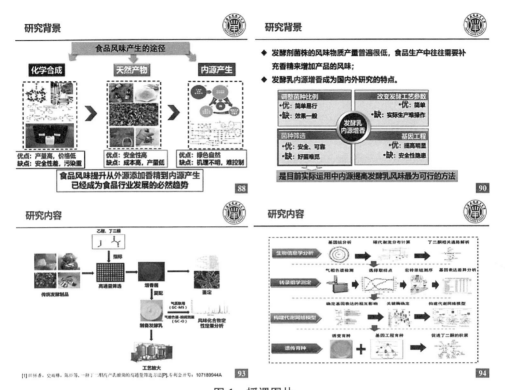

图 1　授课图片

发展为导向,将授课内容结合知识传授和能力培养核心要点,结合学校所凝练的应用型人才思想政治 8 大核心素养、32 个思政元素基本点和"ASciT(爱科技)"9 大关键能力,讲课思路清晰,重点突出,充满激情和自信,时刻关注学生的反应。多数学生积极参与课堂互动,学习氛围浓厚。

本节课的授课方法采用真实项目案例教学法,结合了行业产业发展的前沿发展趋势和需求,不但增强了学生学习专业知识的兴趣,而且在有效的时间内为学生提供了更丰富的信息资源与知识讲解,增加了信息传授量。

2. 教学反思

在教学内容上,教师不仅要在有限的授课时间内讲授课程的基础理论,体现系统的知识结构体系,而且要结合实际的生产需求和科研前沿,传授给学生最新的知识内容,存在一定的困难。可以采用适时教学法教学模式将课前预习和课后拓展纳入教学过程,强调学生的主体地位,体现以学生为中心的教学思想,通过预习、讨论、巩固三个环节的紧密配合,达到提升教学效果的目的。

3. 课后拓展

布置课后作业,通过布置课后思考题,要求学生在课后查阅本节课授课的主要内容的相关文献和行业发展进展,回答香气活力值在食品风味感知和评价中的作用,理解并展望产香菌等核心发酵剂对我国发酵食品的重要作用,引导学生加深对课堂授课内容的理解,并对食品产业发展趋势有一定的了解和判断,形成自己的价值观和从业自豪感。

图 2　教师授课照片

"香料香精技术与工程专业导论"课程思政教学案例

一、课程概况

（一）基本信息

授课教师：胡静（香料香精化妆品学部）
课程名称：香料香精技术与工程专业导论
学　　分：1.5 学分
课程类别：专业教育课程

（二）课程简介

"香料香精技术与工程专业导论"是香料香精技术与工程专业学生开启专业学习的第一门专业基础课。本课程要求学生掌握香料香精实用知识、香精应用的理论基础和香气评价相关知识，了解香料香精在食品、饲料、烟草、化妆品、纺织、皮革和造纸等行业的应用，激发对专业的热爱之情，坚定为行业发展贡献力量的决心。

二、课程蕴含的思政元素分析

本课程以香料香精行业现状、存在的问题作为突破口，引导学生重视专业课，以激发学生学习兴趣和潜能为主旋律，立足"专业热爱之情、爱国主义情感和敬业奉献之情"的德育三核心，从师(师长楷模)、时(时事热点)、史(发展史科)和势(发展趋势)四个维度将课程思政贯穿教学全过程，实现课堂教学中的渗透教育(见表1)。

表1 "香料香精技术与工程专业导论"知识单元、知识传授和
能力培养要点及价值塑造要点对应表

知识单元	知识传授和能力培养要点	价值塑造要点
1	**第一章 香料香精实用知识**：中国香文化的发展历史，以及现代香料香精工业的现状及趋势。 **案例1**：源于中华民族五千年文明史，从经典的《本草纲目》《齐民要术》到红楼梦等，从宫廷、美食和文化等角度阐释"香"，讲授不同的用香文化和香的作用。 **案例2**：现代香料香精工业现状分析，从我国芳香植物资源的丰富，到目前我国与世界先进水平的发展差距	**文化自信** 用中国香文化源远流长的历史体现中国特色社会主义发展的优越性，引导学生感悟中国香文化，激发学生的爱国主义精神、增强学生文化自信 **国家意识（家国情怀、国际视野）** 用现代香料香精工业现状及与国际发展的差距分析，引导学生认识我国香料香精工业在国际上的重要性和地位，激发学生热爱专业、奋发努力、实现科技报国的理想
2	**第二章 加香术理论基础**：闻香的基本原则、香料的评价标准以及不同香原料的香气特征	**科学精神（严谨理性、实证求真）** 让学生参与闻香训练，切实感受香原料的实践感悟和理论的差异，进而培养学生尊重事实和证据的态度，增强学生的实证精神和严谨求实的科研精神。以香原料不稳定、易挥发的共性问题为切入点，对比香原料和香精微胶囊的性能，激发学生对专业的热爱，培养学生运用科学的思维方式分析问题和解决问题的能力，最终引导学生树立不断勇攀科研高峰、追求真理的态度
3	**第三章 加香实验与评香**：加香、闻香的基本原则，电子鼻和电子舌的基本原理，加香应用的评香方法	
4	**第四章 食品加香**：食品香精的调配原则，食用香原料的特点以及在家居食品、方便食品、烘焙食品、糖果、饮料、肉制品和酒中的应用	**职业素养（遵守法规、忠诚担当）** 以食品安全事件为切入点，以"一滴香"事件为导引，让学生充分认识食品安全的重要性，遵守"香料香精使用法规"，养成良好职业道德，肩负起尊重生命安全的责任 **科学精神（精益求精）** 以肖作兵教授为例，讲述其为双汇集团解决技术难题并荣获国家科技进步二等奖的研发历程，培养学生在科研道路上严谨求实、精益求精、不畏艰难的态度，坚定学生投身专业领域的决心

(续表)

知识单元	知识传授和能力培养要点	价值塑造要点
5	**第五章 饲料加香**：饲料香精的调配原则及使用方法，不同种类饲料香精的香气特征	**实践创新（价值求技）、国家意识（家国情怀、国际视野）** 以饲料香原料香兰素为切入点，通过介绍我国香兰素的发展历史，以毛海舫教授研发国产香兰素，打破国际垄断为实例。激发学生的民族自豪感，培养其向前辈学习，奋发努力，在中国香料香精发展的进程中实现技术创新、勇攀高峰的精神
6	**第六章 烟草加香**：烟草的发展历史、烟草的品种以及烟草加香的特点及基本工艺特点	**科学精神（批判质疑）** 以电子烟的发展为例，从最初的安全到通过科学研究，指出目前法规中对电子烟的限制，教育学生要具备批判质疑的精神，能独立思考、独立判断；思维缜密，能多角度、辩证地分析问题
7	**第七章 日用品加香**：日化香精的调配原则、日用香原料的特点及在不同日化领域的加香应用	**科学精神（精益求精）、技术创新、国家意识（国际视野）** 以香精胶囊为研究热点，讲述在科研过程中不畏困难的经历，培养学生在科研道路上坚持不懈、不畏艰难、精益求精的精神。以香精胶囊的新技术开发为例，讲述高新技术在香料香精行业的发展现状，激发学生对于专业的追求，具有国际视野，敢于参与国际竞争
8	**第八章 芳香疗法及精油应用**：芳香疗法的发展历史、常见精油的香气特点及其应用	**科学精神（批判质疑）** 以精油现状为例，指出精油市场的掺假问题，引导学生要运用科学的方法去解决问题，引导学生去伪存真，保持批判质疑态度的常态化

三、一节代表性课程的教学设计——香料香精行业的历史及发展

（一）教学目标

1. 知识传授

学生充分认识中国香文化的发展史，重点学习现代香料香精工业的现状和

现存问题；掌握香料香精的基本概念"香料、香精、阈值"等以及香料香精在人们生活中的重要作用。

2. 能力培养

培养学生对香料香精基础专业知识的灵活运用能力。通过让学生对中国香文化发展中饮食、宗教和诗词等方面用香的挖掘，培养他们的综合能力，拓展其创新意识。

3. 价值引领

通过中国香文化历史的介绍，凸显药香同源的优势，带来一场嗅觉盛宴，激发学生的民族自豪感和家国情怀，进一步增强学生对专业学习的兴趣。

通过我国香料植物资源的分布以及现存的开发，了解国际香料香精的发展历史，坚定学生对我国香料香精技术开发的信心，树立其投身香料香精行业建设的信念。

(二) 教学对象分析

"香料香精技术与工程专业导论"课程的授课对象为香料香精技术与工程专业的大二学生，学生已掌握基本的有机化学、无机化学等基础知识，但还未涉及香料香精的专业学习。本课程对于学生专业兴趣的引导可以起到重要作用，课程内容涉及香料香精行业全生产链的专业基础知识，通过多种授课方式的结合在授课过程中与学生产生共鸣，增强学生对专业的兴趣和行业的信心。

(三) 教学内容与资源

1. 教学内容

(1) 香料香精基本概念。

(2) 我国香文化的发展。

(3) 我国香料香精工业现状。

2. 教学资源

(1) 授课用多媒体 PPT 课件；

(2) MOOC：https://www.icourse163.org/spoc/course/SIT-1450172224。

(3) 教学视频及图片：经典影视片段(香水故事)、不同香水品牌(图片)、美食图片等。

(4) 实物：经典香水、典型香原料。

(四) 教学过程与方法

1. 问题导入(5分钟)

通过播放或展示影视片段、香水和诗词等带领学生体验嗅觉"盛宴"，给学生以视觉和嗅觉的冲击。

与学生互动讨论,问大家了解或者喜欢的香有哪些、了解的香水品牌有哪些,让学生带着问题去探究香。

2.课程教学

(1)香料香精基本概念(35分钟)。

回应香水的问题,采用实物教学的手段,带学生嗅闻两种不同的香水。讲述这两种香水的特点,介绍香水背后的故事。通过对香水的头香、体香和底香的分析,引入香料香精的基本概念(香韵、阈值、精油等)介绍。

详细介绍香原料的香韵划分、常见的香原料特点以及如何进行闻香、评香。

通过与学生的互动闻香,对香原料进行点评,让学生了解香料,激发其对香料香精行业的兴趣。

(2)中国香文化的发展(15分钟)。

向学生提问在我国的五千年历史中有哪些地方用到了香料香精、"香"的作用以及"香"的意义。

通过图片和视频更深入地介绍香料的悠久使用历史,介绍香料在不同领域的应用,指出香料还具有抗菌、抗氧化及治疗疾病的作用。

总结:通过药香同源的讲授,引起学生对专业课的兴趣,认定香的使用价值。(5分钟)

(3)我国香料香精工业的现状(20分钟)。

介绍我国香料植物资源的分布,重点介绍我国典型的天然香原料,分析其香气成分及特点。通过介绍我国香料香精行业现存的开发问题,了解我国香料香精与国外的发展差距,激发学生科技报国的情怀。

3.课程内容总结与课后作业(10分钟)

简要总结授课内容,并布置课后开放式作业:

根据中国香文化中的诗词、宗教、美食和医用类别,按照学号划分小组,让学生查询资料、制作幻灯片,录制视频。

让学生温故知新,通过个人兴趣,查询感兴趣的知识点以了解香文化的发展,开拓学生思维,激发学生的学习兴趣,达到润物无声的育人效果。

使用线上慕课学习"香水的传说"章节,更深地体会香的应用。

(五)教学效果与反思

1.教学效果

本课程作为香料香精技术与工程专业学生开展专业学习的第一门专业课,

对学生未来的专业学习起到承上启下的作用。作为专业教师，在本章节设计过程中，以香料香精行业的现存问题为突破口，通过引入与生活相关的内容，让学生产生亲近感，并且通过实物教学及与学生互动，活跃课堂气氛。通过大量案例，吸引学生深度参与学习。

教师在课程讲授过程中采用案例法、实物法、科研反哺教学和开放式作业等多种教学手段，并将线下讲授和线上慕课资源相结合，丰富课程内容。通过与学生交流，发现学生对专业的兴趣提升，学生会主动地联系教师，希望了解更多的专业知识，早点进入实验室，学习专业知识，锻炼动手能力。

学生的开放作业整体质量提升较大，学生能够独立地查阅资料，思考问题，制作幻灯片并进行相关讲解。

2. 教学反思

（1）坚持以立德树人为根本，强化课程思政教学设计亮点。

本课程内容涉及香料香精行业的全链条生产，在现有 24 学时下充分融入思政元素，深化香料香精专业的高新技术。授课教师应坚持教书和育人相统一、坚持言传和身教相统一、坚持潜心问道和关注科学相统一，坚持学术自由和学术规范相统一，把握教学设计的重点，深入浅出，突出亮点，练就内功，挖掘思政元素，丰富课程内容。

（2）构建源动力推进下的课程思政持续改进机制。

构建源动力推进下的课程思政持续改进机制是实现课程思政"润物细无声"的核心力量。一方面教师在课堂设计中有效融入课程思政元素，精心设计教学内容，思政元素与教学内容的吻合度高，使教师从被动思政变为主动思政；另一方面，学生在学习后整体的学习兴趣增加，独立思考和创新能力提高，由被动学习变为主动学习。应继续加强与学生的互动交流，在课堂和课下充分了解学生的思想动向以及学习效果，以真心、诚心和爱心对待每一个学生。

"酶工程"课程思政教学案例

一、课程概况

（一）基本信息

授课教师：李茜茜（香料香精化妆品学部）

课程名称：酶工程

学　　分：2.5 学分

课程类别：专业基础课

（二）课程简介

"酶工程"是生物工程专业的专业基础课。酶工程是酶学、微生物学、生物化学的基本原理与化学工程、基因工程、发酵工程、生物分离工程等诸多学科有机结合而产生的一门新的科学技术，在生物工程人才培养中处于重要地位。通过学习本课程，学生能够掌握酶工程的基本原理、酶的生产与分离纯化基本技术，以及自然酶、化学修饰酶、固定化酶的研究和应用，了解酶在各行业中的应用和最新发展趋势。

二、课程蕴含的思政元素分析

酶工程作为新兴的领域，对人才的需求量大，对人才综合素质有着较高要求。本课程结合行业发展需求，在提升学生知识储备的同时，培养学生的爱国主义情怀和国际视野；在引导学生提高解决专业问题能力的同时，培养学生实证求真、勇于开拓创新的科学精神。依据学校思想政治核心素养 32 个基本点和"ASciT（爱科技）" 9 大关键能力，本课程的思政元素分析如表 1 所示。

表 1 "酶工程"知识单元、知识传授和能力培养要点及价值塑造要点对应表

知识单元	知识传授和能力培养要点	价值塑造要点
1. 绪论	酶学与酶工程的发展历史 (1) 掌握酶催化作用的特点 (2) 掌握影响酶催化作用的因素 (3) 了解酶的分类与命名 (4) 掌握酶活力的测定 (5) 了解酶的生产方法	从酶的发展历史展现中国特色社会主义发展道路的正确性,激发学生的爱国热情,增强学生文化自信、民族自强的使命感
2. 微生物、动植物细胞发酵产酶	微生物细胞发酵产酶 (1) 掌握酶生物合成的基本理论 (2) 掌握发酵工艺条件及其控制 (3) 掌握产酶发酵动力学 (4) 了解固定化微生物细胞发酵产酶 (5) 了解固定化原生质体发酵产酶 动植物细胞培养产酶 (1) 掌握植物细胞培养产酶 (2) 掌握动物细胞培养产酶	介绍酶工程各领域发展概况,了解酶工程的国际发展动态、热点以及世界多元化带来的酶工程领域的挑战;以时事为切入点,引导学生讨论酶工程领域对社会发展的贡献,增强学生兴国、强国使命感和为实现中华民族伟大复兴中国梦而不懈奋斗的信念
3. 酶的提取与分离纯化	酶的提取、纯化、制剂工艺及原理 (1) 掌握酶的特性与分离提取方法的选择 (2) 掌握酶分离提取的一般方法 (3) 掌握典型酶的分离提取工艺流程 (4) 掌握酶的提取分离工艺基本设计	介绍中国酶制剂工业发展尽管起步较晚,但改革开放特别是进入新世纪以来,酶制剂工业进入快速发展轨道,诞生了一批具有市场竞争力的企业,酶制剂产品在世界上具备一定的竞争力,在增强学生民族自豪感的同时,培养学生勤勤恳恳、一丝不苟的工作态度,以及勇于担当、甘于奉献的职业素养
4. 酶分子的修饰	酶分子修饰的主要方法及原理 (1) 掌握酶分子化学修饰方法及原理 (2) 掌握核苷酸链剪切修饰 (3) 掌握氨基酸置换修饰 (4) 掌握核苷酸置换修饰 (5) 了解酶分子的物理修饰	介绍邹承鲁院士在新中国成立之初实验条件落后的情况下,通过艰苦努力在酶分子修饰领域做出了开创性的工作,他首次在科学界提出"科研道德问题",培养学生具有严谨理性的科研精神
5. 酶的固定化	酶、细胞和原生质体的固定化 (1) 掌握酶固定化基本原理和方法 (2) 掌握细胞固定化基本原理和方法 (3) 掌握原生质体固定化基本原理和方法	介绍酶及酶工程相关的诺贝尔奖案例,阐明正是科学工作者坚持不懈的探索,大胆创新,才有了酶工程对人类社会进步的巨大贡献。鼓励学生崇尚真知,学会用科学的思维方式解决问题

(续表)

知识单元	知识传授和能力培养要点	价值塑造要点
6. 酶的非水相催化	酶的非水相催化的原理、工艺和应用 (1) 掌握有机介质中水和有机溶剂对酶催化反应的影响 (2) 掌握酶在有机介质中的催化特性 (3) 掌握有机介质中酶催化反应的工艺条件控制	以"反应停"事件为例,说明科学研究容不得半点马虎,否则将造成无可挽回的损失,培养学生脚踏实地、实事求是的工作态度
7. 酶的定向进化	酶定向进化的原理、主要方法和应用 (1) 掌握酶定向进化的特点 (2) 掌握酶基因的随机突变 (3) 掌握酶突变基因的定向选择	引入案例,讨论对生物进行分子水平改造需要遵守科研伦理准则和规范,不能以科学为名触犯道德底线,培养规则意识和职业道德
8. 酶的应用	酶工程的应用领域及案例分析 (1) 了解酶在医药方面的主要应用 (2) 了解酶在轻工、化工方面的主要应用 (3) 了解酶在生物技术方面的主要应用	介绍切赫(Cech)等人通过严谨的实验发现核酶,对酶学传统理论提出挑战,丰富了酶学知识,拓宽了酶工程的应用范围的案例,鼓励学生在遇到问题时要独立思考,勇于质疑,敢于实践创新

三、一节代表性课程的教学设计——微生物细胞中酶生物合成的调节

(一) 教学目标

1. 知识传授

学生理解微生物细胞中酶生物合成调节的基本形式;归纳组成型酶和调节型酶在转录水平的调控模式;总结酶生物合成的四种模式;列举酶的调控模式在医药领域的应用。

2. 能力培养

通过对酶细胞水平调控等基础知识的领会,结合实际案例,分析问题和提出解决方案。

3. 价值塑造

通过查阅资料、思考和问题讨论切身感受到科技进步带来的国力提升,内化国家意识;通过对当下热点问题的讨论,理解国际视野下专业知识在生物制药等领域中的重要作用,建立社会责任意识和勇于创新的技术思想。

(二)教学对象分析

本课程的授课对象为生物工程专业的大三学生。学生已掌握基本的化学、数学等基础知识,生物化学、微生物学、基因工程、生物分离工程、生物工程设备等专业基础知识,对酶工程的应用有一定的认识。本课程通过时事案例将上述专业知识融会贯通,在授课过程中引入思政价值观,易于引起学生的情感共鸣,提升学生的社会和职业责任感,激发学生学习兴趣。

(三)教学内容与资源

1. 教学内容

(1)酶生物合成的基本过程。

(2)酶生物合成的调节。

(3)酶生物合成的模式。

2. 教学资源

(1)授课用多媒体 PPT 课件。

(2)教学视频:哈佛大学生物视频"The Inner Life of the Cell"中关于蛋白生物合成的部分。

(3)教学图片:肽链的合成、操纵子学说、分解代谢物阻遏作用、诱导作用、反馈阻遏作用等方面的图片。

(四)教学过程与方法

1. 问题导入(5 分钟)

播放哈佛大学生物视频。让学生结合前期学过的基因工程课程知识,指出哪些地方涉及酶蛋白的生物合成。(以设问的方式引导学生进入听课状态,引出本次课的讲授内容)

2. 讲授内容(30 分钟)

(1)酶生物合成的基本理论和酶生物合成的调节(5 分钟)。

阐明"中心法则"理论的提出、发展伴随着科学家们对理论的不断质疑与不断修正和完善,直到今日还未停止,其中包含科学家们求真求实的科学精神和严谨务实的科研作风。

(2) 酶生物合成的调节(15分钟)。

从操纵子学说的提出关联到酶在转录水平的调节主要有三种模式,详解分解代谢物阻遏作用、诱导作用和反馈阻遏作用三种模式的基本原理。通过典型案例分析酶合成的调控过程,提问学生根据基本原理如何解除酶合成在细胞水平的阻遏作用,引导学生从理论知识出发解决应用问题。

(3) 酶生物合成的模式(10分钟)。

联系酶生物合成的调节模式及细胞生长曲线,总结提出酶生物合成有四种模式,并详解四种模式与酶生物合成的关系,总结比较各合成模型的特点。提问学生四种合成模式中哪一种是理想模型,以及根据讲授的理论知识,如何通过解除阻遏作用使酶的合成接近于理想模型,引导学生结合现有理论解决问题。

3. 时事案例讨论(8分钟)

提出问题:如何利用"酶工程"所学知识为治疗新冠药物的研发献计献策?在PPT上列出新冠病毒涉及的酶及其功能。目前新冠病毒的基因组测序已经完成,涉及的酶及其功能基本清楚,要求学生根据本堂课所学知识,从酶的抑制和调控角度讨论开发治疗新冠病毒药物的策略。

4. 结束语(2分钟)

总结授课内容,让学生看到酶工程存在于人们生活的方方面面,提升学生的专业认同感。时事案例说明我们所面临的挑战,促使学生学好专业知识,用专业知识为祖国的发展,人类的健康做出贡献。

(五)教学效果与反思

1. 教学效果

本节课较好地实施了前期的设计思路,教师讲课思路清晰,富有激情,多数学生积极参与课堂互动,学习氛围浓厚;采用的案例紧密结合时下热点问题,对学生有较大的吸引力,课堂学习触动了他们的内心,有了代入感就有了自己的思考和表达意愿。从线上讨论情况可以看出,大部分学生能理解且运用本节课的知识点,结合查询的资料初步提出解决思路;从讨论结果看,学生意识到了自己肩上的责任,了解了专业前景及对个人素质的要求,提升了学生的专业自信,并有学生私信表示坚定了自己未来在生物制药领域的发展方向。

2. 教学反思

理论知识理解难度较大,学生在学习过程中需要一定程度的想象力,并且在理解的基础上做到运用,这对教学过程的把控也具有一定的挑战性。讲授过程中应保持思路清晰,对难点应多结合图片与板书细致讲解,每个知识点讲解完后需通过互动了解学生的理解水平。案例讲解环节从提出问题到引导学生给出解决方案,需把握融入思政元素的点,多鼓励,不说教。

"工务实习"课程思政教学案例

一、课程概况

（一）基本信息

授课教师：李培刚（轨道交通学院）

课程名称：工务实习

学　　分：2学分

课程类别：实践类课程

（二）课程简介

"工务实习"是铁道工程专业的一门必修实践教学课程。课程依托学校虚拟交互教育创新中心及校内外相关实践基地，借助高速铁路线路工程安全维护虚拟仿真平台，虚实结合开展教学工作，强调工程概念，注重结合实际项目，介绍轨道交通养护维修前沿技术和发展动态等，并注重从易到难的实践锻炼，实现知识、能力和素质同步提升。

二、课程蕴含的思政元素分析

本课程知识点与思政元素的结合点如表1所示。

表1　"工务实习"知识单元、知识传授和能力培养要点及价值塑造要点对应表

知识单元	知识传授和能力培养要点	价 值 塑 造 要 点
单元1：认识实习	(1) 了解工务管理部门的管理机构的组成、职能范围和工作内容 (2) 系统认识和理解轨道结	(1) 与理论课程学习相结合，深入铁路和轨道交通运营一线，了解工务管理体制机制和最新改革方向，更深刻地理解我国国情、路情历史和现状，让学

(续表)

知识单元	知识传授和能力培养要点	价值塑造要点
单元1：认识实习	构、轨检车等工务设备和维护机具等 (3) 了解工务维护车间和工区安全生产内容 (4) 了解线路设备的大修及管理相关内容	生进一步认识到中国特色社会主义制度的优越性 (2) 通过企业车间、工区认识实习，了解企业环境，学习企业文化，理解企业责任、价值；现场学习安全条例，观看事故警示教育片，培养学生的生命安全意识和责任担当意识，引导学生树立正确的安全生产观 (3) 了解掌握轨道交通基础设施运营管理国内外发展态势，通过国际间学科专业与产业的发展比较，了解铁路和轨道交通行业人才需求，结合自身特长明确未来职业方向、目标与规划，增强学生投身专业研究的使命感，鼓励学生把爱国精神转化成为国奉献的实践行动
单元2：工务设备养护维修实习	(1) 了解工务设备养护维修方法和相关技术基本原理 (2) 了解轨道精调基本内容，掌握扣件系统基本构成及工作原理，熟悉扣件系统安装流程和注意事项 (3) 了解设备病害调研内容、基本流程和熟悉实践操作，掌握台账记录基本方法	(1) 从硬币在高速飞驰的列车车窗上屹立不倒的故事，引出工务设备养护维修的重要性。通过央视新闻采访片段，让学生了解无数铁路工务人披荆斩棘保铁路安全的感人事迹，培养学生吃苦耐劳的意志品质和专业报国的使命感与自豪感 (2) 从轨道精调毫米级误差保证、扣件系统组装顺序对轨道结构稳定性和列车安全性影响出发，说明严谨理性工作作风的重要性，通过现场技术人员的讲解和操作实践指导，培养学生追求卓越的创造精神和精益求精的科学精神 (3) 学生们通过虚实结合实践训练，在学习知识的同时，培养不偷懒、不漏检的严谨工作态度，规范地完成好每一个零件、每一道工序、每一次组装的细致工作品质，帮助学生理解中国工匠精神，引导学生做匠人、匠品
单元3：轨道静动态检测技术实习	(1) 掌握检测仪器基本原理和操作流程 (2) 熟悉道尺、平直度仪、轨检小车和钢轨探伤仪器相关操作技能，并进行	(1) 通过引入习近平总书记关于"高铁是我国自主创新成功的一个范例"的论断、国务院新闻发布会相关专家关于高速铁路平顺性的介绍，引出检测监测技术自主创新和知识产权对铁路

(续表)

知识单元	知识传授和能力培养要点	价值塑造要点
单元3：轨道静动态检测技术实习	实践操作 (3) 掌握轨道静动态检测内容，会用相关数据分析软件对轨检数据进行简单挖掘分析	养护维修的重要性，培养学生对我国科技发展的自豪感和献身科技创新的责任感 (2) 通过轨道检测小车、高速综合检测列车技术发展，结合近几年与铁路线路维护相关的国家科技进步奖等，说明我国高铁核心技术"从无到有，从引进、消化、吸收再创新到自主创新，现在已经领跑世界"的发展历程，培养学生自主创新的使命感 (3) 通过虚实结合实践教学，培养学生良好的学习态度、细致的专业追求、严谨的科学态度、吃苦耐劳的意志品质和熟练的动手操作能力，促进学生全面发展，为继续深造或投身工作打下坚实基础
单元4：工务内业综合能力训练	(1) 理解工务维护与管理日常内业工作内容 (2) 了解工务信息化管理手段，理解线路修程修制和工务管理安全防护内容 (3) 掌握工务线路维修作业任务书编写技能	(1) 通过劳模、最美铁路人等的故事引出铁路工务管理综合能力的重要性，让学生明白：必须有过硬的专业本领才能在工作岗位中快速脱颖而出，培养学生爱岗敬业、苦练本领的职业素养 (2) 通过实际工程任务书的编写，帮助学生掌握解决问题的方式方法；通过与一线技术人员交流，激励学生学习掌握技术的兴趣和意愿，培养工程思维，锻炼提出创意和优化方案的综合能力，为今后在工作岗位上快速成才打下坚实基础 (3) 通过分组分工完成相关任务，培养交流沟通能力、团队合作能力、创造性解决问题的能力等综合核心素养能力；通过虚实结合场景设置和实践训练，培养学生良好的职业道德和安全责任意识、健全的身心素质和人文科学素养、高度的社会责任感和使命感 (4) 课程以詹天佑语录结尾："不因权力而操同室之戈，不以小忿而萌倾轧之念。视公事如家事，以己心谅人心，皆我青年工学家所必守之道德也。"培养、升华学生对科学精神、职业操守和爱国奉献精神的情感认同和价值认同

三、一节代表性课程的教学设计——单元3：轨道静动态检测技术实习之轨道精测

（一）教学目标

1. 知识传授

通过课堂讲座和虚实结合实践教学，使学生掌握检测仪器基本原理和操作流程；熟悉道尺、平直度仪、轨检小车和钢轨探伤仪器相关操作技能，并进行实践操作；了解轨道静动态检测前沿技术，掌握一些关键的轨道静动态检测内容，会用相关数据分析软件对轨检数据进行简单挖掘分析。

2. 能力培养

培养学生铁路养护维修先进检测检测技术认知的能力，全面培养学生的动手能力和创造性解决问题能力，培养学生良好的学习态度、高度的专业责任感、吃苦耐劳的意志品质和精益求精的科学精神，为后续深造或者投身工作打下基础。

3. 价值塑造

培养学生信息素养、创新精神与申辩思维能力、团队合作和国际视野等综合核心素养能力，引导学生坚定正确的政治方向、树立远大的理想抱负、确立科学的价值观念、增强安全生产观念等应用技术能力和职业综合素养。

（二）教学对象分析

本课程的教学对象为铁道工程专业大学四年级学生。大四的学生开始学习实践性更强的专业课，结合学生对未来规划和找工作的客观需要，通过显性备课、隐性授课，教师在专业课中融入课程思政元素，正确引导学生建立专业自豪感，培养家国情怀和职业道德，培养良好的专业素养和人文素养，厚植技术思想，树立正确的人生观、世界观和价值观。

（三）教学内容与资源

1. 知识和能力要点

（1）概述。

（2）数据采集流程。

（3）测量前的现场准备工作。

（4）测量技术要求。

(5) 小车数据解读。

2. 课程资源

(1) 授课用多媒体 PPT 课件。

(2) 绝对测量、相对测量等基础知识和现场操作演示视频。

(3) 高速铁路线路工程安全维护虚拟仿真平台。

(四) 教学过程与方法

1. 课前预习

提前 2—3 天将教学计划和课程预习资料上传到超星学习通线上教学平台，学生在线预先学习并完成相关小测验任务，通过调查问卷和讨论留言的方式反馈学习效果。

2. 课堂教学过程与方法

问题导入(5 分钟)。

导入语：大家前面刚完成"工务设备养护维修实习"单元的实习实践，对养护维修基本内容及方法有了进一步的了解和实践操作体会，那么正如吕关仁专家介绍的，修之前要检，这节课开始，我们将进入"轨道静动态检测技术实习"单元实习实践。同学们回忆一下：在"轨道工程维护与管理"理论课程上学习了哪些动静态检测技术呢？前面的预习课大家也回顾了测量相关基础知识，今天这节课我们首先来一起学习轨道精测实践基础知识讲座，为后面的虚实结合实践提供理论支撑。

第 1 模块：概述(8 分钟)。

内容：简要回顾铁路几何形位、轨道控制网(CPⅢ)等基础知识；小车构造及测量原理。

案例：往届学生现场测量视频。

互动：大家知道学长们现场用的轨道检查仪是什么仪器吗？了解这些轨检小车的发展历史吗？互动后适当讲解，引导学生在虚拟仿真平台铁路学堂模块查找答案，并通过实践深入理解相对测量和绝对测量的异同点。

第 2 模块：数据采集流程(8 分钟)。

内容：用流程图的形式进行讲解，重点是对以往学习的理论知识进行回顾。

案例：现场 CPⅢ测点图、某线路测量数据图。

互动：CPⅠ、CPⅡ、CPⅢ控制网有哪些异同？

第 3 模块：测量前的现场准备工作(8 分钟)。

图 1　往届学生现场学习操作全站仪

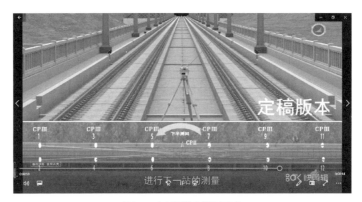

图 2　CPⅢ控制网示意

内容：① 轨道状态确认——扣件扣压力和密贴进行检查、垫板安装正确，无缺少、无损坏、无偏斜、无污染、无空吊。轨顶面及工作边无混凝土块和杂物。② 录入参数、仪器状态调试。③ 小车检校——正反测、掉头检水平。

案例：操作演示视频。

互动：视频中操作演示人员的操作如果在实际生产活动中符合安全防范要求吗？**（时刻提醒学生要具有安全理念，树立正确的安全生产观）**

第 4 模块：测量技术要求（8 分钟）。

内容：① 轨道检测小车和全站仪的安置。② 确定工作方向及距离。③ 相邻两站间搭接。④ 特殊结构的测量。

图 3　轨道线形测量演示

案例：虚拟仿真试验演示视频。

互动：四维小车和安伯格小车有什么异同？通过此问题来说明我国高铁核

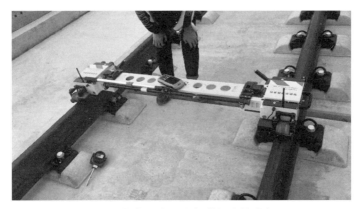

图 4　自主创新四维轨道智能检查仪

图 5　虚拟仿真实验平台

心技术"从无到有,从引进、消化、吸收再创新到自主创新,现在已经领跑世界"的发展历程,并以 2016 年国家科技进步二等奖说明轨道精测技术、自主创新和知识产权的重要性。

第 5 模块:小车数据解读(8 分钟)。

内容:数据正负、计数方法等的学习。

案例:四维小车实际使用过程中演示视频解读、错误操作的后果。

互动:为什么要有规定的方向?说明规则意识、技术通用性的重要性,增强学生的职业责任心。

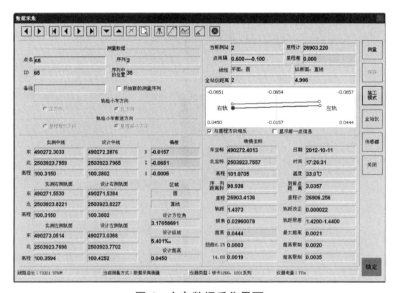

图 6 小车数据采集界面

(五)教学效果与反思

1. 教学效果

本堂课注重前期设计思路,教师讲课思路清晰,充满激情和自信,并时刻关注学生的反应。通过学生喜闻乐见和富于感染力的案例教学,以及依托虚拟仿真平台相关场景的适时互动,吸引了大部分学生深度参与课堂互动,学习氛围浓厚,不仅使学生对以往学习的理论知识有了更好的理解,对实习实践操作的基础知识有了深入了解,为后面实习实践奠定了基础,而且培养了学生良好的学习态度、专业责任感和吃苦耐劳精神,还激发了他们投身祖国铁路建设事业的责任感、使命感和自豪感。

2. 教学反思

（1）设计案例应更加科学化，充分利用校内外相关实践基地和虚拟仿真平台等资源，实现理论与实践的"精准"衔接，使思政育人元素自然融入。

（2）进一步探索专业育人和思政育人与学生需求和社会需要的深度契合，更加注重因材施教和因势利导，在课程思政"普惠性"的基础上探讨"个性化"育人。

（3）探索课程思政实施效果的评价方式与方法，加强师生沟通交流与反馈。

"机车车辆系统动力学与仿真"
课程思政教学案例

一、课程概况

（一）基本信息

授课教师：孙效杰、潘玉娜（轨道交通学院）

课程名称：机车车辆系统动力学与仿真

学　　分：3学分

课程类别：专业教育课程

（二）课程简介

"机车车辆系统动力学与仿真"是轨道交通学院机辆工程专业的专业必修课，对于学生理解轨道车辆系统动力学基础概念、基本理论及准则、分析方法等知识具有重要意义，对于学生掌握机车、地铁及高速动车组等轨道车辆动力学性能指标、影响因素、仿真分析思想及方法具有重要的指导作用，是培养机车车辆工程应用人才的核心课程。

二、课程蕴含的思政元素分析

本课程涉及大量的思政育人元素。在课程教学中，通过把中欧班列、"一带一路"倡议、青藏铁路、川藏铁路、标准动车组（复兴号）、变轨距转向架、高铁引进消化吸收再创新以及沈志云、翟婉明等院士的事迹融入专业课程的教学实践，以"盐溶于汤"、润物无声的方式，实现专业育人和思政育人的目的，有利于培养学生的人文素养和爱国情怀，树立科学报国的人生信仰。

课程思政元素分布在教学内容的各章节和教学过程的各个环节，具体见表1。

表1 "机车车辆系统动力学与仿真"知识单元、知识传授和
能力培养要点及价值塑造要点对应表

知识单元	知识传授和能力培养要点	价值塑造要点
1. 绪论	多体系统理论发展过程 多体理论应用领域 动力学仿真的用途 车辆系统运动认知	在概论中介绍多体动力学在车辆、机械、军工、航天等工程领域的应用,让学生了解本课程理论的普适性;介绍国际车辆动力学协会及两年一度的全球学术会议,让学生了解国内专家学者的贡献及地位,正确认识我国国情,激发自信心和自豪感
2. 轮对结构及轮轨接触几何关系	轮对结构 轮轨尺寸参数 轮轨接触几何关系	介绍中欧轨距、轮轨内侧距的定义差异以及轮轨间隙的区别,引出中欧班列在运输过程中存在轨距不同的技术难题,引导学生思考如何实现变轨距及用于跨国运输的变轨距转向架研制成功的意义,为实现人类互联互通提供中国方案,理解人类命运共同体的内涵
3. 轮轨滚动接触理论	轮轨接触理论发展历程 轮轨蠕滑理论及修正 轮轨接触点计算 轮轨蠕滑理论及应用	介绍轮轨接触理论发展历程、中国沈志云院士提出的沈氏理论工程思维方式及理论贡献,教育学生学习老一辈科学家精益求精的科学精神
4. 车辆系统动力学模型	车辆建模原则 轮轨耦合动力学 车辆垂向模型 车辆横向模型	从车辆动力学和轨道动力学引出轮轨耦合动力学,讲述翟婉明院士的学术贡献及当初的困难,引导学生了解本专业的国情,激发学生献身科学、科技强国的爱国主义情操和抱负
5. 悬挂装置与车辆动力学之间的关系	轴箱悬挂 中央悬挂 悬挂参数与车辆性能的关系 主动、被动及半主动控制 联合仿真 摆式列车技术简介	从磁流变液体思考如何产生出磁流变阻尼器,探讨工程化的思维方式,鼓励学生关注前沿技术,结合工程实践创新,解决工程问题
6. 车辆系统动力学性能及评价指标	车辆系统动力学性能 运行安全性及评价指标 运行平稳性及评价指标	从GB5599-85到GB5599-2019的平稳性指标修订,讲述中国机车车辆动力学标准诞生及修订背后的故事,引入前沿的轨道车辆"综合舒适度"概念,培养"以人为本"的工程伦理和人文情怀
7. 课内实验	转向架建模 车辆建模与仿真 列车建模 半主动控制与仿真	要求学生主动沟通、协调,自己组建合作小组,培养学生崇尚实践、善于团队合作的职业素养

(续表)

知识单元	知识传授和能力培养要点	价值塑造要点
8. 课外作业布置	垂向模型建模与仿真	布置课外作业,让学生在教师的指导下,善于利用图书馆和网络资源查阅文献资料,主动学习相关知识,培养学生严谨、理性、求真的科学精神

三、一节代表性课程的教学设计——2.2 轮轨尺寸参数

（一）教学目标

1. 知识传授

介绍轮轨外形及几何参数,让学生理解轮轨接触几何对车辆动力学性能的影响。

2. 能力培养

引导学生认真思考轮轨外形设计意义;锻炼学生综合应用力学、机械等领域的知识,讨论在"一带一路"倡议下如何解决轨距不统一的铁路跨国运输问题。

3. 价值塑造

分析世界范围内轨距不统一导致铁路跨国运输的不便,引入我国为积极解决人类互联互通问题而研制的 400 km/h 变轨距转向架案例教学,培养学生正确的技术伦理意识,树立技术应当造福人类的国际人文情怀。

（二）教学对象分析

本课程的教学对象为机辆工程专业的大三学生,他们经过"自动控制原理""机械设计""机械原理""理论力学"和"材料力学"等专业基础课和机车车辆总体与走行部专业课的学习,已经具备机车车辆结构的认知基础,了解机车车辆各系统的工作原理,但缺乏从全局去认知和理解机车车辆系统的思维方式,对"车辆动力学""列车牵引制动""机车电传动""车辆结构强度"等专业课程之间的关联性思考不足。同时因为受到考研、就业等课外因素的干扰,学生容易出现对职业未来迷茫、学习动力不足、上课无法集中注意力、思想开小差等态度不端正问题。

（三）教学内容与资源

1. 教学内容

（1）轮对结构。

（2）轮对几何参数。

(3) 轨距定义与世界各国轨距的差异。

(4) 轨距不统一与中欧班列。

2. 网络资源

(1) 超星学习平台：上海应用技术大学"轨道车辆动力学建模与仿真"。

(2) 超星学习平台：上海应用技术大学"机车动力学基础"。

3. 实践教学条件

在奉贤校区内建有可以开展真实科研试验的 200 m 轨道交通综合试验线，还有与本课程相关的轨道车辆监控诊断虚拟仿真实验室、模拟仿真中心，以及与之相匹配的轨道交通安全监测、检测、故障诊断、虚拟仿真等仪器设备和软件。校外有与上海申通轨道交通技术研究中心合作建立的城市轨道交通行业情报协同研究中心和轨道交通大数据实验室，与中国铁路上海局集团有限公司共建的上海轨道交通产学研实践基地，与中铁西南科学研究院有限公司共建的轨道交通健康管理上海研究中心等实习实践基地。上述校内外实习实践基地，相关软硬件条件为本课程中实践教学提供坚实的基础。

（四）教学过程与方法

1. 课前阶段

提前 2—3 天，通过超星学习通布置本节课程知识点，发布相关学习资料，要求学生了解轮轨结构特点，思考轮轨独特外形的工程意义，并反馈不懂的知识或存在的疑问。

2. 课堂教学过程与方法

本节的教学内容重点是轮轨外形的功能及应用、轮轨参数及对车辆性能的影响。课程教学过程围绕上述问题展开，主要包括如下四部分内容：

(1) 课堂回顾与导入（5 分钟）。

通过口头提问若干问题带领学生回顾上节课课程内容，复习关键知识点；用问题导入本节课学习内容（高铁、地铁和货车的车轮、钢轨是否相同？中国列车能否直接运行在中亚、东南亚等"一带一路"沿线国家的线路上？）；通过超星学习通的选人及提问功能，选择部分学生来阐述本节知识点，检验课程预习效果，了解学生掌握程度。

(2) 重点难点讲述环节（32 分钟）。

① 轮对结构：

内容：轮对结构包括哪些部件？左、右车轮与车轴如何连接？

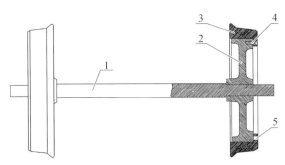

图 1 轮对结构

举例：汽车车轮与火车轮对对比。

互动：汽车如何转弯？火车如何转弯？引出机车车辆车轮锥形型面。

② 轮轨几何参数：

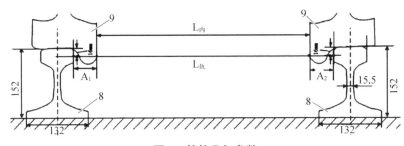

图 2 轮轨几何参数

内容：锥形车轮如何定义直径？工字梁的钢轨如何定义轨距？轮对内侧距（轮背距）都一样吗？

案例与互动：中国和欧洲的轮对内侧距差异，分别计算轮轨间隙，思考轮轨间隙大小对车辆性能的影响。

③ 轮轨匹配：

内容：常见车轮廓形，常见钢轨廓形。

案例与互动：法拉利汽车跑在泥泞的道路上，拖拉机跑在 F1 高速赛道，车辆乘坐舒适性会好吗？为什么需要轮轨匹配？

④ 轨距：

内容：现代铁路轨距起源于哪里？世界范围内轨距是一样的吗？

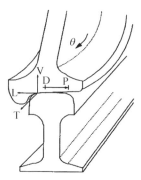

图 3 轮轨几何廓形

思考与互动：中国轨距与周边国家轨距的不同，启发学生思考中欧班列如何克服轨距差异给跨国运输带来的问题，并结合自己的专业知识提出合理的解决方案。

案例：国家研制 400 km/h 变轨距转向架，分析其对解决跨国运输和人类互联互通的意义。

（3）课程总结（5 分钟）。

通过轮轨几何相关知识的学习，学生不仅可以掌握相关知识，同时还意识到作为轨道交通专业人才的历史使命，培养为国家轨道交通发展和人类互联互通贡献自己力量的情怀。

（4）布置课外作业（3 分钟）。

① 查找国内轨道交通院士的事迹，谈谈自己的感受。

② 利用仿真软件模拟轨距、轮轨廓形变化对轮轨接触的影响，撰写分析报告。

（五）教学效果与反思

1. 教学效果

课堂教学中加强了案例学习、思考互动、仿真验证等环节，通过课堂引入国内最新研制的变轨距转向架案例，实现了依托工程实践案例教授工程思维方式的目的，同时引导学生思考技术服务人类互联互通的意义，树立技术报国的远大抱负，极大拓展了学生的知识面和国际视野；课堂教学结束时，通过让学生收集国内相关领域的科学家事迹，撰写心得体会，学生深受院士事迹的感染，表示出崇高的敬意，这有助于培养学生爱岗敬业的工匠精神和精益求精的科学素养。

2. 主要经验

作为机辆工程的专业课，本课程任课教师认真学习课程思政专家学者的经验，借鉴"师、时、史、势"四字要诀，从师长楷模、社会时事、专业发展历史和学科发展大势等领域深挖本课程的思政育人元素，结合学校思想政治核心素养 32 个基本点，梳理了课程思政素材，有力提升了本课程知识传授与价值塑造的双重育人内涵。

3. 改进方向

（1）从"师、时、史、势"四字要诀出发，进一步深挖本课程相关思政元素。

（2）思考思政育人元素如何更加自然、顺畅地融入课堂，取得润物无声的效果。

（3）探索课程思政实施效果的评价方式、方法，如融入题库、组织讨论交流等。

（4）在课程思政"普惠性"的基础上探讨"个性化"育人和"精准"育人。

"大学体育——足球"
课程思政教学案例

一、课程概况

（一）基本信息

授课教师：张晓贤（体育教育部）

课程名称：大学体育——足球

学　　分：0.5学分

课程类别：公共基础课

（二）课程简介

大学公共体育课程是全校学生的必修课，足球课在大学体育课程中具有较强的代表性。课程通过理论与实践教学，向学生传授足球运动的基本理论与知识，使学生掌握足球运动的基本技术与技能。教学中通过加强基本技能与教学比赛等环节，提高学生的足球运动能力，提高学生的身心健康，促进学生全面发展，为学生终身体育奠定基础。

二、课程蕴含的思政元素分析

1. 身心健康

足球运动能有效发展体能，增强体质，促进新陈代谢，使身体成分、身体各系统得到改善和加强，从而促进身体的健康发展。足球运动对参与者的感知觉、观察力、记忆力、想象力、思维能力和创造力等的发展起到积极的促进作用。大学生参加足球运动能增强自信心，改善心理素质，培养勇敢顽强、不断进取、坚韧不拔等意志品质，以及团结合作、遵守纪律、敢于拼搏等道德品质，**从而促进德智体**

美劳的全面发展。

2. 社会适应能力

参加足球运动能增加人际交流的机会,增强社会适应能力;不断将刻苦学习和身体锻炼有机结合起来,培育正确世界观、人生观和价值观;培养遵纪守法、公平竞争的社会生存理念,促进个体更好地适应社会,健康发展。

3. 民族精神、爱国情怀

足球运动中蕴含着严肃庄重的礼仪庆典文化和弘扬民族精神的文化。足球运动能激发全体国民的爱国热情和氛围,带动体育强国的理念深入人心。习近平总书记曾说"足球运动的真谛不仅在于竞技,更在于增强人民体质,培养人们爱国主义、集体主义、顽强拼搏的精神"。在这方面,足球课程将家国情和爱国情激发出来,对大学生思想政治方面具有较为鲜明的教育属性。

本课程教学内容、手段与课程思政元素的结合如表2、表3所示。

表1 教学内容、手段与课程思政元素对照表

教学内容	思政元素	教学手段
身体素质	身心健康	实践、语言、负荷
技术、技能	身心健康、社会适应能力	实践、语言、示范
教学比赛	身心健康、社会适应、民族精神、爱国情怀、团队合作、规则意识	实践、语言、情景式教学
理论	"三观"正确、心理健康、社会适应、民族精神、爱国情怀	语言、案例、视频、多媒体

表2 课程基本要点与内涵对照表

相关基本要点	内涵
人文精神	具有以人为本的意识,尊重、维护人的尊严和价值
砥砺知行	具有历经磨炼,踏实肯干,克服困难,不断进步的意志品质
健全人格	具有自信自爱、坚韧乐观、有自制力、能调节和管理自己的情绪、抗挫折能力等积极的心理品质
规则意识	能明辨是非,具有规则与法治意识,积极履行公民义务,理性行使公民权利
团队合作	具有精诚团结、互帮互助热心公益、志愿服务的团队精神和合作意识

三、一节代表性课程的教学设计——足球比赛（我爱世界杯）

（一）教学目标

1. 知识传授

以"我爱世界杯"为主题，开展足球课堂比赛教学。

理论环节：介绍世界杯足球赛历史、相关事件与球员，加深学生对世界杯足球赛的认知。回顾中国国家队冲击世界杯之路，重温 2002 年中国男足冲入"韩日"世界杯决赛阶段比赛的高光时刻，增强学生的民族和国家荣誉感。

实践环节：学习足球比赛入场礼仪，实践世界杯足球赛进场流程，开展赛前准备与激励。在竞赛过程中提高学生对足球规则裁判法的理解与应用能力。学生能够较好地将足球基本技术与技能运用到比赛中，能够初步在小范围内运用直传斜插或斜传直插"二过一"战术配合。

2. 能力培养

培养学生对足球运动文化和历史人文精神的认知能力，提高学生运用足球技战术的比赛能力，加强学生对足球规则的理解与应用能力。

3. 价值塑造

通过理论环节，使学生认识到，虽然中国足球水平比较落后，但是唯一一次入围世界杯决赛阶段比赛是一代又一代的足球人坚持不懈努力的结果，**彰显了中华民族敢于拼搏的韧性和不服输的精神**，同时又能让学生感受到家国情怀和国家荣誉感。在实践环节中，通过世界杯入场仪式（在公平竞赛旗的引领下入场——升国旗、奏国歌——双方队员与裁判员互相握手致意）、赛前准备与激励、竞赛环节的实践，激发学生的团队精神、拼搏精神与规则意识，促进学生全面发展。

（二）教学对象分析

本课程的教学对象为全校大二学生，大二学生经历了大一"大学体育"的普修阶段，具备了一定的体育基础理论知识与运动能力。大二阶段为体育选修阶段，选修足球项目的学生大都对足球项目有浓厚的兴趣与参与热情，小部分学生具备较好的足球技战术能力。但是大部分学生缺乏足球专业知识，足球技战术能力比较薄弱，鲜有足球运动与比赛经历。因此，课程力求为这些学生提供一个展示自己的足球舞台，以学生个性化发展为出发点，打造"专项化"足球课程体系。通过理论与实践相结合,让更多学生参与足球活动,提高学生的足球素养与运动能力。在此基础上,将课程内容与思政元素有效融合,使学生内心建立起爱国意识、团队合作意识、拼搏进取意识,学会尊重对手、友爱队友、执行规则,引导学生建立正确的人生态度和价值观。

（三）教学内容与资源

1. 教学内容

（1）理论：世界杯足球赛的历史、事件、球员；中国足球冲击世界杯之路、"韩日"世界杯回顾。

（2）实践：入场仪式。

（3）实践：赛前准备激励、竞赛、赛后总结。

2. 教学资源

（1）授课用多媒体 PPT 课件。

（2）教学视频

① 2002 韩日世界杯中国队十强赛全记录：https://www.iqiyi.com/w_19rrssosgt.html。

② 足球比赛出场仪式：https://v.qq.com/x/page/j03847gxgwb.html。

（3）推荐用书：《世界杯宝典》,秦德斌编,北京体育大学出版社 2010 年版。

（四）教学过程与方法

本节课的教学过程与方法如表 3 所示。

表 3　教学过程与方法一览表

阶段	目标产出	活动安排(学生活动)	活动安排(教师活动)	教学特点
课前导入	了解世界杯发展史,熟悉足球比赛入场仪式流程（40 分钟）	（1）查阅世界杯足球赛相关资料 （2）学习 PPT 的内容 （3）观看视频链接	（1）发布任务清单 （2）发布学习 PPT （3）发布视频链接	自主学习网络平台
课堂教学	1. 发展足球技战术与体能（35 分钟）	（1）准备活动(慢跑、关节活动、动力与静力性拉伸、结合球的活动、冲刺) （2）二过一传切配合练习 （3）5 m×25 m 折返跑练习	组织、讲解、示范、指导	**实践教学身体活动**

(续表)

阶段	目标产出	活动安排(学生活动)	活动安排(教师活动)	教学特点
课堂教学	2.通过以"我爱世界杯"为主题的教学比赛活动，激发学生足球热情，促进学生全面发展（50分钟）	理论部分： (1) 听教师简述世界杯的相关知识，重温国足02年世界杯 (2) 学生简要发言，谈谈对世界杯与中国足球的想法 实践部分： (1) 班级分四组，在大足球场两个半场按世界杯入场流程，进行入场仪式 (2) 赛前激励：各组（队伍）由队长负责进行人员与阵型安排，要求每队通过个性化的方式进行赛前激励 (3) 竞赛中严格执行规则，尊重对手，关爱他人。能够在局部运用直传斜插或斜传直插"二过一"战术配合	组织、讲解、交流 (1) 讲解入场式流程及注意事项 (2) 组织队伍分组进行入场仪式 (3) 要求各队进行5分钟的赛前准备，强调用语言、肢体等方式进行团队赛前激励 (4) 布置比赛任务、提出比赛要求及注意事项	互动教学 情境教学 实践教学 教学特点： 身体活动与思政教育相结合、理论与实践相结合
课后总结	课堂总结（5分钟）	(1) 集合整队，分四队按正方形队列组织教学活动 (2) 教师总结、讲评、激励 (3) 课后作业：在微信平台发表200字左右的本节课心得体会	组织、语言互动、奖惩、布置课后作业	课后体会 网络平台

图1 入场式，两队握手致意

图2 赛前激励

图 3　教师讲解竞赛要求

图 4　队长进行赛前准备与部署

（五）教学效果与反思

1. 教学效果

教师精心设计与有效组织教学，增加了教学的诸多环节，使各教学环节目标更加清晰，与课程思政目标结合得更为紧密。通过课前网络学习、课堂引导、课堂参与和课堂总结等环节，为学生真正提供了可以彰显个性与施展运动能力的有效体育课堂。从现场教学反馈看，情境式教学与参与式教学方式能有效激发学生的课堂存在感，让学生沉浸于预设的课堂情境之中，从而激发学生上课的积极性。此外，通过教师语言的引导、教学内容的导入以及教学情境的实践，课程思政目标能够潜移默化地在体育课堂上得以实现。

2. 教学反思

通过足球课程思政的实践，提出针对大学体育课程实施课程思政教育的三点反思：

（1）体育课仍应注重学生的身体活动与运动能力培养。课程思政应贯穿于整个体育教学实践中，教师通过语言、肢体动作、激励、设置情境等教学手段，使学生潜移默化地融入体育课程思政教育。

（2）充分利用教学比赛开展体育课程思政。体育竞赛本身就具备课程思政教育的属性，教师在教学环节中应善于挖掘各体育项目背后的历史、文化与精神（例如排球、乒乓等项目的教学），将其融入体育课堂之中。增加教学比赛环节，加强竞赛的组织与规则裁判法教学，集体项目注重团队精神的培养。

（3）课内外注重学生思想内容的反馈。体育课除了实践教学外，理论教学是实现课程思政目标的重要手段。如教师通过网络平台发布学习资料、开展与学生的交流讨论、布置心得体会作业等形式提高学生思想认知水平,以达到体育专项化教育与思想政治教育同向同行、同频共振,促进学生的全面发展。